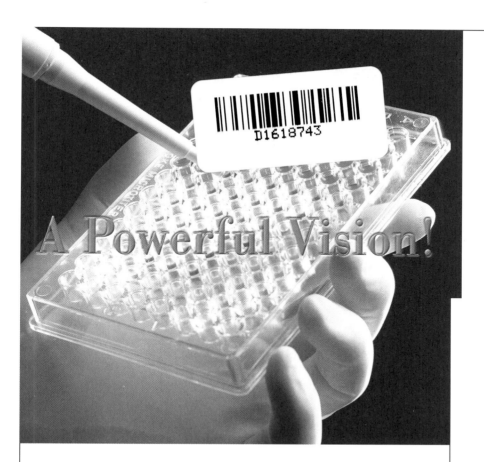

Zu unseren erfolgreichsten Innovationen zählen wir die konkreten Fortschritte für mehr Leben.

Innovation in der Medizintechnik bedeutet stets mehr Leben für Menschen – und besseres Leben. Eine Herausforderung für uns seit jeher. Wir eröffnen mit hochleistungsfähigen medizinischen Geräten neue Wege. Zum Beispiel in der Mikrochirurgie und in der Diagnostik. In der Medizintechnik zählen wir zur Weltspitze. Genauso wie in unseren anderen Geschäftsfeldern: Halbleitertechnik, Bildanalysesysteme, Probenvorbereitung, Mikroskopie.

Mehr als 3600 Mitarbeiter in drei Kontinenten arbeiten daran, unseren Innovations-Vorsprung auszubauen. Denn wir wollen in Zukunft noch stärker wachsen.

Für weitere Informationen
besuchen Sie uns auf der Internetseite
www.leica-microsystems.com

Jahrbuch
für den Kreis Limburg-Weilburg
2001

FERIENLAND WESTERWALD LAHN-TAUNUS

... lohnende Ausflugsziele

Limburg	Dom · Altstadt Diözesanmuseum
Weilburg	Renaissance-Schloß Bergbaumuseum Tiergarten Kubacher Kristallhöhle
Runkel	Burg, historische Waffensammlung
Hadamar	Liebfrauenkirche · Stadtmuseum
Bad Camberg	Kurpark · Amthof Turmmuseum

Schöne Rundwanderwege im Naturpark Hochtaunus und Westerwald.

Über 700 km ausgeschilderte Radwanderwege zwischen Westerwald, Taunus und im Lahntal.
Wasserwandern auf der Lahn. Wir sagen Ihnen, wo Sie Boote leihen können.

Kreisausschuß Limburg-Weilburg

Schiede 43
65549 Limburg a. d. Lahn
Telefon (0 64 31) 2 96-2 21
Telefax (0 64 31) 2 96-4 44

Jahrbuch für den Kreis Limburg-Weilburg

2001

Limburg-Weilburg 2000

Zum Titelbild:
Es zeigt einen Blick über Lindenholzhausen nach Dietkirchen und Dehrn und symbolisiert die Teilregionen unseres Landkreises: Taunus, Westerwald und die Lahn. Dargestellt ist die wirtschaftlich dynamische Entwicklung durch die heimischen mittelständischen Betriebe.

Als wichtige Versorgungsadern sind die A 3 und die neue ICE-Strecke zwischen Köln und Frankfurt mit Haltepunkt in Limburg zu erkennen. Für einen modernen umweltfreundlichen Fortschritt stehen die Windkrafträder.

St. Lubentius und das Dehrner Schloss sind Hinweise auf die gelebte Tradition der Menschen unserer Heimat, und die reizvolle Landschaft im Hintergrund zeichnet zusammen mit der Lahn die touristische Bedeutung im Landkreis auf.

Text: Bernd Kexel, Foto: Werner Eisenkopf

ISBN-Nr.: 3-927006-33-5

Herausgeber: Der Kreisausschuss (Kreisheimatstelle) des Landkreises Limburg-Weilburg
Redaktion: Bernd Kexel, Armin M. Kuhnigk und Heinz Pfeiffer
Lektorat: Sybille Bursky
® Rekom-Verlag Wetzlar · DTP: Print Weilburg · Druck: Wetzlar-Druck
Anzeigenleitung: Alex Weber

Inhaltsverzeichnis

	Vorwort	7
	Kalendarium	9
	Chronik 1999/2000	13
Elfriede Kühnemann	Besinnliche Rückschau	28
Walter Kurz	Bildmotive aus der Heimat	29, 55, 67, 143, 164
Herbert Hartmann	725 Jahre Schwickershausen	30
Dr. Erhard Grund	Ohren blickt in die Geschichte	32
Günter Foth	1 225 Jahre Mensfelden	35
Armin M. Kuhnigk	Umweltschutz nichts Neues	38
Gundel Müller	Naturlehrpfad in Weyer	42
Franz Josef Stillger	„Laaf, de Feldschitz kimmt"	44
Dr. Hubert Wagenbach	Agrarwandel in 100 Jahren – Von der Hand- zur Kopfarbeit	48
Kurt Nigratschka	Woare Geschichtscher aus Kerbersch	54
Günter Gran	Frohe Ostern	56
Dr. Rüdiger Fluck	Dem Herrgott ins Handwerk gepfuscht	60
Gertrud Preußer	Vom Kreidehannes	66
Josef Schmidt	Der Ahlbacher Wald	68
Bernd Kexel	Aus alten Schränken entstehen Ahlbachs einstige ...	70
A. Welker	Die Langhecke als Schlupfwinkel	72
Heinz Strauß	Der Schatzfund auf der Laneburg	75
Dr. Marie-Luise Crone	Schatzkästchen: Schulchronik	79
Willi Schoth	Kinderspiele	85
Norbert Bandur	Fürs Poesiealbum	89
Willi Schoth	Känn son die Woaret	90
Gerhard Eller	Der Kirchturm zu Schupbach	94
Ulrich Finger	190 Jahre Orgel in Essershausen	97
Wilhelm Hungenberg	Johann Alexander Glöckner	101
Manfred Kunz	Caspar Schmid, der Camberger Kirchenbauer	105
Helga Reucker	Friedrich Ludwig von Sckell	111
Franz Krotzky	Gedenktafel würdigt Oskar Schindlers Verdienste	117
Erhard Weimer	Im Führerhauptquartier „Wolfsschanze"	119
Werner Eisenkopf	Bildmotiv aus der Heimat	127
Bernhard Haßler	Ein schwarzer Tag für Lindenholzhausen	128

Autor	Titel	Seite
Bernhard P. Heun	Uss alt Linneholleser Kersch	129
Horst Fink	Hundert Jahre Steuern und Abgaben in Münster	131
Walter Rudersdorf	Befreiung von einer schweren Bürde	145
Robin Klöppel	Hockey-Bundestrainer Paul Lissek – Ein fleißiger Zauberer	153
Robin Klöppel	Transplantierten-Weltmeister Andreas Eckerth: Im Leben ...	159
Bernd Kexel	Tipis auf dem Runkeler Campingplatz geben Einblicke ...	163
Kurt Nigratschka	200 Jahre Schützentradition in Kirberg	165
Lydia Aumüller	Die „Nassauer" kämpften mit Blücher und Wellington ...	169
Eugen Caspary	„Unsere Glückseligkeit ist dahin"	173
Hubert Hecker	Wildschäden und Jagdgesetze Mitte des 19. Jahrhunderts	179
Bernd Kexel	Mit 68 Jahren begann er mit dem Sammeln ...	185
Josef Schmidt	Zur Erdgeschichte unserer Heimat	189
Karl-Heinz Braun und Erich Müller	Der Wagner, ein aussterbender Beruf	193
Dr. Rüdiger Fluck	Vom „Hengste-Stall" zum therapeutischen Reiten ...	199
Edith Bröckl	Neuerscheinungen 1999/2000	202
Walter Stöppler	Die Alte Lahnbrücke in Limburg	204
Heinz Pfeiffer	Jahrbuch-Quiz	207
Bernd Kexel	Satelitengesteuerter Mähdrescher	215
Josef J. G. Jung	Der Lindenholzhäuser Lubentiusbrunnen	216
Armin M. Kuhnigk	Aufgelöst, doch unvergessen	220

Vorwort des Landrats

Das glühend herbeigesehnte und mit so viel Euphorie bedachte Jahr 2000 geht nun bald zu Ende. Was wurde nicht alles in den Jahrtausendwechsel hineingeheimnisst? Die Spannweite reichte von Untergangsstimmung bis hin zum ekstatischen Glückstaumel. Was daraus geworden ist, haben wir alle erfahren. Im Grunde genommen ist doch das Allermeiste beim Alten geblieben. Beruhigend, so meine ich. Warum sollte ein Jahreswechsel, auch wenn er ins nächste Jahrtausend führt, eine totale Umwandlung der Lebensverhältnisse nach sich ziehen?

Die Menschen im Landkreis Limburg-Weilburg haben sich von diesem Aktionismus nicht irritieren lassen. Sie sind stetig ihren Weg weiter gegangen und haben damit Erfolg gehabt.

Die Arbeitslosenquote in unserem Landkreis ist die niedrigste in ganz Hessen (September 2000, 5,5 Prozent). Der Erwerbssinn ist ungebrochen. Mehr Menschen denn je pendeln aus, um ihren Arbeitsplatz zu erreichen und ihre Familien und sich selbst zu ernähren. Dennoch verfügt die Region selbst auch über ein eigenes Potential von erfolgreichen Unternehmen und Arbeitsstätten. Gerade diese mittelständischen Unternehmen sind das Rückgrat unserer heimischen Wirtschaft.

Auch auf dem Sektor der kommunalen Verwaltung wendet sich das Blatt zum Besseren. Infolge anwachsender Belastungen besonders im Sozialbereich und der Verlagerung von Aufgaben von Bund und Land auf die Landkreise war wie in fast allen hessischen Landkreisen auch in Limburg-Weilburg kein ausgeglichener Haushalt mehr möglich gewesen. Durch äußerste Sparsamkeit bei den Kreisausgaben ist die Abwicklung aller Vorlasten gelungen, und wir sehen ein Licht am Ende des Tunnels. Mehr noch. Es gibt eine sehr begründete Hoffnung, dass der Haushalt 2001 wieder ausgeglichen eingebracht werden kann. Gleichzeitig haben wir im Landkreis Limburg-Weilburg wieder die Möglichkeit, mehr Investitionen zum Wohle der Bürgerinnen und Bürger zu tätigen. Ich bin der Meinung, dass wir im Landkreis Limburg-Weilburg zwar nicht auf einer Insel der Glückseligkeit leben, aber es uns im Vergleich zu sehr vielen Menschen auf unserer Erde doch sehr gut geht. Im kommenden Jahr, auf das dieses neue Jahrbuch hinweisen möchte, sollten wir in unseren Bemühungen nicht erlahmen, sondern auf unsere privaten wie die öffentlichen Ziele hinarbeiten.

Limburg-Weilburg, im November 2000

(Dr. Manfred Fluck)
Landrat

EVL — Energie- und Wasserversorgung für Limburg

Dienstleistung an Ort und Stelle, bei Tag und Nacht

Umweltbewußt und kompetent. Bereits seit 1862 begann man in der Kreisstadt Limburg mit dem Aufbau einer Gasversorgung. 1882 wurde die Wasser- und 1892 die Stromversorgung zur Realität. Heute ist die ...

Energieversorgung Limburg GmbH ein moderner Energiedienstleister.

Aufgrund neuester Technik und Versorgungsanlagen, Stromanschlüssen an das Europäische Stromverbundnetz, Erdgasanschlüssen an die deutschen Erdgashochdruckleitungen, einer Vielzahl eigener Tiefbrunnen sowie der Realisierung leistungsfähiger Nahwärmekonzeptionen ist das Unternehmen in der Lage, die Kunden ...

sicher, kostengünstig, vorteilhaft und bürgernah

... zu beraten und zu beliefern. Die 98 Mitarbeiter sorgen für reibungslose Lieferung von derzeit rund 472 Mio. kWh Erdgas, 200 Mio. kWh Strom und 1,9 Mio m³ Wasser.
Im Rahmen ständig neuer Bemühungen zur Verbesserung der Umwelt ist als herausragende Maßnahme der letzten Jahre der Bau eines Wasserkraftwerkes mit einer Leistung von 650 kW zu nennen. Die Anlage, die 1.300 Haushalte mit umweltfreundlichem Strom versorgen kann, wurde 1993 in Betrieb genommen, die Baukosten beliefen sich auf 8,3 Mio. DM

EVL-Erdgasübernahmestation.

Innovative Techniken zu fördern hatte und hat in den Unternehmensleitlinien der EVL schon immer einen manifestierten Stellenwert. Die Anschaffung erdgasbetriebener Fahrzeuge ist hier ebenfalls beispielgebend.
Kurze Wege – kompetente Beratung – schnelle und kostengünstige Erledigung bei allem was Strom, Erdgas, Wasser und Wärme betrifft. Ziele, die es wert sind – EVL. ∎

EVL

Energieversorgung Limburg GmbH

Geschäftsführer:
Dipl.-Ing. Wolfgang Meier
Dipl.-Kaufm. Ralph Rotarius

Mitarbeiter:
98

Versorgungsspektrum:
Strom:
Mittel- und Niederspannung
Erdgas:
Hoch-, Mittel-, und Niederdruck
Wasser:
Eigene Förderung und Verteilung
Wärme:
Konzeptionsberatung und Lieferung

Umsatz:
69,1 Mio. DM (1999)

Versorgte Einwohner:
39.000 in Limburg
einschließlich Aartalgemeinden,
Holzheim, Flacht
und Niederneisen

Anschrift:
Energieversorgung Limburg GmbH
Ste.-Foy-Straße 36
65549 Limburg

Telefon (0 64 31) 29 03-0
Telefax (0 64 31) 29 03-92

EVL Wasserkraftwerk Brückenturm.

Der Stolz der Energieversorgung: die umweltfreundliche Erdgasflotte.

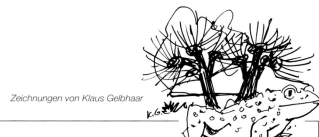

Zeichnungen von Klaus Gelbhaar

Januar

Mo	Di	Mi	Do	Fr	Sa	So
1	2	3	4	5	6	**7**
8	9	10	11	12	13	**14**
15	16	17	18	19	20	**21**
22	23	24	25	26	27	**28**
29	30	31				

Februar

Mo	Di	Mi	Do	Fr	Sa	So
			1	2	3	**4**
5	6	7	8	9	10	**11**
12	13	14	15	16	17	**18**
19	20	21	22	23	24	**25**
26	27	28				

März

Mo	Di	Mi	Do	Fr	Sa	So
			1	2	3	**4**
5	6	7	8	9	10	**11**
12	13	14	15	16	17	**18**
19	20	21	22	23	24	**25**
26	27	28	29	30	31	

April

Mo	Di	Mi	Do	Fr	Sa	So
						1
2	3	4	5	6	7	**8**
9	10	11	12	13	14	**15**
16	17	18	19	20	21	**22**
23	24	25	26	27	28	**29**
30						

Mai

Mo	Di	Mi	Do	Fr	Sa	So
	1	2	3	4	5	**6**
7	8	9	10	11	12	**13**
14	15	16	17	18	19	**20**
21	22	23	24	25	26	**27**
28	29	30	31			

Juni

Mo	Di	Mi	Do	Fr	Sa	So
				1	2	**3**
4	5	6	7	8	9	**10**
11	12	13	14	15	16	**17**
18	19	20	21	22	23	**24**
25	26	27	28	29	30	

Juli

Mo	Di	Mi	Do	Fr	Sa	So
						1
2	3	4	5	6	7	**8**
9	10	11	12	13	14	**15**
16	17	18	19	20	21	**22**
23	24	25	26	27	28	**29**
30	31					

August

Mo	Di	Mi	Do	Fr	Sa	So
		1	2	3	4	**5**
6	7	8	9	10	11	**12**
13	14	15	16	17	18	**19**
20	21	22	23	24	25	**26**
27	28	29	30	31		

September

Mo	Di	Mi	Do	Fr	Sa	So
					1	**2**
3	4	5	6	7	8	**9**
10	11	12	13	14	15	**16**
17	18	19	20	21	22	**23**
24	25	26	27	28	29	**30**

Oktober

Mo	Di	Mi	Do	Fr	Sa	So
1	2	3	4	5	6	**7**
8	9	10	11	12	13	**14**
15	16	17	18	19	20	**21**
22	23	24	25	26	27	**28**
29	30	31				

November

Mo	Di	Mi	Do	Fr	Sa	So
			1	2	3	**4**
5	6	7	8	9	10	**11**
12	13	14	15	16	17	**18**
19	20	21	22	23	24	**25**
26	27	28	29	30		

Dezember

Mo	Di	Mi	Do	Fr	Sa	So
					1	**2**
3	4	5	6	7	8	**9**
10	11	12	13	14	15	**16**
17	18	19	20	21	22	**23**
24	25	26	27	28	29	**30**
31						

Kreischronik 1999/2000

Von Heinz Pfeiffer

November 1999

Limburg. Die katholische Kirche wird aus dem staatlichen Beratungssystem für Schwangere aussteigen, so beschloss der Ständige Rat der deutschen Bischofskonferenz. Diesem Grundsatzbeschluss werde er nicht folgen, erklärte der Limburger Bischof Franz Kamphaus. Im Bistum würden auch künftig Beratungsscheine ausgestellt, weil diese Gespräche in Konfliktsituationen wichtig seien und meist letztlich eine Entscheidung für das Kind bedeuteten, argumentierte der Bischof.

Beselich-Obertiefenbach. Nach viermonatiger Bauzeit konnte die Statue auf dem Obertiefenbacher Dorfplatz eingeweiht werden. Gottfried von Beselich thront nun als lebensgroße Brunnenstatue und erinnert an den „Rufer von Beselich" aus dem 12. Jahrhundert.

Limburg. Mit einem Stadtlauf sammelten Schülerinnen der Limburger Marienschule 35 000 Mark für die Kosovohilfe des Bistums. Von dem Geld konnten 29 Kühe als Aufbauhilfe für Bauern gekauft werden.

Selters-Niederselters/Beselich. Ferdinand Muth aus Niederselters erhielt den Landesehrenbrief für sein langjähriges Engagement im Naturschutz. Aus den Händen des Hessischen Umweltministers Wilhelm Dietzel erhielten ebenfalls Karl-Heinz Jost (Heckholzhausen) und Rüdiger Brühl (Obertiefenbach) den Landesehrenbrief. Beide sind Gründungsmitglieder des Beselicher Schützenvereins und zudem seit vielen Jahren in der Kommunalpolitik tätig.

Limburg. Schwarze Fahnen wurden an Holzmann-Baustellen gehisst. Bevor der Konkurs des Frankfurter Bauriesen letztlich doch noch abgewendet wurde, vergingen auch für viele Arbeiter und betroffene Handwerksbetriebe im heimischen Raum Tage des Bangens. An der Limburger ICE-Lahntalbrücke demonstrierten Arbeiter gegen das Scheitern des Sanierungskonzeptes. Holzmann ist an der 44 Kilometer langen Strecke zwischen Bad Camberg und dem rheinland-pfälzischen Deesen außer mit der Lahntalbrücke mit vier Tunnelbauten betraut.

Weilmünster-Laimbach. Eine kleine, aber feine Feier: Das 300 Einwohner zählende Weiltal-Dorf Laimbach blickte auf sein 700-jähriges Bestehen zurück.

Brechen. Mit dem ersten Spatenstich für die Unterführung des Laubusbaches erfolgte der Start für den Bau der rund zehn Millionen Mark teuren Ortsumgehung Oberbrechen im Zuge der Bundesstraße 8.

Dezember 1999

Weilburg. Die Weilburger Hessenklinik bekam einen neuen Spiral-Computertomographen (Foto) für 500 000 Mark, der nicht nur dem Krankenhaus, sondern auch den niedergelassenen Ärzten der Region zur Verfügung steht. Das neue Gerät kann Patienten mit nur halb so viel Strahlenbelastung wie bei herkömmlichen Apparaten durchleuchten.

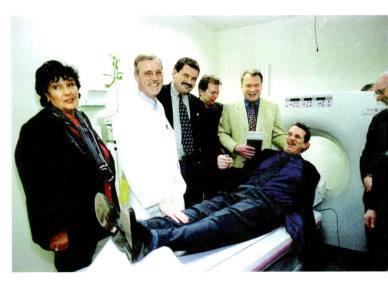

Volkshalle Kubach

Weilburg-Kubach. Zwei Jahre dauerte der Umbau der Kubacher Volkshalle. Am 17. Dezember war dann der Tag der Freude, Dankbarkeit und Genugtuung, wie Ortsvorsteher Helmut Abel bei der feierlichen Einweihung sagte. Knapp 900 Quadratmeter bietet die gute Stube (Foto) des Weilburger Stadtteils. Im Saal finden 240 Personen bei Bestuhlung mit Tischen, in Stuhlreihen 320 Platz. Die Baukosten beliefen sich auf 2,4 Millionen Mark.

Mengerskirchen/-Weilburg. Prof. Dr. Ernst Leuninger (Foto) konnte sein 40-jähriges Priesterjubiläum feiern. Der „Mengerskirchener Bub" hatte nach seinem Ruhestand im Sommer 1998 eine Professur für Pastoraltheologie an der Theologischen Hochschule in Vallendar und das Amt des Beauftragten des Bischofs für Bosnien und den Kosovo angenommen. Für die von ihm organisierten Hilfsaktionen des Bistums wurde er zum Ehrendomherr des erzdiözesanen Kapitels von Sarajewo ernannt.

Selters. Die politischen Repräsentanten der Gemeinde Selters würdigten in einer Jubiläumsfeier im Niederselterser Kulturzentrum „Alte Kirche" die erfolgreiche Entwicklung der Kommune seit dem Gemeindezusammenschluss vor 25 Jahren.

Elz. Für ihr langjähriges Engagement im Vorstand des Elzer Kanarien- und Vogelzuchtvereins erhielt Erika Horn den Landesehrenbrief.

Weilburg. Auch der anerkannte Seelsorger der Weilburger katholischen Pfarrei Heilig-Kreuz Albert Keller feierte sein 40-jähriges Priesterjubiläum. Bevor er

1982 in die Residenzstadt an der Lahn kam, hatte er zuvor 15 Jahre im Norden Brasiliens gearbeitet und gewirkt.

JANUAR 2000

Hadamar. Adrian heißt das erste Baby, das im neuen Jahrtausend im Kreis Limburg-Weilburg das Licht der Welt erblickte. Mutter Anette Diehl gebar ihren Sprössling am Neujahrstag um 0.27 Uhr im Hadamarer St. Anna-Krankenhaus. Kaum zwei Stunden später kamen im Limburger St. Vincenz-Krankenhaus Zwillinge auf die Welt – ein Junge und ein Mädchen als fünftes und sechstes Kind einer angolanischen Mutter. Die Weilburger Hessenklinik meldete um 11.19 Uhr das erste Millennium-Baby: Paula Olivia Schier.

Weilburg-Hirschhausen. Plötzlich stand er im Blitzlichtgewitter: Michael Wimmer, Ver-

messungstechniker aus Hirschhausen, verhinderte in Großen-Buseck bei Gießen eine Entführung. Er hatte beobachtet, wie ein 35-jähriger Mann ein siebenjähriges Mädchen in sein Auto zerrte. Er stellte den Fremden zur Rede, notierte dessen Autonummer und Personalien. Der Entführer ließ daraufhin das Mädchen wieder laufen und wurde schon bald in Heidelberg verhaftet. Alle lobten Michael Wimmer (Foto), er aber blieb bescheiden: „Schließlich habe ich doch nur getan, was selbstverständlich ist."

Runkel-Dehrn. Schaden in Millionenhöhe entstand bei einem Großbrand (Foto) in der Nacht zum 3. Januar in Dehrn. Zwei Hallen der Firma Egenolf und Söhne, die an eine Spedition verpachtet waren, brannten nieder. Dabei wurden dort gelagerte Versandartikel im Wert von rund zwei Millionen Mark ein Opfer der Flammen. Alle sechs Runkeler Stadtteilfeuerwehren sowie die Limburger Feuerwehr mit insgesamt 100 Brandschützern kämpften gegen die Flammen.

Runkel-Arfurt. Heinz Toni Schneider aus Arfurt wurde von Landrat Dr. Manfred Fluck in den Ruhestand verabschiedet. Der Pädagoge war 44 Jahre im Schuldienst, davon die letzten 17 Jahre als Schulamtsdirektor im Staatlichen Schulamt Weilburg.

Villmar-Aumenau. Erwin und Margot Tichopad sowie Wilfried Hainz erhielten den Ehrenbrief des Landes Hessen. Sie waren viele Jahre aktiv im Vorstand des Schützenvereins „Diana" Aumenau.

Runkel-Steeden. Der 56-jährige Hauptfeldwebel Werner Höhn aus Steeden wurde in Diez die von Generalsekretär George Robertson verliehe Nato-Medaille für seinen Einsatz für Frieden und Freiheit im Kosovo überreicht. Höhn hatte sich freiwillig für den Dienst im Krisengebiet gemeldet und war als Küchenbuchhalter tätig.

Limburg-Weilburg. Sehr gute Noten und eine exzellente Prognose für die wirtschaftliche Entwicklung erhielt die Region Limburg-Weilburg in einer Strukturanalyse des Landesarbeitsamtes. Darin ist der Arbeitsamtsbezirk Limburg landesweit die Region mit der niedrigsten Arbeitslosenquote. Auch die Zahl der Langzeitarbeitslosen ist im Bezirk Limburg hessenweit am Niedrigsten.

Chronik 2000

Februar 2000

Limburg-Weilburg. Der Kreistag Limburg-Weilburg wählte mit deutlicher Mehrheit den 46-jährigen Architekten Manfred Michel (Foto) aus Elz zum neuen hauptamtlichen Ersten Kreisbeigeordneten und Stellvertreter von Landrat Dr. Manfred Fluck. Kreistagsvorsitzender Robert Becker führte den CDU-Politiker in sein Amt ein. Mit der auch von der SPD unterstützten Wahl des Christdemokraten wurde die Kreisspitze wieder komplettiert, nachdem Michels Vorgänger Karl-Winfried Seif im Frühjahr 1999 als Staatssekretär im Hessischen Sozialministerium nach Wiesbaden gewechselt war.

Villmar. Die Bürgermeisterwahl am 6. Februar hatte einen strahlenden Sieger. Denn weitaus deutlicher als erwartet wurde Hermann Hepp von den Bürgern für weitere sechs Jahre bestätigt. 80,4 Prozent der Wahlberechtigten gaben Hepp bei einer Wahlbeteiligung von 62,4 Prozent die Stimme. Seine Gegenkandidaten Axel Paul von der Aktiven Alternative Villmar (11,7 Prozent) und der von der SPD unterstützte Lutz Böhm (7,8 Prozent) hatten gegen den Christdemokraten und Sprecher der Bürgermeistervereinigung im Kreis keine Chance. Sein herausragendes Ergebnis erzielte Hepp mit 86,5 Prozent in seinem Heimatort Weyer.

Elz. Zwei Mitglieder der Flugsportgruppe Elz starben bei einem Flugzeugabsturz im Taunus. Der 65-jährige Pilot aus Offheim und sein 57-jähriger Kopilot aus Niederselters waren in Aschaffenburg zu einem Flug nach Elz gestartet, als sie am Altkönig bei niedrig hängenden Wolken in die Baumwipfel flogen. Ihr Flugzeug zerschellte am Berghang.

Limburg-Weilburg. Schlimme Unfälle ereigneten sich im Februar im Kreis Limburg-Weilburg. Gleich drei junge Menschen starben bei einem Pkw-Frontalzusammenstoß zwischen Heringen und Nauheim, ausgelöst durch ein riskantes Überholmanöver. Auf der Bundesstraße 8 bei Niederbrechen starb ein 25-jähriger Mann, der mit seinem Pkw in einen verkehrswidrig wendenden Sattelzug raste.

Limburg. Auch der Bau der ICE-Strecke forderte ein Todesopfer. Im Limburger Tunnel stürzte ein 38-jähriger Ungar von einem sieben Meter hohen Gerüstwagen.

Limburg. Am 3. Februar ging auf der Bundesstraße 49 in Höhe der Autobahn-Anschlussstelle Limburg-Nord für Stunden Nichts mehr. Hier löste zunächst auf der Fahrbahn in Richtung Weilburg ein Pkw eine Massenkarambolage mit zehn beteiligten Fahrzeugen aus. Auf der anderen Spur kippte ein Gefahrgut-Transporter um und verlor 3 000 Liter einer wassergefährdenden Chemikalie. Deswegen musste das verseuchte Erdreich abgetragen werden.

Limburg-Linter. Auf 100 000 Mark schätzte die Polizei den Schaden, der bei einem Brand in einem Bienenhaus in der Gemarkung Linter entstand. Dabei waren vermutlich durch Brandstiftung elf Bienenvölker mit 500 000 Bienen ums Leben gekommen.

Limburg-Weilburg. Es roch schon nach Frühling, da schlug der Winter noch einmal kräftig zu: am 18. Februar sorgten heftige Schneefälle im Kreis Limburg-Weilburg für ein

Verkehrschaos. Doch bis auf Sachschäden in sechsstelliger Höhe und drei Leichtverletzte ging es recht glimpflich ab.

März 2000

Löhnberg. Sensationeller Fund in der Löhnberger Burgruine: Bei Sanierungsarbeiten entdeckte der Kunsthistoriker Thomas Starke einen Schatz. 210 Münzen aus den Jahren zwischen 1556 und 1682 in bestem Zustand kamen ans Tageslicht, die anschließend in Marburg im Hessischen Landesamt für Denkmalpflege katalogisiert wurden. Rätselhaft war der Fundort in zehn Meter Höhe in der Außenmauer. Eingemauert aber wurden die Geldstücke vor Jahrhunderten von innen aus einem Schacht heraus.

Weilburg. Mit der Ernennung von Peter Schermuly zum neuen Verwaltungsleiter des Weilburger Krankenhauses begann ein neues Kapitel in der Hessenklinik. Er hatte bereits zwei Jahre lang diese Funktion kommissarisch ausgeübt.

Limburg-Ahlbach. Helmut Peuser (Foto) wurde zum neuen Vorsitzenden des CDU-Kreisverbandes Limburg-Weilburg gewählt. Im Ahlbacher Bürgerhaus stimmten 226 Delegierte für den Landtagsabgeordneten aus Linter, 13 votierten gegen ihn.

Peuser trat die Nachfolge von Karlheinz Weimar an, der zwölf Jahre an der CDU-Kreisspitze stand, wegen Arbeitsüberlastung als hessischer Finanzminister aber nicht mehr kandidierte.

Limburg-Weilburg. Einen leichten Rückgang der Straftaten wies die Kriminalstatistik für den Kreis Limburg-Weilburg aus. 8 413 Delikten musste die Polizei nachgehen, 38 Fälle (0,4 Prozent) weniger als im Jahr zuvor. Im Vergleich dazu sanken diese Zahlen im Regierungsbezirk Gießen um 3,5 Prozent und landesweit gar um 4,3 Prozent. Umgerechnet auf die Einwohnerzahlen lag der Kreis aber klar unter dem Landesdurchschnitt: je 100 000 Einwohner verzeichnete die Statistik in Hessen 7 409 Straftaten, im Kreis Limburg-Weilburg hingegen lediglich 4 820 Fälle.

Weilburg. Mit einem großartigen Fest feierte der Bezirkslandfrauenverein Weilburg sein 50-jähriges Bestehen in der Stadthalle „Alte Reitschule". Dabei hob die Vorsitzende Margret Grün hervor, dass Frauen ein Motor für gesellschaftliches Leben und Garant für Lebensqualität seien. Im Rahmen der Feier wurden viele Landfrauen für ihr Engagement ausgezeichnet, darunter acht Gründerinnen, die seit einem halben Jahrhundert Mitglieder des Vereins sind.

April 2000

Weinbach-Freienfels. Der Ansturm war enorm: Viele tausend Besucher drängten sich wieder in den Weil-Wiesen am Fuße der Burgruine Freienfels, um die farbenprächtigen Ritterspiele (Foto) zu verfolgen. Auch die Zahl der Ritter und Gaukler, Burgfräuleins, Minnesänger, Händler und Waffenträger war rekordverdächtig. Dazu spielte diesmal das Wetter mit, sodass es ein ungetrübtes mittelalterliches Spektakel mit Hokuspokus, Schaukämpfen hoch zu Ross und jede Menge Musik zu erleben gab.

Merenberg. Mit einem festlichen Kommers beging der Gesangverein „Lyra" Merenberg sein 150-jähriges Bestehen

Elz. Die 16. Westerwald-Taunus-Ausstellung (WESTA) lockte wieder bis zu 140 000 Besucher auf das Ausstellungsgelände in Elz. Eine Woche lang präsentierten die Aussteller auf der alle zwei Jahre stattfindenden größten Verbrauchermesse der Region ihr umfangreiches Angebot. Eine Aktion stand diesmal im Vordergrund: Die Vereinigung „Sportler für

Organspende" warb mit prominenter Unterstützung um Organspender.

Limburg. Die Stadt Limburg kaufte für eine Mark das Limburger Schloss vom Land Hessen. Zur Finanzierung erster Sanierungsmaßnahmen bekam die Domstadt zudem einmalig einen Zuschuss in Höhe von 400 000 Mark. Das Schloss soll öffentlich zugänglich und von einer Stiftung verwaltet werden.

Weinbach-Freienfels. Karl Zimmermann aus Freienfels ist ein Feuerwehr-Urgestein. Der 78-Jährige gehört seit 60 Jahren der Feuerwehr an, war der erste Ortsbrandmeister in Weinbach und 14 Jahre stellvertretender Kreisbrandinspektor. Für seine Leistungen erhielt er in der Jahreshauptversammlung der Weinbacher Wehren den Landesehrenbrief.

Brechen-Oberbrechen. Freizeit, Mode, Haushalt und Bau standen im Mittelpunkt der zweitägigen Emstalschau in Oberbrechen.

Mai 2000

Limburg. Zwölf Monate hat es nur gedauert, bis sich der Brückenbogen über der Lahn bei Limburg schloss. Über die neue Lahntalbrücke soll künftig der ICE von Köln ins Rhein-Main-Gebiet brausen. Das 438 Meter lange und 50 Meter hohe Brückenbauwerk nimmt dabei eine gestalterische Sonderstellung unter den insgesamt 18 Talbrücken für die neue ICE-Strecke ein: Wegen des räumlichen Bezugs zur nahen Autobahnbrücke und zur nahen Limburger Altstadt wurde die Bogenform gewählt. Auch architektonisch war das Bauwerk eine Herausforderung: Von beiden Lahnseiten aus wuchsen die beiden Teilbögen aufeinander zu, bis sie sich am Scheitelpunkt trafen. Während des Brückenfestes anlässlich des Bogenschlusses schwebten die Ehrengäste per Gondel (Foto) nach oben.

Weilmünster. Zur Feier ihrer 60. Geburtstage im Weilmünsterer Bürgerhaus hatte Bürgermeister Manfred Heep für Christa und Arnold Radu eine besondere Überraschung bereit: Für langjährige ehrenamtliche Tätigkeit überreichte er dem Ehepaar jeweils den Ehrenbrief des Landes Hessen.

Weilmünster. Der Sieg an sich im Rennen um den Bürgermeisterposten in Weilmünster überraschte nicht, beeindruckend war aber die Höhe. Mit 73,5 Prozent schaffte der parteilose Amtsinhaber Manfred Heep (Foto), unterstützt von CDU und Bürgerliste (EWG/FDP), in der Direktwahl einen grandiosen Erfolg. Sein Herausforderer Helmut Jung, von der SPD gestützt, erhielt 26,5 Prozent der Stimmen. Die Wahlbeteiligung im Marktflecken lag mit 87,5 Prozent über dem Schnitt bei Direktwahlen.

Hadamar-Niederzeuzheim. Beim Zusammenstoß von zwei Zügen in der Nähe des Bahnhofs von Niederzeuzheim (Foto) wurden 32 Menschen verletzt, sechs davon schwer. Ein eingeklemmter Lokführer musste befreit

Chronik 2000

werden und wurde mit dem Rettungshubschrauber in das Weilburger Krankenhaus geflogen. Ein aus Richtung Limburg kommender Nahverkehrszug war 200 Meter vor dem Bahnhof mit etwa 50 Stundenkilometern auf die Diesellok eines stehenden Güterzuges geprallt. Der Güterzug stand, um die entgegenkommende Regionalbahn in den Bahnhof einfahren zu lassen. Durch die Fehlstellung einer Weiche war die Regionalbahn in das Gleis geleitet worden. Mindestens 50 Polizeikräfte, Notärzte, Sanitäter und die Notfallseelsorge hatten Großeinsatz.

Weilburg-Hirschhausen. Im Wildpark Tiergarten geschah ein kleines Wunder: Die 5-jährige Elchkuh Adelheid bekam Zwillinge (Foto). Ein Wunder ist es schon allein deshalb, weil Adelheid in den zurückliegenden beiden Jahren Pech mit dem Nachwuchs hatte: Vor zwei Jahren musste sie im Gehege notoperiert werden. Bei dem Kaiserschnitt war sie von einem Elchbaby mit Wasserkopf entbunden worden. Und im vergangenen Jahr entwickelte sie keine Milch, so dass ein Junges nach kurzer Zeit an Nierenversagen starb.

Mengerskirchen. In die Zeit der ersten Jahrzehnte des vergangenen Jahrhunderts zurückversetzt fühlten sich viele Gäste, die zur Eröffnung der Ausstellung „Kerkerbachbahn" ins Schloss Mengerskirchen gekommen waren. Wegen der großen Resonanz wurde die Ausstellung bis zum 8. Oktober – länger als vorgesehen – gezeigt.

Merenberg-Reichenborn. Mit einem Konzert der „Kastelruther Spatzen" startete die Freiwillige Feuerwehr Reichenborn das Festwochenende anlässlich ihres 75-jährigen Bestehens. Rund 2 800 Fans waren angereist, um die „Spatzen" live zu sehen.

Weinbach/Mengerskirchen/Weilmünster/-Limburg. Auf der Weinbacher Gewerbeschau präsentierten sich zwei Tage lang 56 Aussteller auf 2 000 Quadratmetern. Der schöne Frühlingsmarkt in Mengerskirchen mit 60 Marktständen litt etwas unter großer Hitze. Zur Auto- und Gewerbeschau lud der Wirtschafts-Ring Weilmünster (WRW) auf das Gelände rund um Rathaus, Kirche und Bürgerhaus ein. In Limburg präsentierte der City-Ring zum siebten Male den Autosalon.

Weilburg-Kubach. „Heimat besitzt einen eigenartigen Charakter", so eröffnete Kubachs Ortsvorsteher Helmut Abel den Festakt zur 1000-Jahr-Feier des Dorfes, in dessen Verlauf Finanzminister Karlheinz Weimar ihm die Freiherr-vom-Stein-Plakette überreichte.

Juni 2000

Löhnberg. Bei einem Festkommers blickte der Schützenverein „Tell" Löhnberg auf sein 100-jähriges Bestehen zurück.

Limburg-Weilburg. Hessens Polizei soll 2001 organisatorisch völlig umgekrempelt werden, kündigte Innenminister Volker Bouffier an. Für den Kreis Limburg-Weilburg wird das die Konsequenz haben, dass die Polizeidirektion Limburg, die bislang dem Regierungspräsidium Gießen unterstand, dem Polizeipräsidium West in Wiesbaden zugeordnet wird.

Beselich-Schupbach. 25 Jahre sind vergangen, seit sich der Kreisfeuerwehrverband Oberlahn in Folge der Gebietsreform mit dem Kreisfeuerwehrverband Limburg zusammenschloss. „Es war eine schwere Geburt, aber es hat trotzdem geklappt", betonte der Verbandsvorsitzende Edgar Göbel. Das Jubiläum feierten die Blauröcke mit vielen Gästen – darunter Regierungspräsident Winfried Schmied (Foto) – im Schupbacher Bürgerhaus.

Limburg. Ein Großbrand zerstörte ein Einfamilienhaus in Limburg-Blumenrod. Ein 28-jähriger Hausbewohner, der drei Meter tief aus dem ersten Stockwerk sprang, wurde schwer verletzt. Den Sachschaden bezifferten Polizei und Feuerwehr auf mindestens ein halbe Million Mark.

Weilburg. Der Hessentag 2005 findet in Weilburg statt. Ministerpräsident Roland Koch teilte Bürgermeister Hans-Peter Schick im Rathaus der diesjährigen Hessentagsstadt Hünfeld die Entscheidung des Landeskabinetts mit.

Weilburg. Beim Versuch, einen ertrinkenden neunjährigen Jungen aus der Lahn in der Nähe der Weilburger Eisenbahnbrücke zu holen, ging ein 39-jähriger Mann aus Kirschhofen unter. Er wurde nach einer zweistündigen Suchaktion, bei der auch ein Hubschrauber im Einsatz war, tot geborgen.

Weilmünster-Laubuseschbach. Als „Lehrling des Monats" ist Jens Eichler aus Laubuseschbach von der Handwerkskammer Wiesbaden ausgezeichnet worden. Er wird im Betrieb des Schmiedemeisters Markus Balbach ausgebildet.

Merenberg. Zur 2. Merenberger Gewerbeschau kamen rund 2000 Besucher in die Ausstellungshalle auf dem Gelände der Firma Legner. 20 ortsansässige Firmen präsentierten ihr umfangreiches Dienstleistungsangebot.

Limburg. Wegen Mordes und sexueller Nötigung in Tateinheit mit gefährlicher Körperverletzung verurteilte das Limburger Landgericht einen 34-Jährigen zu 15 Jahren Gefängnis. Außerdem ordneten die Richter die Unterbringung in eine Psychiatrie an. Der Angeklagte hatte gestanden, eine Bauingenieurin in der Limburger Weiersteinstraße umgebracht zu haben.

Limburg. Wechsel an der Spitze der Limburger Staatsanwaltschaft: Der Hessische Justizminister Dr. Christian Wagner führte Almuth von Anshelm (Foto) als neue Leitende Oberstaatsanwältin beim Landgericht Limburg in ihr neues Amt ein. Ihr Vorgänger Wolfram Wiesemann wurde in den Ruhestand verabschiedet.

Juli 2000

Limburg. Eine Institution des Limburger St. Vincenz-Krankenhauses feierte Jubiläum. Dr. Adolf Voorhoeve ist seit 25 Jahren Chefarzt der unfallchirurgischen Abteilung. Er hat in dieser Zeit fast 150 000 Patienten behandelt.

Limburg-Lindenholzhausen. Kaum war eine ICE-Brücke bei Lindenholzhausen fertiggestellt, wurde sie wieder abgerissen. Die 17 Meter lange Brücke, die parallel zur Autobahn Frankfurt-Köln verlief, wies statische Mängel auf.

Villmar-Weyer. In Weyer wurde ein 2,3 Kilometer langer Naturlehrpfad eröffnet. Die Natur- und Heimatfreunde hatten ihn im Rahmen des Dorferneuerungsprogramms eingerichtet. Schautafeln und Schilder weisen auf die heimische Tier- und Pflanzenwelt sowie historische Stätten hin.

Weilburg. Der Pressesprecher der Hessischen Landesregierung Dirk Metz kündigte den Besuch von Bundespräsident Johannes Rau an. Der Bundespräsident wird in Begleitung des Hessischen Ministerpräsidenten am Samstag, dem 9. Dezember, im Mittelpunkt einer ZDF-Weihnachtssendung stehen, die in der Schlosskirche aufgezeichnet und am Heiligen Abend ausgestrahlt wird.

Runkel-Dehrn. Den Hessischen Denkmalschutzpreis erhalten Bianka und Guido Petri für die Sanierung des Burgmannenhauses (Foto) in Dehrn unterhalb des Schlosses. Das Gebäude ist der ehemalige Stammsitz der Freien von Dehrn.

Merenberg. Die Gemeinde Merenberg hat mit 2 259 Mark je Einwohner die höchste Pro-Kopf-Verschuldung im Kreis und hat damit die Stadt Weilburg überholt, die noch vor vier Jahren auf dem ersten Platz stand. Das geht aus einem Bericht des Statistischen Landesamtes hervor. Die günstigsten Bilanzen haben Beselich und Weilmünster vorzuweisen.

Weilburg-Ahausen. Die Weilburger Schützengesellschaft, zweitältester Weilburger Verein und eine der ältesten Schützengesellschaften in Hessen, feierte sein 150-jähriges Bestehen.

Weilburg. Der Hessische Ministerpräsident Roland Koch besuchte mit Finanzminister

Chronik 2000

Karlheinz Weimar (Foto) die Weilburger Schlosskonzerte. Die Stadt gab für die Polit-Prominenz einen Empfang. Zum Abschluss der Weilburger Musikfesttage lud auch die Hessische Ministerin für Wissenschaft und Kunst zu einem Empfang. Trotz des miserablen Wetters fanden die Konzerte wieder ungebrochenen Zuspruch bei den Musikfreunden.

Limburg-Weilburg. Für eine Zuordnung des Landkreises Limburg-Weilburg zur Planungsregion Südhessen hat sich der Kreisausschuss ausgesprochen. Beantragt wird dieser Schritt in einer Stellungnahme zum Landesentwicklungsplan Hessen 2000. Begründung: Die Verflechtungen zum Rhein-Main-Gebiet seien stärker als nach Mittelhessen.

Elz. Während andere Jugendliche in die Disco gehen oder in der Kneipe sitzen, sitzt Marjana Lysnik (Foto) in Elz am Klavier. Und das bis zu sechs Stunden täglich. Die Wochenenden verbringt sie in Heidelberg bei ihrem Lehrer Martin Balser. Der Fleiß wurde belohnt, als die 18-jährige Spätaussiedlerin aus der Ukraine mit ihrem Heidelberger Partner Simon Friedrich Bundessiegerin im Wettbewerb „Jugend musiziert" wurde.

AUGUST 2000

Elz. Der Erste Kreisbeigeordnete Manfred Michel aus Elz wurde vom CDU-Kreisvorstand zum Kandidaten für die Landratswahl am 18. März 2001 nominiert. Die Entscheidung für den 47-jährigen Architekten fiel einstimmig.

Weilburg. Riesige Stimmung beim Open-Air-Konzert in Weilburg. Gut 7 000 Fans feierten

auf dem Festplatz an der Hainallee eine Party mit Joe Cocker (Foto), dem Altmeister des Rock.

Weilburg. Drei Tage lang stand Weilburg wieder ganz im Zeichen der Ballonfahrer. Das Ballonfestival erinnerte diesmal an Francoise Blanchard, der bereits am 3. Oktober 1785 die Residenzstadt mit der Luftfahrt bekannt machte: Eine halbe Stunde nach seinem Start in Frankfurt erreichte er seinerzeit mit dem Heißluftballon Weilburg und stattete dem Fürst einen Besuch ab.

Chronik 2000

Bad Camberg. Tausende bejubelten Bad Cambergs Umzug zur 1000-Jahr-Feier (Foto) mit rund 70 Motivwagen und Gruppen, darunter auch Abordnungen aus der französischen Partnerstadt Chambray-les-Tours und Bad Sulza in Thüringen.

Weilburg-Kubach. „Kubach im Wandel der Zeit" hieß das Motto des großen Höfefestes, zu dem der Weilburger Stadtteil aus Anlass der 1000-Jahr-Feier einlud. In nahezu jedem Hof entlang der Ortsdurchfahrt wurde ein anderes Zeitalter der langen Geschichte des Dorfes dargestellt.

Limburg. Für Familien oder Einzelpersonen, die in die Schuldenfalle getappt sind und nicht mehr weiter wissen, gibt es im Kreis Limburg-Weilburg jetzt eine Anlaufstelle. In der Limburger Oderstraße 9 wurde die neue Schuldner- und Insolvenzberatung der Gesellschaft für Ausbildung und Beschäftigung (GAB) eröffnet.

Selters-Eisenbach. Mit dem Landesehrenbrief wurde der Vorsitzende des Eisenbacher Tischtennis-Clubs Günther Rumpf und der Schriftführer des Vereins Werner Hartmann ausgezeichnet.

Mengerskirchen. Der neue Rad- und Wanderweg durch das Kerkerbachtal wurde mit einer Eröffnungsfahrt auf Rädern von den Bürgermeistern (Foto) Lothar Blättel (Waldbrunn), Hans-Jürgen Heil (Runkel), Martin Rudersdorf (Beselich) und Gerald Born (Merenberg) freigegeben.

Weilmünster-Audenschmiede. Obwohl Audenschmiede eigentlich keine Feuerwehr mehr hat, feierten die Brandschützer des Ortes ihr 75-jähriges Jubiläum. Seit Auflösung der Einsatzabteilung im Jahre 1975 hat Audenschmiede eine „passive Feuerwehr", eine von dreien in Hessen. Die Feuerwehrleute des Ortes sind dennoch ein aktiver Verein geblieben.

September 2000

Hünfelden-Nauheim. Ein Großbrand vernichtete in Nauheim eine Scheune mit Stallungen. Die Polizei schließt Brandstiftung nicht aus.

Hünfelden-Dauborn. Eine 40-Jährige wickelte ihren neu geborenen Jungen in Handtücher, stülpte zwei Plastiktüten darüber und versteckte die Leiche in einem Abfalleimer. Sie wurde festgenommen.

Limburg. Den „Hans-im-Glück-Preis" der Stadt Limburg für Jugendliteratur erhalten Andreas Steinhöfel und Anja Tuckermann für ihr Buch „David Tage – Mona Nächte". Das Autorenpaar habe die außergewöhnliche Form des Briefwechsels gewählt, um die

Beziehung zwischen dem 15-jährigen sprachlosen David und der 17-jährigen romantischen Mona darzustellen, begründete die Jury die Entscheidung. Bürgermeister Martin Richard überreicht im Dezember den mit 5 000 Mark dotierten Preis.

Löhnberg. Einen prächtigen Festzug erlebte

Löhnberg (Foto) aus Anlass des 100-jährigen Bestehens des Schützenvereins „Tell".

Weilburg-Kubach. Ein weiterer Höhepunkt der Feierlichkeiten zum 1000-jährigen Bestehen von Kubach war der große Festzug mit 1 200 Teilnehmern, sieben Musikgruppen und 70 Zugnummern.

Weinbach. Mitarbeiter des Forstamtes Weilburg entdeckten im Weinbacher Wald eine Kolonie des seltenen Tintenfischpilzes. Dieser Pilz wurde aus Australien eingeschleppt und ist in unserem heimischen Raum seit etwa zwei Jahrzehnten bekannt. Allerdings wurde er erstmals in einer größeren Kolonie gesichtet.

Limburg-Weilburg. 140 Millionen Mark steckte der Landkreis Limburg-Weilburg in den vergangenen elf Jahren in den Schulbau. Jetzt sind 72 Millionen Mark notwendig, um die Schäden an den Schulgebäuden und den dazu gehörigen Hallen zu beseitigen. Das kündigte Landrat Dr. Manfred Fluck in einer Kreistagssitzung im Schupbacher Bürgerhaus an. Die erforderlichen finanziellen Mittel sollen in zehn Jahresraten bereit gestellt werden.

Weilburg. Das Weilburger Finanzamt hat wieder einen neuen Chef. Der Hessische Finanzminister Karlheinz Weimar führte Regierungsoberrat Hans-Dieter Wieden in sein Amt ein.

OKTOBER 2000

Weilburg. Seit zehn Jahren arbeiten mittlerweile sieben Hebammen selbständig unter dem Dach des Weilburger Krankenhauses. Insgesamt 6 000 Geburten haben sie in dieser Zeit begleitet. Die Bevölkerung wurde zu einem Tag der offenen Tür eingeladen.

Limburg-Dietkirchen. Für einen Tag fiel Dietkirchen beim traditionellen Markt ins tiefste Mittelalter zurück. Handwerker zeigten ihr Können, Herolde riefen lautstark ihre Nachrichten, und Spielleute sowie Gaukler unterhielten die vielen Gäste.

Beselich-Obertiefenbach. Der Obertiefenbacher Ehrenbürger Georg („Schorsch") Leber (Foto) wurde 80 Jahre alt. Grund für seine alten Freunde und Weggefährten, gleich zweimal mit Empfängen den Geburtstag des früheren Verkehrs- und Verteidigungsministers zu feiern: Bundesverteidigungsminister Rudolf Scharping lud zu den Gebirgsjägern nach Berchtesgaden ein, zumal Leber seit langem am Königssee wohnt. Die Industriegewerkschaft Bau veranstaltete in Frankfurt für ihren ehemaligen Vorsitzenden ein großes Fest, zu dem auch Bundespräsident Johannes Rau erschien.

Limburg. Seinen 150. Geburtstag feierte das Limburger St. Vincenz-Krankenhaus mit einem Gottesdienst im Dom mit Bischof Franz Kamphaus und einem Kommers in der Josef-Kohlmaier-Halle. Hessens Sozial-Staatssekretär Karl-Winfried Seif überreichte einen Bewilligungsbescheid über 940 000 Mark für den Umbau der Zentralküche.

Mengerskirchen. Hochzufrieden waren der Arbeitskreis Kerkerbachbahn und der Museumsverein Mengerskirchen mit der Resonanz auf ihre Ausstellung im Schloss. 3 500 Besucher interessierten sich an 28 Tagen für die Dokumentation der Geschichte der Kerkerbachbahn.

Runkel. Bürgermeister Hans-Jürgen Heil (CDU) kündigte an für eine weitere Amtsperiode zu kandidieren. Die Direktwahl des Runkeler Bürgermeisters wird mit der Kommunalwahl am 18. März verbunden.

Limburg-Weilburg. Die Freien Wähler im Kreis Limburg-Weilburg nominierten in einer Mitgliederversammlung in Allendorf ihren Vorsitzenden, den 58-jährigen Direktor des Weilburger Amtsgerichtes Gerhard Würz (Weilburg), zu ihrem Kandidaten für die Landratswahl am 18. März 2001.

Weilburg. Auch der Regen konnte den Beginn der Bauarbeiten an der Weilburger Teilortsumgehung nicht stoppen. Der Hessische Staatssekretär im Verkehrsministerium Herbert Hirschler und der Ministerialdirigent im Bundesverkehrsministerium Eckart Will kamen, um am Hallenbad gemeinsam mit Bürgermeister Hans-Peter Schick den 1. Spatenstich (Foto) für das Weilburger Jahrhundertprojekt vorzunehmen. Die Altstadtumfahrung, die von der Frankfurter Straße die Bundesstraße 456 über eine neue 885 Meter lange Bogenbrücke direkt auf die Westerwaldseite führt, soll den Altstadtbereich um rund 80 Prozent vom fließenden Verkehr entlasten. Seit 30 Jahren wurde über das Projekt gesprochen, das bis zum Jahre 2005, wenn Weilburg den Hessentag ausrichtet, fertiggestellt sein soll. Die Kosten werden auf 54 Millionen Mark geschätzt.

Landrat Dr. Manfred Fluck feierte seinen 60. Geburtstag

Landrat Dr. Manfred Fluck feierte am 23. Oktober 2000 seinen 60. Geburtstag. Der Erste Kreisbeigeordnete Manfred Michel und Kreistagsvorsitzender Robert Becker organisierten für den Kreischef eine Geburtstagsparty in der Villmar-Aumenauer Eichelberghalle. Eine große Gratulantenschar fand sich ein, darunter Weihbischof Gerhard Pieschl und als Glücksbringer mehrere Schornsteinfeger. Auch Regierungspräsident Wilfried Schmied gratulierte. Robert Becker hielt die Festansprache und dankte Fluck „für das, was Sie in ehrenamtlicher und hauptamtlicher Funktion über drei Jahrzehnte für den Landstrich zwischen Westerwald und Taunus geleistet haben". Fluck habe großen Anteil daran, dass der Landkreis Limburg-Weilburg im Vergleich zu den übrigen Landkreisen in Hessen im guten Mittelfeld liege. Dr. Fluck kündigte an, für eine neue Amtszeit noch einmal zu kandidieren.

Zu den überaus zahlreichen Gratulanten gehörte auch Weihbischof Gerhard Pieschl.

Chronik 2000

Der Kindergarten Aumenau (oben) gehörte zu den ersten Gratulanten. Die Polizeikapelle im Hintergrund sorgte für zünftige Geburtstagsstimmung. Die Schornsteinfeger brachten ihr sprichwörtliches Glück mit nach Aumenau.
Die blauen Funker aus Limburg ehrten den Landrat mit Salutschüssen aus ihrer Kanone.

BESINNLICHE RÜCKSCHAU
Von Elfriede Kühnemann

Mit vielem bin ich immer noch verbunden,
was doch unendlich lange liegt zurück.
Oft stehen Bilder auf in stillen Stunden,
an denen haftet noch ein Fünkchen Glück.

Dann gehe ich durch altvertraute Gassen,
und aus den Fenster winkt mir mancher zu,
der Haus und Hof schon längst hat verlassen,
den man geleitet zur letzten Ruh.

Am Kirchplatz seh ich noch die Kinder springen,
zu denen einstens ich mich froh gesellt.
Ich höre sie die alten Lieder singen,
und spüre noch den Atem heiler Welt.

Am Dorfrand seh ich noch manche Bäume,
die heute sicher auch schon nicht mehr sind.
Aus ihren Blättern steigen Kinderträume,
und aus den Ästen säuselt leis der Wind.

An Häusern seh ich Schwalbennester kleben
und höre helles Zwitschern früh am Tag.
Es war das dörfliche, bescheidne Leben,
uns allen ein Geschenk trotz Müh und Plag.

Im Geiste ich zum Gottesacker schreite
und alles still bedenken, was einst war.
Nachdenklich geht mein Blick in traute Weite
und tief im Herzen regt sichs sonderbar.

Erinnerung, du kannst mir so viel geben,
du sprichst von Freud und Leid, bist Spiegelbild
von meinem langen und erfüllten Leben!
Dir stets zu lauschen bin ich gern gewillt!

BLICK AUF SELTERS AN DER LAHN

Foto: Walter Kurz

725 Jahre Schwickershausen

Von Herbert Hartmann

Im Dombachtal, dem schönsten Seitental des „Golden Grundes", liegt eingebettet in Wiesen, Wäldern und Hecken das Dörfchen Schwickershausen.

Es ist immer wieder ein Erlebnis, wenn man in das Dombachtal einbiegt und die schöne, alte Wallfahrtskirche auf dem Felsen erscheint. Läuten dann noch zufällig die hellen Glocken, so ist die besinnliche Stimmung perfekt.

Die Besiedelung des Gebietes zwischen Rhein, Main, Wetter und Lahn ist der fränkischen bzw. mittelalterlichen Periode vom 6. bis 14. Jahrhundert zuzuordnen. Nachdem Chlodwig das Taunusgebiet unter seine Oberhoheit gebracht hatte, musste er es militärisch absichern. Große Landstriche wurden an fränkische Militärpersonen und an nachgezogene „Freie Bauern" aufgeteilt. Das Adelsgeschlecht saß von nun an über der unfrei, leibeigen gewordenen, eingesessenen Bevölkerung.

Keiner kann heute genau sagen, wann Schwickershausen erstmals besiedelt wurde. Wir müssen uns auf die wenigen Aufzeichnungen beschränken, die uns die Herrscher und Klöster über die Frühzeit hinterlassen haben. So erscheint in einer Besitzübertragung an das Kloster Seligenstatt bereits zu einer früheren Zeit das Allod in Schwickershausen, die Mühle mit Zubehör.

Der erste beurkundete Hinweis auf Schwickershausen (Swikirshusin) stammt aus dem Jahr 1276, d.h. Schwickershausen blickt 2001 auf sein 725-jähriges Bestehen zurück. Am 18. September 1276 unterschrieb Theoderich Abt des Klosters Maria Laach in Widergiis (Würges) eine Urkunde, in der die Abgaben von Schwickershausen an das Kloster Seligenstatt festgelegt wurden.

Fast alle Bewohnerinnen und Bewohner von Schwickershausen, ob Groß ob Klein, stellten sich zum Erinnerungsfoto auf.

Bis zum Jahre 1600 wuchs die Ansiedlung auf ca. 100 Personen an, der 30-jährige Krieg und die Pest dezimierten jedoch die Dörfer bis auf sechs Seelen. Die Bevölkerung wuchs schnell wieder bis zum Jahr 1655 auf 70 Personen an. Einen späteren Eintrag gibt es von 1843 mit 68 Familien und 296 Personen. Einen weiteren Einschnitt forderten die beiden Weltkriege, die Gemeinde hatte sehr viele Gefallene zu beklagen. 1946 stieg die Einwohnerzahl wegen der etwa 120 aufgenommenen Flüchtlinge auf über 500 an. Schwickershausen lag mit einer Aufnahme von fast 30 Prozent bezogen auf die Einwohnerzahl an der Spitze der umliegenden Ortschaften.

Im September 2000 zählte Schwickershausen 570 Einwohner.

Der Zeit weit voraus, wurde bereits 1957 in Schwickershausen die Emanzipation eingeführt. Einmalig in Hessen hatte das Dorf eine Bürgermeisterin. Ferner waren alle weiteren öffentliche Ämter in Frauenhand, z.B. gab es die Rechnerin, die Posthalterin und die Küsterin.

1974 verlor Schwickershausen seine Eigenständigkeit und wurde Ortsteil von Bad Camberg.

Schwickershausen ist heute ein offenes, modernes Dorf mit vielen Vereinen und Aktivitäten. 1999 hat es beim Wettbewerb „Unser Dorf" auf Anhieb den zweiten Platz errungen.

Das neue Einkaufserlebnis

Moderne Menschen von heute haben hohe Ansprüche an das Leben. Ob im Beruf oder in der Freizeit – sie wissen ganz genau, was sie wollen!
KARSTADT bietet Ihnen ein Stück mehr Lebensqualität.
In KARSTADT finden Sie einen kompetenten, leistungsfähigen Partner, der Ihnen stets die Sicherheit vermittelt, Qualität günstig zu erhalten. Mit umfangreichen und thematisch präsentieren Sortimenten und fachkundigen Mitarbeitern sind Sie in allen Einkaufsfragen gut beraten. Unsere fachkundigen Mitarbeiter freuen sich auf ihren Besuch.

KARSTADT-Kunden parken günstig

Limburg, Werner-Senger-Straße · Öffnungszeiten: Mo. bis Fr. 9 bis 19 Uhr, Sa. 9 - 16 Uhr.

OHREN BLICKT IN DIE GESCHICHTE
VON DR. ERHARD GRUND

Im Jahre 2001 sind 700 Jahre vergangen, seit Ohren zum ersten Mal erwähnt worden ist. Unser Dorf nutzt diese Gelegenheit zu verschiedenen Veranstaltungen und Aktivitäten, nicht zuletzt wird auch ein Festbuch erscheinen mit Platz für 300 Seiten Ortsgeschichte. Es zeigt, dass Vergangenheit und Gegenwart untrennbar verbunden sind. Die allseits zu erfahrenden Empfindungen, öffentliche Anteilnahme und Erwartungshaltung, Stimmen und Zuspruch, zeigen aber auch, dass Geschichte in der Sicht der Menschen wieder zunehmend an Ansehen gewinnt.

Die schriftlichen Hinterlassenschaften unserer Vorgänger, die historischen Quellen, sind für ein kleineres Dorf wie Ohren recht zahlreich überliefert. Nach der ersten Erwähnung des Jahres 1301 besteht die weitere Überlieferung zwar vorwiegend aus Lücken, das 16. Jahrhundert liefert schon etwas bessere Nachricht. Insbesondere seit dem 17. Jahrhundert und der Zeit des 30-jährigen Krieges erhalten wir von den Lebensumständen und Ereignissen im Dorf aber zunehmende Kenntnis.

Die wesentlichen Quellen lagern im Hauptstaatsarchiv Wiesbaden, im Gemeindearchiv Hünfelden und im Pfarrarchiv der evangelischen Kirchengemeinde Kirberg-Ohren. Daneben lassen sich aber auch Erfolge in Einrichtungen verzeichnen, die auf den ersten Blick wohl überraschen. Dazu zählen insbesondere mehrere Archive in den Niederlanden. Von der Art der Quellen haben wir ein breites Band von Urkunden, Verwaltungsakten, Unterlagen der Freiwilligen Gerichtsbarkeit, Plänen, Gemeinderechnungen, Gebäude- und Grundstücksverzeichnissen, Bürgeraufnahmen, öffentlichen Bekanntmachungen, Kirchenbüchern, Kirchenrechnungen und Militärakten. Nicht zuletzt zählen hierzu auch die verschiedenen Einwohnerverzeichnisse. Diese nennen uns im Allgemeinen die Anzahl und die Namen, gelegentlich aber noch eine ganze Menge mehr.

Das erste Verzeichnis dieser Art wurde im Jahre 1512 angelegt, andere folgen mit weiterem oder engerem zeitlichen Abstand. Spätestens seit 1648 werden diese Überlieferungen sogar recht dicht.

Eine besonders umfangreiche Übersicht wurde im Jahre 1746 angelegt und nennt die „Nahmen und Qualitäten der Unterthanen". Damit ist schon vorweggenommen, dass einige Familien nicht in dieses Verzeichnis aufgenommen worden sind, insbesondere fehlen die Knechte, Mägde und Hirten, aber auch der Lehrer. Diese Leute waren demnach keine Untertanen der hiesigen Landesherrschaft.

Das Amt Kirberg und damit auch Ohren war von 1355 bis 1806 zweiherrisch. In diesem Jahr 1746 gehörte das Dorf zur einen Hälfte dem Haus Nassau-Diez-Oranien, zur anderen Hälfte aber Nassau-Usingen, und die Ohrener waren daher überwiegend gleichmäßige Untertanen beider Herren. In den damaligen Akten wird oft von „Amts-Untertanen" gesprochen, vielleicht um die komplizierteren offiziellen Bezeichnungen zu umgehen.

Die Liste unterscheidet zwischen Bespannten und Heppenhauern, denn die Ohrener mussten ihren beiden Landesherren Dienste leisten; wer ein Zugtier besaß eben als „Bespannter", die anderen schwangen die Heppe, ein sichelähnliches Gerät zur Ernte. Daneben konnte es noch eine weitere Gruppe geben, die so genannten Beisassen. Diese waren keine vollwertigen Gemeindemitglieder, sondern hatten nur ein Bleiberecht, ohne am Eigentum und den Leistungen der Gemeinde und den entsprechenden Verpflichtungen der Gemeinsleute beteiligt zu sein. Häufig waren dies auswärtig geborene Ehemänner von weiblichen Gemeinsleuten, die als Witwe oder auf Grund einer Erbschaft in diese Gruppe aufgenommen worden waren.

Das Verzeichnis nennt 22 Bespannte und 14 Heppenhauer, aber keine Beisassen. Fast alle waren verheiratet, lediglich Ludwig Höhler und Eva Müller waren verwitwet. Zusammen hatten sie 56 Söhne und 57 Töchter. Statistisch sind das etwas mehr als 3 Kinder in jeder Familie, tatsächlich ergeben sich andere Werte, so hatte Peter Leukel acht Kinder und sein Nachbar Philipp Groß gar keine.

Das Verzeichnis enthält auch versteckte Widersprüche, die erst im Vergleich mit anderen Quellen auftreten. So wird der 33 Jahre alte Philipp Andreas Leukel sowohl als Mau-

rermeister in seinem eigenen Haus gezählt aber auch als Sohn bei seinem Vater Peter. Zudem wohnten nicht alle genannten Kinder in Ohren. Einige junge Männer hielten sich als Soldaten in den Niederlanden auf und sind zum Teil auch dort geblieben.

Die Ohrener lebten damals von der Selbstversorgung, Landwirtschaft und Gartenbau erbrachten die Nahrung. So ist schon als Überschrift zu lesen: „Das Dorff Ohren zieht seine Haupt-Nahrung vom Ackerbau und Viehzucht". Einige Einwohner hatten aber auch einen Beruf erlernt oder trugen mit anderen Tätigkeiten zum Familienunterhalt bei, sie waren Dachdecker, Leinweber, Maurer, Rotgerber, Schmied, Schneider, Schreiner, Schuhmacher, Strohschneider, Wagner, Zimmermann, Landreiter oder Gastwirt.

Etwa die Hälfte der Gemeinsleute hatte auf diese Weise einen weiteren Beruf außerhalb der Landwirtschaft. Häufig genug wurden diese Berufe an die Söhne weitergeben. Auf diese Weise sind in Ohren richtige Dynastien von Zimmerleuten, von Schreinern oder Schmieden entstanden. Anthon Storch hatte sogar drei Berufe. Er war gelernter Faßbender, betrieb das Backhaus und ließ sich als niederländischer Soldat anwerben. Storch war kein Einheimischer, sondern in der Pfalz geboren worden. Auch sein Sohn wurde später niederländischer Soldat, seine Töchter zogen nach Diez.

Auch sonst lebten viele Fremde im Dorf. Sie kamen aus Beuerbach, Idstein, Kirberg, Mauloff, Mensfelden, Nauheim, Neesbach, Niederneisen und Panrod. Von den 36 Gemeinsleuten stammt auf diese Weise rund ein Drittel nicht aus Ohren, bei der Ehefrauen sieht dieses Bild nicht anders aus.

Auch wenn wir ein oder auch zwei Generationen zurück gehen, ergeben sich die gleichen Feststellungen, weitere Geburtsorte kommen nun hinzu. Dazu zählen Bechtheim, Dauborn, Eufingen, Niederems, Oberneisen, Schellenberg/Ww., Olpe/Sauerland und ein nicht näher benannter Ort in der Schweiz.

Über weitere Verbindungen aus dieser Zeit haben zahlreiche Ohrener auch Vorfahren aus Brandenburg, Thüringen, Sachsen, Tirol, aus Böhmen oder dem heutigen Belgien. Darunter befinden sich auch so genannte „Welsche", worunter wir französischsprachige Neubürger verstehen dürfen, Hugenotten, vielleicht auch Schweizer oder Wallonen. Diese Menschen kamen im 17. Jahrhundert ins Amt Kirberg, als das Land, im 30-jährigen Krieg verwüstet und entvölkert, durch die Ansiedlung dieser Ausländer wieder besiedelt wurde.

Diese beständige Zuwanderung zeigt sich auch an den Familiennamen des Jahres 1746. Die Gemeinsleute hießen: Becker, Christmann, Dauster, Flacht, Fritz, Gibbrich, Göbel, Groß, Hering, Höhler, Kaltwasser,

Koch, Leber, Lenz, Leukel, Müller, Hofmann, Lieber, Schmidt, Storch. Gegenüber anderen Dörfern der Gegend tritt damit eine geradezu ungewöhnliche Vielfalt zu Tage.

In einem landwirtschaftlich geprägten Dorf sind nicht nur die Kinder als Altersversorgung von Bedeutung, sondern auch das Vermögen an Immobilien. Ohne Haus und Hof, Äcker und Wiesen waren die Menschen auf die allgemeine Fürsorge angewiesen. Für den Landesherren war dieses Vermögen ebenso wichtig zur Ermittlung des Wohlstandes seiner Ländereien wie zur Festsetzung der zu erhebenden Steuern und Abgaben.

Auch hier findet sich eine recht unterschiedliche Verteilung im Dorf. Die Mehrheit verfügte über ein Haus, eine Scheuer und einen Stall, wenige hatten 2 Häuser, 2 Scheunen oder auch mehrere Ställe. Mancher besaß auch nur ein halbes Haus, eine halbe Scheune, wieder andere hatten gar keine Gebäude. Wohlhabende bebauten über 30 nassauische Morgen Ackerland (jeweils 4 000 qm), Anthon Flacht besaß zwar nur deren 16, davon konnte er aber auch ohne einen weiteren Beruf seine Ehefrau und 4 Kinder ernähren. Andere waren weniger glücklich, so hatte Georg Kehr nur ein Stück Rindvieh und ein halbes Haus, aber keine Liegenschaften. Zudem war er mit knapp 50 Jahren bereits ein „lahmer Mann" und musste trotzdem seine Ehefrau und vier minderjährige Töchter versorgen.

Zur Landwirtschaft zählen auch die Nutztiere. Pferde gab es nur wenige, Ochsen wurden bevorzugt. Daneben werden Stiere, Kühe, Rinder, Schafe und Schweine gezählt. Ziegen gab es (noch) keine, ihre Haltung war nicht erlaubt. Die so genannte Kuh des kleinen Mannes kam erst im 19. Jahrhundert zu Ehren, als die Versorgungslage der Bevölkerung so schlecht geworden war, dass die Verbote des Staates nicht mehr beachtet wurden.

In weiteren Angaben erfahren wir vom Geldvermögen der Ohrener. Einige hatten „Activa", viele aber nur „Passiva". Auch dies ist eng verbunden mit der landwirtschaftlichen Produktion, denn nach der Aussaat mussten die Monate bis zur Ernte zwischenfinanziert werden. In ungünstigen Jahren konnte ein solches System schlimme Folgen haben. Die Menschen hatten ein schweres Los, und auch die Wohlhabenden waren nicht davon ausgenommen. Wer nicht mehr zahlungsfähig war, konnte sehr schnell alles verlieren, was in Generationen aufgebaut worden war.

In den Jahrzehnten nach 1750 finden sich denn auch zahlreiche Versteigerungen in den Dörfern des Hintertaunus und auch in Ohren. Aber nicht nur Häuser oder Äcker wurden dem Meistbietenden zugeschlagen, auch gebrauchte Kleidung, Werkzeuge, Seile, Leitern, selbst ein paar Kilo Kartoffeln fanden ihre Liebhaber.

Heute haben sich die Lebensumstände vollkommen verändert. Auch die Besiedelung des Dorfes hat sich stark erweitert. Standen 1746 rund 30 Wohnhäuser im Dorf, so sind es im Jahr 2000 fast zehnmal so viele. Auch einige Waldflächen wurden zu Ackerland gewandelt, und sind heute teilweise besiedelt. Der alte Kern des Dorfes ist aber immer noch erkennbar, auch wenn sich die Zahl der Einwohner von 40 im Jahre 1512 auf rund 1 000 im Jahre 2000 erhöht hat.

Ob arm oder reich, die 36 Ohrener Gemeinsleute des Jahres 1746 hatten das Recht, wesentliche Entscheidungen selbst zu treffen. So hatten sie bereits im Jahr 1717 auf eigene Kosten einen Lehrer eingestellt. Ihre Gemeindeaufgaben verwalteten sie ebenfalls in eigener Regie. Das Feldgericht führte das Verzeichnis der Grundstücke, regelte und überwachte aber auch den Anbau der Feldfrüchte. Äcker wurden zur Aussaat geöffnet und bis zur Ernte geschlossen. Wer sich nicht an die allgemeine Ordnung halten wollte oder zu spät kam, musste die Folgen tragen. Feldfrevel kostete Strafgeld und über die angesäten Äcker der Anderen zu fahren noch mehr. Der Wald war ein kostbares Eigentum und wichtigste Einnahmequelle der Gemeinde, die Holzwirtschaft wurde dementsprechend streng überwacht. Jeder Gemeinsmann erhielt ein festgelegtes Kontingent an Brennholz, Bauholz wurde einzeln bewilligt oder abgelehnt.

Die Namen der 36 Gemeinsleute sind nahezu vergessen, und doch haben sie am heutigen Bild unseres Dorfes einen erheblichen Anteil. In den Jahrzehnten ihrer Lebenszeit haben sie einiges geschaffen, was sogar heute noch zu sehen ist. Dazu zählen die Straßenanlage im Ortskern, einige noch erhaltene Häuser, der eine oder andere Hausname, aber auch ihre zahlreichen Nachkommen, von denen viele noch im Dorf leben.

1225 Jahre Mensfelden

Von Günter Foth

Im „Breviarium s. Lulli", einem Güterverzeichnis der Abtei Hersfeld, wird Mensfelden vor nunmehr 1 225 Jahren zuerst genannt. Nach einer Notiz in diesem Verzeichnis schenkte Karl der Große in der Zeit zwischen 775 und 786, zurzeit des Erzbischofs Lull von Mainz, der von Lull gegründeten Abtei Hersfeld – unter anderem zu Meinesfelde – 3 Kapellen, 5 Huben und 10 Bauernhöfe (mansus). In diesem Meinesfelde haben wir ohne Zweifel das Dorf Mensfelden vor uns, das danach erst wieder 1202 als Menisvelt und 1204 als Meinesvelt vorkommt. Eine dieser drei Kapellen darf man mit einiger Sicherheit in Mensfelden suchen, dessen Pfarrkirche sonst erst 1204 wieder erwähnt wird.

Der Mensfeldener Ortsname ist abgeleitet vom althochdeutschen Namen Megin, was einen Tatkräftigen, einen Tüchtigen anzeigte. Das Land ringsum an der Lahn kam mit der Grafschaft im Lahngau unter die Herrschaft der Grafen von Diez, die hier in Mensfelden auch das Patronat der Kirche und den Zehnten besaßen.

Die Landeshoheit im Dorf haben die Grafen von Diez jedoch nicht erlangt, da hier Familien aus dem hohen Adel Grundherren waren. Ebenso wie Limburg selbst war wohl auch Mensfelden Besitz der Konradiner, jener alten Grafenfamilie, die in unserer Heimat die alten großen Kirchen in Gemünden, Limburg, Weilburg und Wetzlar gestiftet hat. Mensfelden gehörte 1202 und sicher schon im 12. Jahrhundert den Grafen von Sayn. Aus ihrem Erbe kam es an die Grafen von Blieskastel und später an die Herren von Limburg.

Diese Grundherren haben in Mensfelden die Landeshoheit allerdings nur im Ort, innerhalb der Zäune des Dorfes, erlangt. Im Jahr 1267 war Mensfelden in sechs Teile aufgeteilt. Die Herren von Limburg behielten ein Sechstel, das mit ihrer Herrschaft 1420 ganz an Kurtrier kam.

Bei ihrer Heirat brachten Imagina von Limburg ihrem Gatten, dem deutschen König Adolf von Nassau (1298), und ihre Schwester Agnes ihrem Gatten Heinrich Herrn von Runkel und Westerburg (1288) je ein Sechstel zu. Die Herren von Westerburg, seit 1467 Grafen von Leiningen-Westerburg, haben schon bald drei weitere Sechstel von Mensfelden durch Kauf oder Tausch von anderen Miterben an sich gebracht.

So stand Mensfelden durch Jahrhunderte unter drei Herren, zu vier Sechsteln war es mit Westerburg und der Schaumburg, mit je einem Sechstel Kurtrier in Limburg und Nassau-Saarbrücken in Kirberg verbunden. Jeder der drei Landesherren hatte hier einen eigenen Schultheißen.

Seit 1971 gehört Mensfelden zur Gemeinde Hünfelden, in der sich alle Orte des alten gemeinschaftlichen Amtes Kirberg und das von alters her mit diesen eng verbundene Dauborn zusammengeschlossen haben.

Das gemeinsame Gericht der drei Ortsherren

Das Mensfelder Dorfjubiläum wurde von Groß und Klein (hier im Kindergarten) gefeiert.

Hören und Entdecken

Was den Landkreis Limburg-Weilburg auszeichnet, steht außer Frage: Nirgendwo anders im Bundesland Hessen wird so viel musiziert wie hier. Und es dürfte kaum einen anderen Ort in Hessen geben, der qualitativ solch anspruchsvolle Musik und Musiker hervorgebracht hat. Das war uns Ansporn, ein Buch über das Musizieren im Landkreis herauszugeben.

Die Redaktion hat sich von dem Prinzip leiten lassen, die ganze Vielfalt des musikalischen Lebens im Kreisgebiet nachzuzeichnen. Das reicht von Chören bis zu Blas- und Orchestervereinigungen, von der Kreismusikschule Limburg, der Weilburger Musikschule und schulmusikalischen Projekten bis zu Konzertreihen und Musikerportraits herausragender Persönlichkeiten, die internationale Anerkennung gefunden haben.

In einem Anhang sind die Chöre der Sängerkreise Limburg und Oberlahn, kirchliche Chöre und Gruppen sowie Musikvereine aufgelistet. Im Buch enthalten ist eine Vielzahl meist farbiger Abbildungen.

Ab sofort in allen Buchhandlungen erhältlich!

Musik im Kreis Limburg-Weilburg

pflegte man 1453 und noch 1680 unter der Linde vor dem Kirchhof zu Mensfelden zu halten. Die drei Herren genehmigten 1601 dem Gericht ein Siegel, das die Justitia mit einer Waage und einem Schwert in der rechten Hand zeigte. Als Ortswappen wurde Mensfelden auf Grund der Gerichtssiegel vorgeschlagen: in Rot eine goldene Waage, gehalten von einer silbernen, aus goldener Wolke hervorbrechenden Hand mit blau bekleidetem Arm. Das Gericht in Mensfelden war zugleich Blutgericht, so 1629, als man zwei Hexen den Prozess machte, die jedoch innerhalb der Bannzäune des Dorfes hingerichtet werden mussten.

Die Gemeinde hatte schon 1586 ein Rathaus. Neben den drei Schultheißen besorgten schon 1453 ein Heimberger, seit 1563 nachweisbar zwei Bürgermeister, die jährlich wechselten, in Selbstverwaltung Geschäfte und Angelegenheiten der Gemeinde.

Die 775 genannte Kapelle, also noch nicht Pfarrkirche, hat wohl bereits auf der kleinen Anhöhe in der Mitte des Dorfes gestanden. Bei Erneuerungsarbeiten zeigte es sich, dass die heutige Kirche aus einer früheren kleineren erweitert wurde. Dabei ist das romanische Schiff wohl schon im 12. Jahrhundert erbaut worden. Licht- und Schießschlitze lassen erkennen, dass der wuchtige Chorturm früher ein Wehrturm war. Die Kirche birgt eine wertvolle Silbermann-Orgel, gebaut 1702 in Frankfurt am Main. Dem Heimatmaler Fuchs verdankt die Gemeinde das Abendmahlsbild und den Entwurf zu dem farbenprächtigen Auferstehungsfenster bei einer gründlichen Renovierung 1953.

Im Jahr 1529 wurde Jakob Königstein hier als erster lutherischer Pfarrer bestellt. Mensfelden blieb evangelisch, obwohl um 1635 zeitweise sämtliche Ortsherren katholisch waren. Eine Schule wurde wohl bereits im 16. Jahrhundert gegründet. Sie wird 1611 zuerst genannt und stand bis 1825 hart neben der Kirche. Der 1827/31 stattlich errichtete Neubau wurde 1971 verlassen. Seitdem besuchen auch die Kinder von Mensfelden die Gesamtschule (Freiherr-vom-Stein-Schule) in Dauborn.

Mehrfach haben große Feuersbrünste, 1744, 1779 und 1801, das Dorf verheert. Nach dem großen Brand vom 21./22. Juli 1801 wurde der gesamte Südteil des Dorfes planmäßig wieder aufgebaut. Am Fuße des Mensfeldener Kopfes, „untig dem Zollhaus nach Linter zu", fand ein in der Straße von Zollhaus zur Holzheimer Linde 1692 entsprungener Heilbrunnen rasch großen Zulauf. Er wurde jedoch, da Nassau-Diez dort Geld erheben ließ, auf Befehl der Ortsherren mehrfach wieder zugeschüttet, sodass er wieder in Vergessenheit geriet.

Das große Kirchdorf wird seit 1548 häufig als Flecken bezeichnet, obwohl es ein unbefestigter Ort war. Bis weit in die erste Hälfte des vorigen Jahrhunderts war Mensfelden mit über 1 000 Einwohnern mit Abstand das größte Dorf im Amt und selbst im späteren Kreis Limburg.

Ein starkes Freiheitsbewusstsein, das gerne und leicht die Spannungen zwischen den drei Ortsherren vorteilhaft ausnutzte, hat hier alte Tradition. So waren den drei Herren die Einwohner schon 1727 „als bekanntlich teils sehr unruhige Köpfe" recht unheimlich. Karl Philipp Hehner aus Mensfelden (1809 - 1880) war Regierungsrat in Wiesbaden, als er 1848 als einer der sechs nassauischen Vertreter Mitglied der Nationalversammlung in der Frankfurter Paulskirche wurde. Als überzeugter Republikaner gehörte er noch dem Rumpfparlament in Stuttgart an.

Der Ortsbeirat Mensfelden hat in Zusammenarbeit mit allen Vereinen von Mensfelden, der evangelischen Kirche Mensfelden, dem Kindergarten Mensfelden und vielen Bürgerinnen und Bürgern von Mensfelden ein umfangreiches Programm für das Jubeljahr zusammengestellt.

Die Grenzbegehung unserer Gemarkung Mensfelden, das Brennen des Jubiläumsschnapses, Ausstellung „Hobby und Freizeit", Dorffest 2000 „1 225 Jahre Mensfelden", Dorfbegehung und der Heimatabend fanden bereits unter sehr großer Beteiligung der Bevölkerung statt. Andere Veranstaltungen wie der Konzertabend in der Evangelischen Kirche Mensfelden mit den bekannten Künstlern Frederick Stock und Janina Seidenberg und die Ausstellung „Vertreibung und Kriege" liegen noch vor uns.

Beim Dorffest konnte neben dem Landrat des Landkreises Limburg-Weilburg Dr. Manfred Fluck auch der Bürgermeister der Gemeinde Hünfelden Norbert Besier sowie die Bundes- und Landtagsabgeordneten des Landkreises Limburg-Weilburg begrüßt werden. Besonders freute man sich in Mensfelden über den Besuch aus Friedrichsfeld, der von der Ortsvorsteherin Kratzenberg angeführt wurde.

Umweltschutz nichts Neues

Von Armin M. Kuhnigk

Mag sein, dass erst voranschreitende Naturwissenschaften der letzten hundert Jahre schlechthin sowie insbesondere Agrarbiologie und Agronomie vieles erst erkannt haben, was die uns enger und weiter umgebende Natur beeinträchtigt, zwanghaft verändert, ja zerstört, teils von Menschen bewusst in Kauf genommen, teils aber auch nur als ungewollten Sekundäreffekt verursacht und beklagt wird. Daraus darf jedoch nicht gefolgert werden, dass unsere älteren Vorfahren Verantwortungsgefühl für und Sorge um die sie umgebende Natur nicht kannten. Geringerer Kenntnisstand und daher geringeres Ausmaß entsprechender Anstrengungen dürfen den Alten nicht als verantwortungslose grobe Fahrlässigkeit angekreidet werden. Übrigens: Verwüstende Extensivwirtschaft gab es doch meist nur fern ab vom als wenig urban gescholtenen Germanien, nämlich etwa im Mittelmeerraum, aber in der Neuzeit vor allem als Raubbau der Kolonialmächte wie Spanien, Portugal, England und der Niederlande in Übersee seit der Zeit der Conquista.

Schon ein Blick in noch vorhandene Wald- und Flurordnungen sowie Hofpachtverträge, die bis zu 500 Jahre zurückliegen und sich auf unser heutiges Kreisgebiet beziehen, vermögen Behauptetes zu bestätigen. Fast zuerst stößt man dabei auf landesherrliche Verordnungen zum Schutz des Waldes. Nicht nur Jagdinteressen der Fürsten sowie Sorge um Bau- und Brennholz für Städte und Dörfer gaben Anstoß dazu, sondern wohl auch Sorge um die Erhaltung eines gewohnten Landschaftsbildes, zum Teil sogar militärischen Verteidigungsraumes. Es gehörten dazu Bereiche, die dem täglichen Umgang weitgehend als Puffer und Niemandsland entzogen bleiben, ursprünglich sogar mythologisch bedingt als Sitz von zu Fürchtenden und zu verehrenden Naturgöttern, was der Römer Tacitus zu berichten weiß.

Und dort, wo der Wald gerodet worden war, um Siedlungsland zu gewinnen, hielt man gern im Siedlungsnamen die Erinnerung an Vorangegangenes fest, so nicht nur in den Wald- und Holz-Hausen-Ortsnamen, wie etwa bei Waldhausen, Heck- und Lindenholzhausen, sondern auch in den Hahn-Namen, in nassauischer Mundart fixiert, auf Gehauenes, also gerodeten Ortsbering hinwiesen, so bei Hahnstätten, aber auch bei Haintchen, das um 1495 noch als „bi dem Hane" auftritt. Schon das Camberger, Erbacher und Würgeser Märkerding-Weistum von 1421, das die

Die folgenden Abbildungen stammen aus dem 14. Jahrhundert und zeigen landwirtschaftliche Arbeiten. Pflügen mit Pferden statt Ochsen.

Hölzerne Egge hinter einem Pferdegespann

Nutzung der Feld- und vor allem Waldmark der drei Orte regelt, zeigt, dass weder Brenn- noch Bauholz zum Hausbau, aber auch nur als Wagenachse oder Pflughaupt ohne Anzeige und Genehmigung sowie Zuteilung durch die vom Diezer Grafen als dem Landesherrn angestellten Forstermeister oder Förster möglich war. Es darf angenommen werden, dass solche Ordnung im Jahre 1421 schon seit langem bestand, denn das Weistum schließt mit den Worten: „Dies vorher Geschriebene haben die Ältesten, die jetzt leben in den vorher beschriebenen drei Marken gewiesen als das Recht, das da von den Alten auf sie gekommen ist und das sie von den Ältesten haben weisen hören." (W. 40,713)

Als die Äbtissin des Zisterzienserinnenklosters Gnadenthal bei Dauborn im Jahre 1472 dem Dyel Heusterich von Hertlingen den Hof Hausen bei Eisenbach auf neun Jahre verpachtete, da wird auch geregelt, wie es mit dem Weiderecht beider Parteien im Wald, dem Bucheckern- oder Eichelnsammeln und dem Holzkohle herstellen sowie der Abgabe von Zimmerholz für Wagen oder Pflüge sowie Brennholz an Handwerker gehalten werden soll. Dritte sollten im Wald keinerlei Rechte haben. Der Hofmann sollte der Frau Äbtissin „ihre Wälder, Hecken (= Buschwälder ohne Hochstämme) und Wiesen hüten und verwahren und niemand Fremdes darin hauen und grasen lassen. Und wenn das (doch) geschähe, so sollten sie pfänden...".(W. 28,146)

Als der Trierer Abt Modestus, der zugleich Pfarrer und Grundherr von Villmar und Arfurt war, dem Mattheis Caspari den Klosterhof zu Niklas-Dernbach, zwischen Langhecke und Aumenau einst an der Straße gelegen, im Jahre 1742 auf neun Jahre verpachtet, wird schriftlich festgelegt: „(es) soll der Hofmann besonders und ausdrücklich angehalten und verbunden sein unter Strafe seiner Cassierung (= Verhaftung) täglich (.) unsere Wälder zu durchgehen, auf die Holz- und sonstigen Walddiebe (vor allem aus der Bergmannssiedlung Langhecke) genau acht zu geben und allen Schaden nach Möglichkeit abzuwenden. Ein Waldschütze solle dem Hofmann bei der Waldaufsicht helfen. Jedes Jahr soll der Pächter 25 junge Eichen, wo es im Walde tauglich oder nötig ist, zu rechter Zeit im Advent einsetzen." Auch heißt es im Pachtbrief, der Pächter solle „zur Landverbesserung" aus Villmar zwei Fuder Miststroh erhalten. (W. 335,168)

Wenn ein Stück Wald „gekohlt" worden war, d.h. zu Holzkohle verarbeitet, sollte der Pächter dies Waldstück einzäunen und drei Jahre lang dort kein Vieh grasen lassen, damit das Strauchwerk wieder zu starken Büschen heranwachsen konnte.

Als die Gemeinde Münster 1774 sehr verschuldet dastand, erlaubt ihr zwar der Wied-Runkeler Landesherr, das „Waldstück Königsheck" zu roden, um dort durch den Anbau von Feldfrüchten mehr Einkünfte zu erzielen, aber nach Abtragung der vorhandenen Gemeindeschulden sollte das Rodstück „Königsheck" „auf unseres Forstamts Anordnung wiederum mit Holz besamet und zu einem Wald angezogen werden. (W.335, XX, Wied-Runkel , Spec.14 Münster)

Auch auf die richtige Wiesenpflege nahmen die Pachtverträge stets guten Bedacht. So heißt es gegenüber den St. Mattheiser Hofpächtern zu Villmar: „Unsere Wiesen aber zu Niklas-Dernbach und Gladbach (Hof bei Aumenau) sollen Pächter zu gebührender Zeit allemal gut zumachen, bützen (= einzäunen), wässern (durch Drainagerohre) und in allem gebührend handhaben, auch weder mit unserem noch mit ihrem Vieh zu ungebührlicher Zeit da hineinfahren noch darin grasen lassen." (W.335, 168)

5. Nachdem auch viel Schaden durch Fahren mit Früchten (= Getreide) und in Wiesen zu geschehen pflegt, also ist es für billig (= gerecht) erachtet (worden), dass ein jeder nach dem Feld und den Wiesen (hin) sich der gemeinen (= öffentlichen) Wege so viel (= so weit) möglich, gebrauche (= bediene). Wo der eine oder der andere auf das Seinige ohne Berührung (des Ackers) anderer nicht gelangen könnte, soll er doch seines Nachbarn Schaden mit allem Fleiß verhüten, sonderlich wo die Frucht (= Getreide) und das Gras noch steht. Wo aber geschnitten und gemäht ist, soll der Fuhrmann dessen (= davon) so viel auf (die) Seite legen, dass er hin auf den gemeinen Weg kommen möge." (W. 171, K 199)

Auch gegen Überweidungen durch die ge-

Winzer setzen Sprösslinge im Weingarten.

Besondere Rücksichtnahme verlangte jedoch die enge Wiesenparzellierung, die gar nicht glaubte, dass jeder Eigentümer bis dorthin auf gemeindlichem Feldweg gelangen konnte. Darauf nimmt etwa die Kirberger Feldflurordnung von 1658 Bezug und sagt: „3. Weiters soll es auch wie von alters (her) mit Beweidung der Wiesen gehalten werden, (nämlich) dass vor Michaelis (= 29.Sept.) kein Pferd oder Kühe in die Wiesen soll getrieben werden. Es soll und mag die Zeit vor Michaeli ein jeder das Seinige mit Mähen und Grasen sonder (= ohne) eines andern Schaden zu gebrauchen Macht (= Berechtigung) haben, und soll niemand des andern Gut die Zeit (= in dieser Zeit) gebrauchen oder beschneiden (= beeinträchtigen). Wo aber jemand ohne des andern Schaden grasen könnte (lassen), ist (es) nicht verboten auf dem Seinigen.

meinsam auf eigenen Weideflächen bzw. abgeernteten Feldflächen oder Wälder gehaltenen Schweine-, Vieh- oder Schafherden suchte man sich zu sichern. So wurde etwa in Kirberg jährlich vor St.Petri (= 18. Januar) überschlagen und für den einzelnen Viehhalter verzeichnet, wie viel Stück Vieh ihm zur Gemeindeweidung zugelassen werden sollte. Außerdem sollte nach der Ernte auf die Stoppelfelder erst der Schweinehirte auftreiben dürfen, danach der Kuhhirte und zuletzt der Schäfer.

Um 1806 baut man dagegen im Amte Hadamar schon extra Futterkräuter wie Esparsette neben Klee an.

Auf die Ausbreitung der Obstzucht an Straßenrändern und an Stelle früherer Ortsbering-Verhaue war man ebenfalls bedacht. Dagegen weiß man um 1806 auch zu berich-

Korndrusch mit dem Dreschflegel

ten, dass nur weniger Holz jährlich geschlagen werden kann und darf, als in den Amtsorten wirklich gebraucht werde.

Der Leipziger Professor der Volkswirtschaft, der in Kirberg 1847 geborene Karl Wilhelm Bücher, wusste dem alten Flurzwang, nämlich das Gleiche zu gleicher Zeit anzubauen und zu ernten, wie bereits aufgezeigt wurde, auch ein menschlich Positives abzusehen: Er schreibt: „Der Faule und der Nachlässige wurden durch ihn (= den Flurzwang) genötigt, zur rechten Zeit seine Feldarbeiten vorzunehmen. Ganz verlottern konnte dabei eigentlich keiner. Standen die Früchte auf seinem Acker wegen ungenügender Düngung oder unzureichender Bearbeitung schlechter als auf denen der Nachbarn, so setzte das üble Nachrede, und bald wusste jedes Kind im Orte, ein wie nachlässiger Wirt er war." (Aus Karl Wilhelm Bücher, Lebenserinnerungen, 1. Band, Tübingen, 1919, S.& f.)

ELBTAL

Die Gemeinde Elbtal (Landkreis Limburg-Weilburg) am Südrand des Westerwaldes und im Nordwesten einer Lahmulde gelegen, besteht aus vier Ortsteilen.

Insgesamt gesehen sind die Elbtaler Ortsteile auf sehr frühe Siedlungen zurückzuführen. Bei Feldarbeiten wurden jungsteinzeitliche Geräte wie Steinbeile, aber auch das Stück eines Keulenkopfes gefunden. Aus der Eisenzeit (ca. 475 v. Chr.) stammen auch die Grabhügelfelder im Gemeindewald bei Hangenmeilingen.

Am 1. 2. 1971 schlossen sich die Ortsteile Dorchheim, Hangenmeilingen und Heucheheim zu einer Gemeinde mit dem Namen „Elbtal" zusammen. Durch die gesetzliche Regelung der Gebietsreform kam die damals noch selbständige Gemeinde Elbgrund am 1. 7. 1974 zur Gemeinde Elbtal hinzu. Insgesamt hat Elbtal heute über 2500 Einwohner.

Es verfügt über vielfältige Einrichtungen der Grundversorgung. In jedem Ortsteil ist ein Dorfgemeinschaftshaus zu finden. Vielfältig sind auch die Möglichkeiten der Freizeitgestaltung. Ein reiches Vereinsleben birgt beinahe für alle Interessen und Neigungen eine Möglichkeit des sinnvollen Zeitvertreibes.

Überwiegend zeigt sich Elbtal jedoch als Wohnsitzgemeinde; Industrie ist nicht vorhanden. Dafür sorgen aber kleine Handels- und Handwerksbetriebe nicht nur für die Versorgung der Bürger vor Ort, sondern auch über die Grenzen Elbtals hinaus für einen regen Handel und Wandel.

Die unmittelbare Lage an der Bundesstraße 54, der Hauptschlagader der Gemeinde Elbtal, läßt es insbesondere nicht zu, daß sich in den beiden größten Ortsteilen, wie dies häufig im Westerwald anzutreffen ist, Fremdenverkehrsbetriebe etablieren. Dafür aber sorgt die Bundesstraße 54 für Möglichkeiten der Ansiedlung von Gewerbe, welches die Gemeinde in den nächsten Jahren verstärkt fördern will. Die vier Orte können auf eine lange Geschichte zurückblicken, die zum Teil in alten Urkunden anschaulich verfolgt werden kann.

Gemeindeverwaltung: Rathausstraße 1, 65627 Elbtal-Dorchheim
Öffnungszeiten: Montags 9.00 – 12.00 Uhr, Dienstags 17.00 – 18.30 Uhr, Mittwoch keine Sprechstunde,
Donnerstag und Freitag 9.00 – 12.00 Uhr

Naturlehrpfad in Weyer

Von Gundel Müller

Heute möchte ich Ihnen den Naturlehrpfad in Weyer vorstellen. Er wurde am 8. Juli 2000 der Öffentlichkeit vorgestellt. Unter der sachkundigen Führung von Volker Bayer wanderten erstmals über 120 Gäste mit Landrat Dr. Manfred Fluck, Villmars Bürgermeister Hermann Hepp und dem Ersten Vorsitzenden der Natur- und Heimatfreunde Weyer e.V. Alfred Ludwig den 2,3 km langen Rundweg ab.

Als rührigem Verein ist es uns gelungen, mit dem Naturlehrpfad die Besonderheiten des Waldes und alles was da kreucht und fleucht dem interessierten Wanderer näher zu bringen. Auch an Vergangenes aus früheren Jahrhunderten und aus der letzten Zeit wird erinnert.

Zu den Nistkästen der gefiederten Freunde kam ein Hornissenkasten dieses Jahr dazu. Obwohl erst vor ein paar Wochen angebracht, kann man schon reges Leben beobachten. Unser Dank gilt Prof. Dr. Wilhelm Beier, der ein Hornissenvolk von Frankfurt nach Weyer umgesiedelt hat.

Ob der Fledermauskasten als Sommerquartier angenommen wird, bleibt abzuwarten. Einen riesigen Reisighaufen haben die Buben der 3. Klasse der Lahntalschule Villmar zusammengetragen. Auf der Schautafel ist dargestellt, wie vielen Kleinlebewesen er Schutz und Wohnung bietet.

Wir haben diesen Weg seiner Lage wegen ausgesucht. Leicht begehbar, in einer reizvollen Landschaft am Waldrand entlang, oberhalb eines Wiesentales und Feldern gelegen, wird der letzte Teil von einem kleinen Bachlauf begrenzt. Wir haben viele sehenswerte Wanderwege rund um Weyer, aber keiner hat sich besser für einen Naturlehrpfad geeignet wie dieser. Die Vielfalt der Bäume und Sträucher am Waldrand, die Artenvielfalt der Wildblumen am Wegrain haben diesen Weg besonders prädistiniert. Wir konnten noch nicht alle Spezies und Arten erfassen, aber nach dem Lob der Einweihungsgäste wird ein guter Querschnitt dargeboten.

Bei der Eröffnung des Naturlehrpfades waren zahlreiche interessierte Gäste aus nah und fern nach Weyer gekommen, unter ihnen auch Landrat Dr. Manfred Fluck (zweiter von rechts).

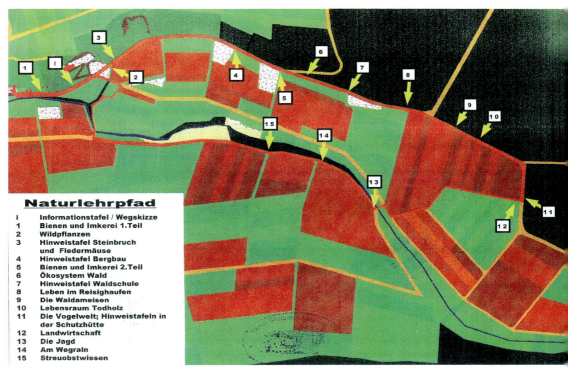

Ein detaillierter Plan gibt Auskunft über die einzelnen Etappen des Lehrpfades.

Die Schwerpunkte sind der Wald, die Jagd, der Getreideanbau, die Bienen und die Sing-, Greif- und Nachtvögel.
Es wird auch auf zwei so genannte Legenden hingewiesen:
Hundert Meter abseits des Lehrpfades liegt der Elf-Uhr-Stein. Der Sage nach dreht er sich elf mal um, wenn er das Elf-Uhr-Läuten vom Kirchturm aus Weyer hört:

> In der Hasel liegt ein Stein,
> Ein Stein, ein Riesenturm,
> Wenn der elf Uhr läuten hört,
> Dreht er sich elf mal um.
> Doch liegt davor ein glühend Fass,
> darin ein Feuerhund,
> Da sieh dich vor und geh nicht hin,
> Der frisst dich auf zur Stund.

Die zweite Legende stammt noch aus meiner alten Heimat und handelt von einem Heckenrosenstrauch:

> Die Muttergottes
> war mit dem Jesuskindlein unterwegs.
> Die Sonne brannte vom Himmel.
> Kein Baum war da um Schatten
> zu spenden.
> Da kamen sie an einen Heckenrosenstrauch.
> Der breitete seine dünnen Zweige aus
> und Maria mit ihrem Sohn fanden Schutz
> vor der sengenden Sonne.
> Zum Dank dafür verlieh sie diesem Strauch
> duftende Blätter.
> Noch heute findet man
> Heckenrosensträucher mit Blättern,
> die, zerreibt man sie leicht
> zwischen den Fingerspitzen,
> anfangen zu duften.
> Wie die Blätter dieses Strauches!

Ich hoffe, die Schulen werden den neuen Lehrpfad für ihre Wandertage und als Anschauungsunterricht entdecken. Auch für den Besuch von Natur- und Vogelschutzgruppen ist der Rundweg zu empfehlen.
Natürlich ist jeder Gast, ob Jung oder Alt, hier herzlich willkommen. Bleibt zu hoffen, dass dieser Weg mit seinen Schautafeln von Zerstörung verschont bleibt und sich noch alle recht lange daran erfreuen können.

„LAAF, DE FELDSCHITZ KIMMT"

AUS DEM ANZEIGENBÜCHLEIN DES FLURHÜTERS ADAM SCHMITT ZU NIEDERSELTERS
VON FRANZ JOSEF STILLGER

Unter dem 10. November 1898 veröffentlichte der damalige Landrat Rabe seine Dienst-Anweisung für die Feldhüter der Gemeinden des Kreises Limburg.

§ 17 dieser Anweisung lautet:
Jeder Feldhüter hat ein Dienst- oder Anzeigebuch nach dem vom Landratsamt vorgeschriebenen Muster (mit denselben Formularen wie für Anzeigen) gewissenhaft zu führen und dies bei Ausführung des Dienstes ebenso wie ein Exemplar dieser Dienstanweisung stets bei sich zu tragen. Das Dienstbuch erhält auf der ersten Seite eine mit dem Gemeindesiegel versehene Bescheinigung des Bürgermeisters über Bestätigung und Vereidigung des Feldhüters, womit er vorkommenden Zweifel über seine dienstliche Eigenschaft als Feldhüter sofort beseitigen kann.

Im Archiv der früheren Gemeinde Niederselters, heute Ortsteil von Selters (Taunus), befinden sich noch zwei solcher im Taschenformat mit Einsteckhülle für den Bleistift gefertigten Anzeigebücher. Das Erste umfasst den Zeitraum vom 12. Juli 1908 bis 26. Februar 1910 und das Zweite den vom 20. Mai 1911 bis 28. März 1912.

Den jeweils 80 Doppelseiten der Büchlein ist wie verordnet eine Bescheinigung des Bürgermeisters (1908: Becker, 1911: Kundermann) vorangestellt (d.h. eingeklebt), die dem Feldhüter als Ausweis diente.

Feldhüter, oder wie es im örtlichen Sprachgebrauch hieß: Feldschütz, war in Niederselters

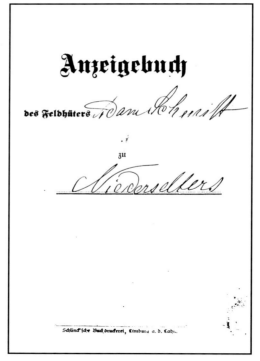

Wer seinen Namen darin aufgeschrieben fand, musste auf ein Donnerwetter gefasst sein.

in diesen Jahren Adam Schmitt, wegen seiner Körpergröße der „lange Adam" genannt. 1848 geboren, gelernter Maurer und gedienter Infanterist, nahm er 1870/71 am deutsch-französischen Krieg teil und war bei der Belagerung und Eroberung von Paris dabei. Wohl im Rentenalter wird er dann Feldhüter geworden sein. In den Straflisten der Gemeinde Niederselters taucht er erstmals im März 1907 als Anzeiger auf. Sein Vorgänger war Philipp Rücker, „Heibelene Philipp", wie er mit Dorfnamen hieß. Adam Schmitt ist bis März 1922 aktenkundig und verstarb am 12. September 1926. Er wohnte im Haus Ecke Limburger Straße/Brunnenstraße, heute Brunnenstraße 4, und war der Großvater des in Niederselters einmal sehr bekannt gewesenen, inzwischen verstorbenen „Holdeser Anton".

Als Feldschütze sei Adam Schmitt sehr eifrig und immer draußen gewesen, wie der Land- und Gastwirt Josef Lehn (1938 - 1976) dem Verfasser früher einmal berichtet hatte. Und dies bestätigen deutlich die beiden erhaltenen Anzeigebüchlein, enthält doch das erste 156 und das zweite 124 Anzeigen. Zusammen also 280 angezeigte Delikte gem. den Strafbestimmungen des Feld- und Forstpolizeigesetzes vom 1. April 1880, der § 360 f. insbes. § 368 und § 370 StGB und der durch Ortsstatut geregelten Feld- und Forstordnung. Da stehen die Obstdiebstähle, und zwar zu 90 Prozent durch Kinder und Jugendliche, an

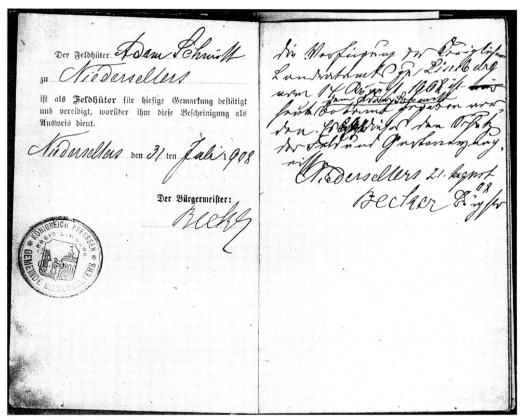

Das Siegel bringt es an den Tag. Der Inhaber dieses Dienstausweises kann eventuelle Zweifel über seine dienstliche Eigenschaft als Feldhüter sofort beseitigen.

erster Stelle. Das In-die-Äppel-Werfe bis zum Schreckensruf Laaf, de Feldschitz kimmt! geschah meist aus Übermut, selten aus Not oder um den Hunger zu stillen. 72-mal wurden solche Freveltaten notiert und angezeigt, getreu dem Motto „Eltern haften für ihre Kinder." Beim Kartoffel-, Rüben- und Grasklauen war das Verhältnis schon anders. Die 27 angezeigten Delikte dieser Art teilten sich 14 Jugendliche und 13 Erwachsene.

Ein schlimmes Vergehen war auch das Durch-die-Wiesen-Laufen in der geschlossenen Zeit, d.h. vor der Mahd. 40-mal wurde dieses protokolliert. Und überwiegend waren wieder Kinder und Jugendliche die Übeltäter. Aber auch die Bauern selbst, deren Felder und Wiesen doch den größten Teil des durch den Feldhüter zu schützenden Rechtsgutes ausmachten, gehörten zum Kreis der Frevler. Über- und Falschackern, über fremde Äcker zu fahren oder verbotene Wege zu benutzen, veranlassten Feldhüter Schmitt im archivbelegten Zeitraum 41-mal, sein schwarzes Buch zu zücken. Neben der ihm vorgeschriebenen genauen Kenntnis der in der Gemarkung mit ihren damals noch so sehr zerstückelten Fluren bestehenden Eigentumsverhältnissen, mussten ihm auch das Federvieh und dessen Halter bekannt sein, denn 46-mal erwischte er Hühner und 19-mal Gänse auf fremden Grundstücken und brachte deren Halter unerbittlich zur Anzeige. Und am 23. Februar 1911 stellte er zwei Schäfer aus Walden bei Meschede, die ohne schriftlichen Ausweis ca. 420 Schafe in den Bächelwiesen weiden ließen. Auf ortsfremde Personen hatte Adam Schmitt ein besonderes Augenmerk, vor allem auf solche aus den Nachbargemeinden, wenn sie z.B. am Börnchen das als Haustrunk so begehrte Selterswasser holten. Dabei ist ein Oberselterser mit dem Kuhgespann am Vorstein verbotenerweise den Gewannenweg gefahren. Und einer aus Weyer ist den schmalen Weg nach dem Börnchen mit Pferd

Wenn das der Feldschütz sieht! Eine stolze Familie mit Chauffeur präsentiert die neue Benzinkutsche mitten in Gottes schöner Natur.

und Wagen gefahren, was ebenfalls ein Walsdorfer tat. Allerdings sogar mit einem Doppelgespann.

Solche Fahrten über Feld zum Wasser holen verleiteten natürlich oft auch zum Äppel klauen. So ertappte Adam Schmitt einen Oberselterser Buben, derselbe hat bei der Rückfahrt vom Börnchen in die Äpfel geworfen und hatte noch einen Apfel in der Hand und war am essen. Und gleich drei Eisenbacher Jungen wurden von ihm überrascht, als sie am Eisenbacher Weg bei der Rückfahrt vom Börnchen waren, wo Jakob Arthen seine Äpfel geworfen und aufgelesen hatte, sodass die Äste noch unter dem Baum lagen. Gar schlimm trieb es eine Frau aus Oberbrechen: Sie hat mit ihren Kindern am Börnchen Wasser geholt, und auf der Rückfahrt haben die Kinder rechts und links von mehreren Baumäckern die Äpfel aufgelesen, sind durch Mais und Kartoffel gelaufen, und die Frau hat jedes Mal mit dem Kännchen stillgehalten und die Äpfel in Empfang genommen und in die beiden Mannen getan.

Aber geradezu skandalös war, was sich da ein paar Burschen aus Eisenbach am 13. Juli 1911 nachmittags 4 Uhr in der Oberau am Emsbach erlaubten: Ein Fass Bier in den Wiesen getrunken und dabei gebadet und (einer von ihnen) sich erlaubt, mich zu beleidigen mit dem Ausdruck: Du Labasch, mach dass du fortkommst, was er beim Herrn Bürgermeister in Eisenbach zu verwechseln wusste, ein Eisenbacher in dem Bach gemeint zu haben: Du Labasch, mach dass du raus kommst. Das unbefugte Gehen in den Wiesen ist nach § 9 der Ortsstatuten verboten, lautet der Anzeigegrund in Schmitts Eintrag. Bei den anderen Übeltätern vermerkte er jeweils: ... und dadurch vielen Schulkindern die Veranlassung gegeben, sich bei sie zu rotten. Einer der Zecher aber war ihm entkommen, wurde aber anscheinend von seinen Kumpanen verraten. Zu dessen Personalien kam die Notiz: Derselbe ist bei seinen Kameraden gewesen, hat sich aber gleich wie er mich gesehen mit seinem Fahrrad entfernt.

Adam Schmitt richtete sein Auge des Gesetzes auf und gegen jedermann, ohne Ansehen der Person. Da schreibt er einmal in die Spalte mit der Überschrift Name des Frevlers: Dienstmägde Christi und in die Spalte Bestimmung des Frevels, worin er bestanden hat: Zwei Schwestern aus dem Schwesternhaus haben auf der Wiese des Adam Staudts Witwe und der Wiese des Heinrich Pauly ledig zum Bleichen Wäsche ausgebreitet und niedergelegt. Dies ist nach § 26 Pos. 2 strafbar. Doch nicht immer fügten sich die Ertappten den Vorwürfen des Feldhüters und versuchten, sich herauszureden. Da traf den Brunnenarbeiter Karl Sittel als Hühnerhalter die Anzeige: Am 10. Oktober 1911, 10 Uhr 20 Minuten, 5 Hühner in den Waitzgärten auf einem Ackergarten des Adam Rücker junior angetroffen und ungefähr 25 Kauten gemacht auf seinem mit Korn bestellten Acker. Ich sagte: Die Hühner sind Euer über dessen Mutter und Frau (des Karl Sittel). Da sagte sie: Die sind nicht unser. Da sagte ihr Sohn von 6-7 Jahre alt: Mutter die sind doch unser, wo er eine auf den Kopf gehauen bekam von seiner Mutter weil er die Wahrheit gesagt. Ist nach § 15 des Ortstatuts strafbar.

In einem ähnlichen Fall im März 1912 ergänzte Adam Schmitt seine Anzeige mit dem Vermerk: Ich ging dem Bach entlang, um die Hühner fort zu treiben, da stand Friedrich Trautmann vor seinem Hause. Ich sagte: Trautmann, lasst die Hühner nicht so rumherlaufen. Da sagte er, wenn ich noch mal über fremdes Eigentum ging, tät er mich anzeigen usw. Die Hühner täten kein Schaden.

Seine präzisen Tatbestandsaufnahmen in seiner und des Dorfes Sprache lassen uns heute schmunzeln, wenn nicht gar lachen, besonders, wenn sie sich auch noch zweideutig lesen lassen wie z.B.. Beim Schluss des Soldatches Spielen der Witwe Lambert Heuns mit dem Säbel in die Äpfel gehauen. ... Und was geschah dann mit den Anzeigen im Geschäftsgang des Rathauses? Nun, der Bürgermeister als die Polizeiverwaltung verhängte eine Geldstrafe – in der Regel 1 bis 2 Mark, ersatzweise 1 Tag Haft –, ließ diese Verfügung durch den Polizeidiener dem Bestraften zustellen und wies den Gemeinderechner an, die festgesetzte Geldstrafe zu vereinnahmen bzw. vollstrecken zu lassen.

Aber nicht nur Frevler zu erwischen war Aufgabe des Dienstmütze und Dienstschild tragenden Feldhüters. Nach der eingangs zitierten Dienstanweisung hatte er u.a. auch den Zustand der Feldwege und Wasserläufe zu kontrollieren, aber auch darauf zu achten, ob schädliche Tiere in ungewöhnlicher Masse auftreten. Für an Wegen zu behebende kleinere Schäden hatte er stets eine leichte Hacke mitzuführen.

Einen Feldhüter gab es in Niederselters nach dem Zweiten Weltkrieg noch in den 60er Jahren, bis ein allmählicher Rückgang in der Wertigkeit der zu schützenden Güter dieses Amt als überflüssig erscheinen ließ.

AGRARWANDEL IN 100 JAHREN
VON DER HAND- ZUR KOPFARBEIT
VON DR. HUBERT WAGENBACH

Bodenbearbeitung vor 50 Jahren ...

Arbeitete hier zu Lande um 1900 noch jeder zweite Erwerbstätige in der Landwirtschaft, so waren es am Ende des 20. Jahrhunderts keine 4 % mehr. Gab es nach der hessischen Gemeindestatistik im Altkreis Limburg im Jahre 1950 noch 5 251 landwirtschaftliche Betriebe über 0,5 ha, so ist die Zahl der Betriebe bis zum Jahre 1999 auf nur 434 geschrumpft. Eine Vielzahl zu Wohn- und Gewerbezwecken umgebauter landwirtschaftlicher Gebäude und eine weitere große Zahl an alten leer stehenden Ställen und Scheunen in unseren Ortsanlagen machen die frühere umfangreiche landwirtschaftliche Prägung unserer Dörfer deutlich.

Dieser Überblick bezieht sich ausschließlich auf den Altkreis Limburg, bestehend aus den heutigen Großgemeinden und Städten Bad Camberg, Brechen, Dornburg, Elbtal, Elz, Hadamar, Hünfelden, Limburg, Selters und Waldbrunn, weil bis zur Zusammenführung der Kreise Limburg und Oberlahn Anfang der siebziger Jahre eine entsprechend getrennte Statistik durchgeführt wurde. Die auf den Altkreis Limburg bezogene Statistik des Jahres 1999 wurde mir freundlicherweise vom Amt für Regionalentwicklung, Landwirtschaftspflege und Landwirtschaft zur Verfügung gestellt.

Während der ersten Jahrzehnte des 20. Jahrhunderts diente die landwirtschaftliche Erzeugung vorrangig der Eigenversorgung der bäuerlichen Familien. Ohne Verflechtung mit überregionalen oder gar weltweiten Märkten lag die Versorgung mit Grundnahrungsmitteln immer an der unteren Grenze des Bedarfs. In den Kriegs- und Nachkriegsjahren folgte eine Zeit des Hungers, so dass nach Kriegsende die so genannte „Erzeugungsschlacht" ausgerufen wurde, um die hungernde Bevölkerung um jeden Preis möglichst schnell wieder ausreichend mit Nahrungsmitteln versorgen zu können. Es folgten Jahrzehnte des naturwissenschaftlichen Fortschritts, eine ungeahnte Ertrags- und Leistungssteigerung und eine ungehinderte Möglichkeit, Nahrungsmittel aus aller Welt zu beschaffen. Bei übersättigten Nahrungsmittelmärkten ab Beginn der neunziger Jahre kam zur Erhaltung eines zumindest kostendeckenden Preisniveaus landwirtschaftlicher Produkte die zwingende staatliche Verpflichtung, einen bestimmten Teil des Ackerlandes aus der Produktion zu nehmen. Von der insgesamt 12 180 ha großen Ackerfläche wurden in 1999 immerhin 1 251 ha oder rund 10 % stillgelegt.

Aus der Sicht der Agrarstruktur und der Betriebsgröße lagen und liegen die Landwirte im Limburger Raum nach wie vor im Hintertreffen. Im typisch hessen-nassauischen Realteilungsgebiet konnten keine der wirtschaftlichen Entwicklung folgenden Betriebsgrößen erreicht werden. Seit den fünfziger Jahren ist eine Änderung der Denkweise

... und heute.

dahin gehend eingetreten, dass im Erbfalle die gesamten landwirtschaftlichen Nutzflächen den Hofübernehmern übertragen und die weichenden Erben anderweitig abgefunden werden.

Bis in die dreißiger Jahre war ein großer Teil der landwirtschaftlichen Nutzflächen nicht wegemäßig erschlossen. Folgerichtig setzen Anfang der dreißiger Jahre Flurneuordnungsmaßnahmen ein, um der landtechnischen Entwicklung angepasste, rationelle Bewirtschaftung landwirtschaftlicher Grundstücke zu gewährleisten und über ein umfangreiches Wegenetz die Gesamtgemarkungen sowohl für den Landwirt als auch die Gesamtbevölkerung zu erschließen. In ihrem fünften Jahresbericht hat die volkswirtschaftliche Abteilung der Landwirtschaftskammer für den Regierungsbezirk Wiesbaden 1932 die Buchführungsergebnisse von elf landwirtschaftlichen Betrieben des Limburger Beckens veröffentlicht. Diese über dem Durchschnitt liegenden Betriebe hatten eine Betriebsgröße von 11,22 ha. Die durchschnittliche Betriebsgröße wird zu dieser Zeit mit 6 ha angegeben. Zurzeit des Dritten Reiches wurden die sogenannten Erbhöfe mit einer Fläche von 7,5 ha als Ackernahrung ausgewiesen. Die elf Betriebe bewirtschafteten im Durchschnitt 62 Grundstücke. Ein Betrieb musste sogar 104 Grundstücke anfahren. Im Jahre 1999 bewirtschafteten die im Altkreis Limburg ansässigen 434 Landwirte eine Gesamtfläche von 15 986 ha. Daraus errechnet sich eine durchschnittliche Betriebsgröße von 36,8 ha. Eine größere Zahl von Haupterwerbsbetrieben hat bereits die 100-ha-Grenze überschritten.

Bei zunehmender gesamtwirtschaftlicher Entwicklung bot die landwirtschaftliche Be-

Getreideernte kurz nach dem Kriege ...

... und zu Beginn des dritten Jahrtausends.

wirtschaftung auf vielen Höfen keine alleinige Existenzgrundlage mehr. Deshalb wurde ein außerlandwirtschaftlicher Erwerb als zweites Standbein aufgegriffen. So gliedern sich die 434 Betriebe in 171 oder 43 % Haupterwerbsbetriebe und 248 oder 57 % Nebenerwerbsbetriebe.

Wirtschafteten die vielen kleinen Betriebe während der ersten Jahrzehnte des 20. Jahrhunderts fast ausschließlich auf Eigenland, so stieg mit der Verringerung der Zahl der Betriebe der Pachtlandanteil der verbleibenden Betriebe bis heute kontinuierlich an. So lag der Pachtlandanteil der landwirtschaftlichen Betriebe im Limburger Raum 1930 bei 23 % und 1999 in den Haupterwerbsbetrieben bei 75 %.

Die Flurneuordnungsmaßnahmen der letzten Jahrzehnte brachten auf Grund der Tatsache, dass der weit überwiegende Teil der landwirtschaftlichen Nutzflächen sich im Eigentum von Nichtlandwirten befindet und wegen oft überzogener naturschutzrechtlicher Forderungen dem aus landwirtschaftlicher Sicht zu stellenden dringenden Bedürfnis nach großflächiger Bewirtschaftung nur bedingten Erfolg. Gegenüber den norddeutschen und erst recht gegenüber den neuen Bundesländern, die ihre großflächigen Grundstücke mit dem halben Arbeitsaufwand bewirtschaften können als hier zu Lande, besteht nach wie vor ein erheblicher Nachholbedarf im agrarstrukturellen Bereich.

Im acker- und pflanzenbaulichen Bereich hat es während des 20. Jahrhunderts umwälzende Veränderungen gegeben. Wurden zu Beginn des Jahrhunderts beispielsweise 12 - 15 dt/ha Getreide geerntet, so erzielten die buchführungsmäßig erfassten Betriebe im

Heute empfinden wir den Eingang zum Kuhstall nur noch als romantische Kulisse ...

Limburger Becken im Wirtschaftsjahr 1931/32 bereits einen Ertrag von 24 dt/ha. Dank einer erfolgreichen Pflanzenzüchtung und ausgeklügelten Bodenbearbeitungs-, Düngungs- und Pflanzenschutzmaßnahmen erzielen fortschrittliche Betriebsleiter im Limburger Raum heute 80 dt/ha. In Anpassung an die Technisierungsmöglichkeiten, den pflanzenzüchterischen Fortschritt und die verbrauchs- und marktwirtschaftliche Entwicklung hat es auch wesentliche Veränderungen im Anbauumfang der verschiedenen Fruchtarten auf dem Ackerland gegeben. Anfang der dreißiger Jahre wurden im Limburger Raum 62 % des Ackerlandes mit Getreide bestellt. Anfang der achtziger Jahre stieg der Getreideanteil sogar auf 76 %.
Bei zunehmender Marktsättigung und entsprechend rückläufigen Preisen musste Ausschau nach Ersatzpflanzen gehalten werden. War der Anbau von Ölfrüchten zu Beginn des Jahrhunderts hier nicht bekannt, so wurden im Wirtschaftsjahr 1931/32 lediglich 0,06 % des Ackerlandes mit diesen Fruchtarten bestellt. Etwa ab dem Jahr 1970 ist der Anbau von Ölfrüchten, und hier geht es fast ausschließlich um den Körnerraps, bis zum Jahre 1999 hin auf 1 544 ha oder 13 % der Ackerfläche angestiegen. Wer im Mai durch die Landschaft fährt, bemerkt während der Blütezeit des Rapses die großen Gelbflächen in unseren Gemarkungen. Mit der Zielsetzung, eine eiweißreiche Körnerfrucht mit bodenschonenden Eigenschaften, geringen Ansprüchen an Mineraldünger und Pflanzenbehandlungsmitteln und einen Gegenpol zu dem umfangreichen Getreideanbau zu finden, wurden während der letzten Jahrzehnte die so genannten „Eiweißpflanzen" in Form von Erbsen und Ackerbohnen in die Fruchtfolge aufgenommen. Mit 230 ha nahm diese Pflanzenart in 1999 immerhin 2 % des Ackerlandes ein. Der Umfang der Hackfrüchte (Kartoffeln und Zuckerrüben) ist von ehemals ca. 35 % auf 3 % oder 381 ha, davon 144 ha Kartoffeln und 237 ha Zuckerrüben, zurückgegangen. Der Anteil des Ackerfutters, im Wirtschaftsjahr 1931/32 noch 15 % des Ackerlandes einnehmend, ist bis zum Jahre 1999 auf 8 % geschrumpft. Den Löwenanteil dieses Ackerfutters nimmt der Silomais ein. Bescheidene Anfänge gab es während der letzten Jahre auch mit dem Anbau von Heil- und Gewürzpflanzen. So wurden im Altkreis Limburg im Jahre 1999 18 ha Heil- und Gewürzpflanzen, vorrangig Salbei und Fenchel, als so genannte Marktnischenpflanzen angebaut.
Wesentliche Leistungssteigerungen hat es in der Viehhaltung gegeben. Das kann am Beispiel der Milchleistung der Kühe am besten verdeutlicht werden. Waren die Milchkühe zu Beginn des zurückliegenden Jahrhunderts

gleichzeitig auch die alleinige Zugkraft in den landwirtschaftlichen Betrieben, so konnte der Milchertrag als Zweitnutzung mit 1 000 l pro Kuh und Jahr nur bescheiden ausfallen. Als in den dreißiger Jahren das Pferd zur Hauptzugkraft wurde, erzielten die buchführungsmäßig erfassten Betriebe im Limburger Becken schon eine Milchsteigerung von 2 231 l. Die züchterischen, fütterungs- und haltungsmäßigen Bedingungen haben es ermöglicht, daß derzeit in den gut geführten Betrieben des Limburger Raumes durchschnittliche Milchleistungen von 6 000 l je Kuh und Jahr erzielt werden. Spitzentiere sind in der Lage bis, zu 10 000 l Milch im Jahr zu geben.

In gleicher Weise sind in der Fleischproduktion wesentliche Veränderungen eingetreten. War bei knapper Nahrungsmittelversorgung und starker körperlicher Beanspruchung der Erwerbstätigen ein energie- und fettreiches Mastprodukt gefragt, so schwenkte die Nachfrage ab den sechziger Jahren eindeutig zu Gunsten eines fleisch- und eiweißreichen Schlachttieres um. Durch Einkreuzung von reinen Mastrassen in die hiesigen Schweine- und Rinderbestände und durch Haltung solcher Mastrassen ist die Landwirtschaft in hervorragender Weise den geänderten Verzehrgewohnheiten nachgekommen. So sind zwischenzeitlich die französischen Mastrinderrassen Charolais, Limousin und Blonde Aquitanine im hiesigen Raum heimisch geworden. In der als Mutterkuhhaltung bezeichneten Nutzungsweise ziehen die Kühe ihr eigenes Kalb auf und liefern hochwertige Masttiere. In der Schweinezucht ist eine nachfrageorientierte Marktbedienung nicht mehr ohne die aus Belgien importierte Rasse Pietrain denkbar. Durch eine derartige Arbeitsteilung in den tierhaltenden landwirtschaftlichen Betrieben konnte den in den achtziger Jahren aufkommenden Milchüberschüssen anteilig begegnet werden. Zur Beseitigung dieses Milchüberschusses wurden seit 1984 Milchkontingente eingeführt, die bis heute die Produktionsmenge bestimmen. Der Handel mit Milchlieferrechten ist in der Landwirtschaft zwischenzeitlich schon zum Alltagsgeschäft geworden.

Wie die nachstehende tabellarische Auflistung der Kuh- und Rindviehbestände im Landkreis Limburg seit der Jahrhundertmitte zeigt, ist eine deutliche Reduzierung der Tierzahlen festzustellen.

... während in der Milchviehzentrale 2000 längst modernste Technik eingekehrt ist.

SELTERS
(Taunus)

Rathaus in Niederselters

Durch das Gesetz zur Neugliederung des Landkreises Limburg und des Oberlahnkreises vom 6. Februar 1974 wurden die Gemeinden Niederselters, Eisenbach, Haintchen und Münster zu der Gemeinde Selters (Taunus) zusammengeschlossen. Heute hat Selters 8186 Einwohner. Das Gemeindegebiet umfaßt eine Fläche von 4047 ha, davon 1822 ha Wald (Stand 31. 12. 1996).

Sehenswürdigkeiten in Selters

Niederselters

Zur Zeit des Herzogtums Nassau (1806 – 1866) konnte unumstritten festgestellt werden, daß in dem katholischen Pfarrdorf Niederselters der „berühmteste Gesundbrunnen Deutschlands" beheimatet ist. Aufgrund der Auseinandersetzungen zwischen Kurtrier und dem Fürstentum Nassau-Oranien, wer Eigentümer der berühmten Quelle sei, wurde schon 1730 ein Wachhaus und 1789 eine Kaserne errichtet. Die Kaserne blieb erhalten und beherbergt heute das Rathaus.
Das Brunnenhaus beim Seltersbrunnen wurde 1907 errichtet und ist mit dem Emblem des Königreichs Preußen versehen.
Das heutige Kirchenschiff der alten katholischen Kirche St. Christophorus wurde zwischen 1717 und 1719 errichtet, es handelt sich um einen Saalbau mit dreiseitigem Chorschluß und kurzen Querschiffarmen unter Mansarddächern. Seit der umfassenden Restaurierung im Jahre 1991 dient das Gebäude als Kulturzentrum.

Eisenbach

(Schönstes Dorf Hessens im Wettbewerb „Unser Dorf soll schöner werden" 1984)
Eisenbach wurde erstmals 1234 urkundlich erwähnt. Heute zählt der anerkannte Erholungsort zu einem der landschaftlich schönsten Orte des Taunus.
Zu den Sehenswürdigkeiten zählt die katholische Pfarrkirche St. Petrus, eine neuromanische Basilika mit Chorgestühl aus der 2. Hälfte des 19. Jahrhunderts, sowie das Herrenhaus des Hofgutes Hausen, das 1662 errichtet wurde. 548 ha der Gemarkung Eisenbach ist Wald. Zahlreiche gut ausgebaute und markierte Wanderwege laden den Besucher zu kürzeren oder längeren Spaziergängen ein. In der Ortsmitte steht eine festinstallierte Wanderkarte, auf der Wege und Wanderzeiten eingezeichnet sind.

Haintchen

Die Barockpfarrkirche St. Nikolaus wurde 1751 fertiggestellt. Der Saalbau mit schmalem dreiseitig geschlossenem Chor zählt nach seiner Renovierung im Jahre 1983 zu einer der Sehenswürdigkeiten, die man unbedingt besuchen sollte. Die an der Hessenstraße gelegene Kapelle, die schon 1495 als Heiligenstock erwähnt wird, der Bildstock von 1764 im Camberger Weg und das St. Nikolaus Epitaph von 1762 gegenüber dem Johannesbrunnen im Unterdorf gehören ebenfalls zu den historischen Sehenswürdigkeiten von Haintchen.

Münster

Die evangelische Pfarrkirche von Münster mit dem romanischen Westturm, der um das Jahr 1000 errichtet wurde, mit dem Chor im gotischen Stil und dem Mittelschiff, das 1960 – 1962 erneuert worden ist, zählt zusammen mit dem Pfarrhaus (Vorderstraße 17) aus dem Jahre 1716 zu den kulturhistorischen Einmaligkeiten dieses Ortsteils von Selters.
Münster bietet dem Erholungssuchenden mit dem Freizeitgelände, bestehend aus einem See, einem Grillplatz und einem Trimmpfad, die ideale Möglichkeit, inmitten von gesunden Wäldern neue Kraft zu tanken. Von diesem Freizeitgelände kann man einen Spaziergang zur Grube Lindenberg, die 1941 in Betrieb genommen wurde, machen: hier wurde bis zur Stillegung der Grube am 30. Juni 1970 2,3 Millionen Tonnen Erz gefördert. Zu einem informativen Besuch lädt die Heimatstube im ehemaligen Rathaus ein.

Weitere Auskünfte erteilt:
Gemeindeverwaltung, Brunnenstraße 46, 65618 Selters/Ts.-Niederselters
Telefon (0 64 83) 91 22-0 · Telefax (0 64 83) 91 22 20

	Rindvieh	Milchkühe
1950	17.419	9.687 davon 4.007 Arbeitskühe
1960	18.687	8.395
1970	20.577	7.333
1999	11.891	3.840 + 888 Mutterkühe

Ein vergleichbarer zahlenmäßiger Rückgang ist in der Schweinehaltung festzustellen.

Ein umfangreicher Wandel hat sich auch beim Stallbau vollzogen. Wurden die Tiere bis zur Jahrhundertmitte in dunklen und nassen Ställen und die Rindviehbestände grundsätzlich an der Kette gehalten, so geht die neuere Stallbauplanung zu hellen, gut belüfteten und nach Möglichkeit eingestreuten Laufställen hin, um so eine möglichst artgerechte Tierhaltung zu gewährleisten.

Wie in allen Wirtschaftsbereichen, so hat auch in der Landwirtschaft die Technik Einzug gehalten und zu revolutionären Umwälzungen geführt. Bis zur Jahrhundertmitte waren alle landwirtschaftlichen Arbeiten, ob auf dem Feld, auf der Wiese, in der Scheune oder den Ställen, harte Knochenarbeit. In den ersten Jahrzehnten des zurückliegenden Jahrhunderts pflügten die Bauern mit ihren Kuhgespannen langsam und zeitaufwendig eine nur 10 cm tiefe Ackerfurche, weil eben die tierische Zugkraft nicht mehr hergab. Etwas besser wurde es schon, als ein gut gefüttertes Pferdegespann vor dem Pflug ging. Heute bringen PS-starke Schlepper Pflugleistungen von 1 ha/Std.

In der Getreideernte spannt sich ein Bogen von dem anfänglichen Mähen mit der Sense, der Mähmaschine, dem Aufbinden mit Strohseilen zu Garben, dem Aufstellen der Garben zu Hausten, dem Mähbinder, dem in den Höfen von tierischer Zugkraft gezogenen Göpel zum Antrieb des Stiftendreschers auf der Scheunentenne, dem Scheunendrusch mit transportablen Dreschmaschinen bis hin zu Mähdreschern mit einer Schnittbreite bis zu 5 m und Dreschleistungen von 1,5 ha/Std. Das frühere schwere Tragen von Schüttgut auf dem Rücken oder der Schulter gehört der Vergangenheit an. Getreide, Kartoffeln, Rüben, Dünge- und Kraftfuttermittel werden mit hydraulisch bedienbaren Kippern transportiert und im Betrieb mit Gebläsen, Greiferanlagen, Förderschnecken und Förderbändern eingelagert. Stroh und Heu werden in Rund- oder Quaderballen in Einmannarbeit geerntet.

Auch in den Ställen hat die Technik Einzug gehalten. Musste früher ein Melker eine Stunde lang schuften, um zehn Kühe von Hand zu melken, so kann er heute von der vertieft liegenden Melkgrube aus im Melkstand der Laufställe zehn Kühe gleichzeitig bei einem Zeitaufwand von sechs bis acht Minuten melken. Kabinen auf den Traktoren und Großmaschinen schützen den Fahrer vor Kälte, Hitze und Staub. Elektronisch gesteuerte Sensoren regeln den Betriebsablauf der Traktoren und Großmaschinen und zeigen frühzeitig Störungen an. Die tägliche Kraftfuttermenge der Milchkühe wird elektronisch gesteuert und an Futterautomaten leistungsgerecht zugeteilt.

Mit Hilfe dieser modernen und umfangreichen Technik ist es machbar geworden, dass heute eine Bauernfamilie einen 100 ha großen Betrieb mit umfangreicher Viehhaltung ohne Fremdarbeitskräfte bewirtschaften kann. Die Abkehr von der Handarbeit hat allerdings auch dazu geführt, dass heute ein Arbeitsplatz in der Landwirtschaft einen Kapitalbedarf von 800 000 Mark erfordert. Bei zunehmender Einbindung der Landwirtschaft in gesamtwirtschaftliche Entwicklungen und weltweite Märkte muss der junge Landwirt unbedingt eine hochqualifizierte Ausbildung durchlaufen, um den Anforderungen der Zukunft gewachsen zu sein.

Woare Geschichtscher aus Kerbersch

Von Kurt Nigratschka

Die Mutprobe

Am heutigen Parkplatz vor dem neuen Rathaus, etwa dort, wo das dreieckige Wartehäuschen der Schulbushaltestelle steht, wurde 1941 von französischen Kriegsgefangenen ein etwa fünf mal zehn Meter großes Becken als Wasserreservoir für den Luftschutz ausgehoben, den „Brandweiher". Da er Zu- und Ablauf von dem kleinen Wasserlauf entlang des Weiherweges hatte, wurde er in den Jahren nach dem Krieg, als noch kein Schwimmbad vorhanden war, von den Kirbergern als Badebecken genutzt. Aber nicht nur im Sommer, auch im Winter konnte man dort schön spielen. Drei Buben, der Emil, der Friedl und der Hans, nutzten ihn einmal für eine Mutprobe. Über dem zugefrorenen Becken lagen zwei Holzbalken und man wettete, wer den Mut hätte, über diese Balken von einer Seite auf die andere zu balancieren. Emil gelang es als Erstem, die andere Seite unbeschadet zu erreichen, auch Friedl kam über das Wasser. Aber Hans verlor das Gleichgewicht und stürzte in die Tiefe. Da das Eis noch zu dünn war, um ihn zu tragen, brach er ein und war im Nu vollständig durchnässt. Oh weh, er würde sicher Schelte erhalten, wenn er in diesem Zustand nach Hause kam. „Stell dich an die Turnhallenmauer, in der Sonne trocknest du schnell," war der bubenhafte Rat seiner Spielkameraden. Zähneklappernd stellte sich Hans dort auf und war in Minutenschnelle mit seinen Kleidern stocksteif gefroren.

Sein eigener Gast

Es war bekannt, dass der Walter aus der Wassergasse immer einen hervorragenden Apfelwein im Keller liegen hatte. Das wussten natürlich auch die Kirberger jungen Leute. Als man wieder einmal in gemütlicher Runde zusammen saß, Walter war auch dabei, schlichen sich einige heimlich davon und liefen schnurstracks zu seinem Haus. Der Kleinste von ihnen musste sich durch das Kellerfenster in Walters Apfelweinkeller zwängen und einen Eimer Wein vom voll gefüllten Fass abzapfen. Beim Hinaufreichen durch das kleine Kellerfenster schwappte ein Teil des Inhaltes aus dem Eimer und lief über den Gehsteig. In diesem Augenblick bog der Nachtwächter mit seinem Hund aus dem Märzgässchen in die Wassergasse und schritt direkt auf die Gruppe der jungen Männer zu. Wohin schnell mit dem Eimer voll Apfelwein? Geistesgegenwärtig stellte man ihn an die Wand und gruppierte sich davor. Doch den Augen des Nachtwächters entging trotz der Dunkelheit nicht die Lache am Gehweg. Nach einiger Diskussion konnte man ihn jedoch überzeugen, dass wohl einige bereits genossene Gläser Bier so drückten, dass man sich eben hier an der Wand erleichterte. „Ihr Säukerle, macht dass ihr hamkommt," schimpfte die Polizeigewalt und zog mit seinem Hund weiter. Als er weit genug entfernt war, um den Eimer doch noch zu sehen, eilte man mit dem „organisierten" Apfelwein flugs zur Gesellschaft zurück und prostete sich mit dem köstlichen Getränk in fröhlicher Runde den restlichen Abend über zu. Walter zechte bei dieser kostenlosen Gabe feste mit, ohne zu ahnen, dass er seinen eignen Apfelwein trank.

Winterzauber am Knoten bei Mengerskirchen

Foto: Walter Kurz

Frohe Ostern

Von Günter Gran

Wenn die harte Winterzeit zu Ende ging, die Spinnstuben sich auflösten, der letzte Flachs gesponnen war und die Tage zusehends länger wurden, begannen auch schon die ersten Arbeiten auf dem Feld und im Garten.

Nicht immer hatte die Wilhelmine damit recht, so früh wie möglich den Samen unter die Erde zu bringen. Grund war sicherlich die nachbarliche Rivalität mit dem Albert, die darin bestand, wer zuerst frischen Kopfsalat aus dem Garten ernten konnte.

Im Gegensatz dazu stand der Walter, der ohnehin nicht zu den Schnellsten gehörte, und vielleicht deshalb schon mit Bedacht und Zeit die Frühjahrsarbeit anging.

„Gedellich, gedellich!", was im Hochdeutsch mit „Geduld" übersetzt wird, waren seine markanten Worte, die wie selbstverständlich mit einer beschwichtigenden Handbewegung einhergingen, um seiner diesbezüglichen Aussage die insgesamt gewichtige Ausdrucksform zu verleihen.

Doch nicht nur im Frühjahr war Walter der absolute Letzte. Auch im Herbst war er derjenige, der die letzte Fuhre Dickwurz nach Hause brachte. Oft stand schon morgens Eis auf dem Bottich, in dem die Rüben zum Waschen lagen, und musste erst einmal zerschlagen werden.

Natürlich war es nur der Rest der Dickwurzernte, die nach Hause gebracht wurde; die anderen waren in großen Schlägen – man sagt auch Mieten – im Feld untergebracht. Zum Frühjahr hin ging dieser Vorrat an Futter zur Neige, und wohl demjenigen, der – je nach der Länge des Winters – noch einen Rest aufzubrauchen hatte.

Selbst bei noch frostigem Wetter hatte der Heinrich Anfang März schon seinen Mist auf die zukünftigen Kartoffel- und Dickwurzäcker ausgefahren und von Hand möglichst gleichmäßig über den gesamten Acker verteilt.

Dies bewirkte, dass der Dung gut in den Boden einziehen konnte und gleichzeitig der große Misthaufen endlich aus dem Hof verschwand.

Walter ließ sich Zeit! So war es keine Seltenheit, dass sich selbst zum Osterfest der Misthaufen noch hoch türmte und - ob seines Platzes zwischen Stall und Wohnhaus - je nach Witterung die herrlichsten Düfte verbreitete. Vor allem dann, wenn der Schweinestall gereinigt wurde. Wen wundert es da, wenn die Dorfjugend, die an den langen Winterabenden in der Spinnstube zusammengesessen und immer wieder von den vergangenen Streichen erzählt hatte, sich auch Gedanken über die zu bauenden Ostergärtchen machte.

Die Ostergärtchen wurden in der Nacht zum Ostersamstag von der männlichen Dorfjugend gebaut. Ob dies auf eine Tradition zurückging, kann heute nicht mehr beurteilt werden. Das Ergebnis und Wollen war einzig, die Erwachsenen zu ärgern und Streiche zu spielen, die für jedermann sichtbar waren. Ganz besonders bedacht wurden die Höfe, deren Bewohner sich besonders aufregten oder wiederum andere, die noch „etwas im Salz liegen" hatten, was so viel heißt, dass bei denen noch eine Rechnung offen war.

Der Walter konnte sich infolge seines Naturells ohnehin nicht über Gebühr aufregen. Auch hatte er gegenüber der Dorfjugend nichts ausgefressen. Jedoch der riesige Misthaufen reizte unwahrscheinlich, zumal sein eventuelles Verschwinden und damit verbundenes spektakuläres Wiederauffinden besonders gut bei der Restbewohnerschaft ankommen würde.

Das Vertauschen von Gartentürchen, Einsammeln von Schubkarren und Aufstellen derselben auf dem Marktplatz war ja immer so ziemlich das Gleiche. Das verschwinden des Misthaufens war der neue große Gedanke, den es in die Tat umzusetzen galt. Außerdem bestand bei dem Walter auch nicht die Gefahr, dass der die ganze Nacht hinter dem Fenster stand und ständig alle Vorgänge rund um seinen Hof beobachtete.

Gegen 8 Uhr begann es an jenem Samstag vor Ostern dunkel zu werden. Das Wetter war nicht gerade einladend warm, sondern eher das Gegenteil. Vom Sturm zerrissene Wolkenfetzen jagten – von kurzem Mondschein erhellt – über das Himmelsgewölbe. Der Wind zauste an den noch unbelaubten Ästen der Bäume, und mancher Bretterverschlag sang sein notorisch ächzend klingendes Lied. Staub fegte in kleinen Wirbeln die spärlich erhellte Dorfstraße entlang. Eigentlich fehlte nur noch der Regen, um das ganze mit nur dem einen Wort, nämlich ein richtiges Sauwetter, zu bezeichnen. Wenn man jung ist, gibt es keine großen Wetterprobleme. Zumal dann nicht, wenn man Dinge tun will, bei denen solch ein Wetter nur zupass kommt. Treffpunkt war, wie sollte es auch anders sein, der Marktplatz mit der Milchpritsche; denn wie die Alten sungen, so könnens auch die Jungen. Der Erwin und der Erich waren zuerst erschienen. Mit je einem Gummiring aus Mutters Einkochbestand waren die alten Manchesterhosen über dem Knöchel fest an das Bein angelegt worden, damit in der Dunkelheit ein Hängen bleiben nach Möglichkeit ausgeschlossen werden konnte.

Der dicke selbstgestrickte Pullover aus eigener Schafwolle garantierte eine konstante Wärme, zumal das Unterzeug aus gleichem Grundmaterial die notwendige Ergänzung lieferte.

Die Schirmmützen hatten die beiden Burschen tief ins Gesicht gezogen und die Arme bis fast zum Ellbogen in den Hosentaschen vergraben. Damit war zwar die Verkleidung nicht ganz perfekt, doch zum Erkennen der Person bedurfte es eines längeren Augenblicks. Dies war gerade das, was beabsichtigt war, denn erkannt werden durfte man in dieser Nacht nicht.

Gegen 10 Uhr waren sie dann alle erschienen: der Hermann, der Karl-Heinz, der Hans, Emil, Gerhard und Richard. Nach einer gemütlichen Plauderei begab man sich augenblicklich auf den Nachhauseweg. Ganz locker mit leicht eingezogenem Genick, aufsitzenden Mützen, den dunklen Hosen und den dunkleren Pullovern.

An der Ecke zwischen Wohnhaus und Straße stand in dem etwa drei Meter breiten Vorgarten ein herrlicher Buchsbaumbusch, der sich entlang der Straße als etwa 1,20 Meter hohe Hecke bis zum Nachbargrundstück hinzog. Zwischen dem Buchsbaum und der Hauswand war ein noch etwa zwei Meter breiter Vorgarten. Zumindest Platz genug, vier

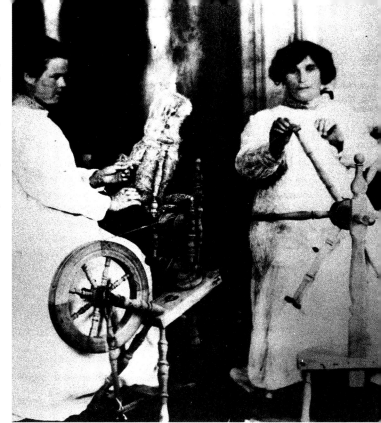

Die Spinnstube bot immer wieder eine willkommene Gelegenheit, um über die Höhen und Tiefen des Dorflebens zu tratschen.

stramme Burschen in gebückter Haltung zu verbergen.

Weitere vier Gestalten bewegten sich in ebenfalls gebückter Haltung entlang der Stützmauer zum Gartengrundstück vom Nachbarn auf den Geräteschuppen zu, der sich rechts vor dem langgestreckten Scheunengebäude befand. Links von der Scheune lagen die Stallungen, die nur durch den großen Misthaufen vom Wohnhaus getrennt waren.

Im Schuppen angekommen, drückten sich die vier Burschen zunächst in eine dunkle Ecke und verhielten sich absolut ruhig.

Etwa zehn Minuten mochten vergangen sein, dann kam wieder Leben in die Vier. Mit geschickten Händen und fast ohne jegliches Geräusch wurden die seitlichen Aufstellbohlen von dem Leiterwagen abgehoben und beiseite gestellt, die Deichsel durch die Entfernung des Splints abgenommen. Der Wagenbogen machte keine Schwierigkeiten, und auch die an den Rädern montierten Aufsteller waren ohne Probleme zu entfernen. Dann wurden Vorderwagen und Hinterwagen auseinander genommen, nachdem die Leiherbremse abgebaut war. Jetzt waren nur noch die Räder zu entfernen. Auch dies verlief ohne Komplikationen, ein Zeichen dafür, dass es sich hier nicht um Laien, sondern um Leute vom Fach handelte, die zudem einen überaus austrainierten Eindruck zu machen schienen.

Die Augen hatten sich sehr gut an die Dunkelheit gewöhnt, sonst wäre die gesamte Aktion sicherlich mit einer riesigen Geräuschkulisse verbunden gewesen. So lief alles fast lautlos in zirka 20 Minuten ab mit dem Ergebnis, dass der Leiterwagen in transportable Einzelteile zerlegt war.

Wieder trat eine Ruhepause ein. Ebenso wie vor der Zerlegung des Wagens drückten sich die vier Burschen in die hinteren Ecken des Geräteschuppens und verhielten sich bei genauester Beobachtung von Hof und Wohnhaus mucksmäuschenstill.

Der Wind war mittlerweile noch etwas stärker geworden. Die Äste des alten Kirschbaumes vom Nachbarn schlugen hin und wieder bei einer stärkeren Bö gegen die Holzverkleidung des Scheunengiebels. Drei alte Fassreifen, die an der Schuppenwand hingen, schabten – vom Winde bewegt – entweder an der Holzwand entlang oder schlugen gegen das moderne metallene Jauchefass, welches auf zwei Böcke gestellt neben der Schuppenwand seinen Platz gefunden hatte. Auch jaulte der Wind oben im alten Eulenloch der Scheune, so als sei ein ganzes Schleiereulenorchester zugange. In gebückter Haltung schlichen sich die vier Gestalten aus dem Geräteschuppen hart an dem Stützgebälk entlang zur Scheune hin. Noch ein sichernder Blick, dann noch etwa fünf Meter und schon waren sie durch die kleine Tür in der Scheune verschwunden.

Währenddessen war bei dem Buchsbaumbusch auch das Leben erwacht. Ebenfalls vier Gestalten suchten den kürzesten Weg über den Hof zum Geräteschuppen.

Auch dies gelang völlig lautlos. Danach die alte Zeremonie: Verweilen in absoluter Ruheposition. Hof und Haus schienen bis auf die Geräusche, die der Wind verursachte, völlig ruhig zu sein. Selbst die alte Senta vom Nachbarn auf der anderen Straßenseite gab keinen Laut.

In Windeseile waren die vier Räder gepackt und in die Scheune transportiert. Hinter- und Vorderwagen folgten. Auf Bremse und Deichsel konnte verzichtet werden. Diese blieben als Rest an dem Ort, wo vorher der Wagen stand. Natürlich mussten die Aufsteller auch noch in die Scheune mit der Schwierigkeit, dass diese gerade so eben in seitlicher Querstellung durch die kleine Tür gebracht werden konnten. Wie auf Bestellung folgte – jedoch immer nur für wenige Augenblicke – der Mond, der sein schwaches, gleißendes Licht durch die Dachluke auf den Scheunenboden fallen ließ.

Dort waren zwei Burschen damit beschäftigt, die Wagenteile an einem Seil zu befestigen, das über eine Rolle am inneren Scheunendach lief. Zwei Weitere zogen mit dem Zweiten Seilende die jeweiligen Stücke nach oben, wo sie von vier weiteren Burschen in Empfang genommen wurden.

Dies waren dieselben, welche zuvor mit viel Geschick den Wagen auseinander genommen hatten. Demzufolge verlief auch der Zusammenbau in der Scheune ohne jegliche Komplikationen.

Jetzt begann wohl der schwierigste Teil. Der große Holzschubkarren mit eisenbeschlagenem Rad musste von dem Transporttrupp mit dem Stallmist beladen in die Scheune gebracht und mittels des Rollseiles nach oben gehievt werden. Zunächst wurde das eisenbeschlagene Rad mit Kartoffelsäcken, die in der Scheune hingen, umwickelt. Die Notwendigkeit ergab sich infolge der Pflasterung des Hofes mit Kopfsteinpflaster aus Westerwälder Basalt und der dem zufolge zu erwartenden Geräuschkulisse.

Zwischen jeder der einzelnen Aktionen waren immer kleine Pausen eingeschaltet, die zum einen der Ruhe und zum anderen der Absicherung dienten. Lediglich einem gab es einen riesigen Schreck. Nach der fünften Mistfuhre, die langsam und geräuschlos über den Hof erfolgte, dem Anheben über das hintere Torteil, um durch die Scheunentüre zu gelangen, und dem Aufziehen der Schubkarre in vielleicht fünf Meter Höhe war eine echte Verschnaufpause notwendig. Just in dem Augenblick, als sich einer des Transporttrupps leicht an die Scheuneninnenwand, die eine Trennung zum Kuhstall darstellte, anlehnte, strich etwas weiches an seinen Beinen entlang.

Der Atem erstickte fast in einem knarrenden Geräusch und entlud sich nach einigen Sekunden in einem lauten Niesen.

Fast zu Tode verhielten sich die Burschen. Danach drängten sie zunächst in den hinteren dunklen Winkel der Scheune und verharrten minutenlang mucksmäuschenstill.

Kein Mensch rührte sich, nur der Wind pfiff weiter sein garstiges Lied im Kampf zwischen dem scheidenden Winter und dem beginnenden Frühling.

Noch zwölf Fuhren waren notwendig, um den auf dem oberen Scheunenboden stehenden Wagen zu füllen. Erst gegen Morgen war die schwere Arbeit zu Ende. Die vordere Ladentür wurde noch geöffnet, damit ein jeder auch das nächtliche Meisterwerk von der Straße aus bestaunen konnte.

Einen Ostergarten dieser Qualität hatte es bisher noch nie gegeben. Ganz im Bewusstsein dieser originellen Idee und der exakten Ausführung waren die Burschen zwar hundemüde, aber dennoch zufrieden, wenn auch mit stinkenden Kleidungsstücken, nach Hause geschlichen.

Die Bewunderung dieses Osterstreiches war sicherlich nicht überall zu spüren. Vor allem nicht bei Walter, dem die Arbeit oblag, das alles wieder in Ordnung zu bringen.

Allerdings – und damit blieb er seiner Lebensauffassung treu – nach den Feiertagen. Die Ladentür an der Scheune wurde geschlossen und damit das Objekt des Ärgernisses den neugierigen Blicken der Lacher entzogen.

Gesprächsstoff gab es jetzt allerdings, wobei die Schadenfreude überwog und in so manch hämischem Lachen ihren Ausdruck fand.

Die Täter waren freilich nicht bekannt, doch ohne Schwierigkeit zu ermitteln. Am Dienstag nach Ostern hingen an verschiedenen Wäscheleinen im Dorf die gleichen oder sich ähnelnden Kleidungsstücke zum Trocknen.

In unserer Geschichte wird eine unkonventionelle Beseitigung von Stallmist geschildert. Das Foto aus den 30er Jahren zeigt die damals meistens gebräuchliche Mistausfuhr.

Dem Herrgott ins Handwerk gepfuscht

Von Dr. Rüdiger Fluck

Tierzucht auf neuen Wegen – so könnte man angesichts der rasanten Entwicklung bei der Züchtung der landschaftlichen Nutztiere aber auch unserer Haus- und Heimtiere feststellen. Neue Zuchtmethoden haben auch in unserem Landkreis bereits seit den letzten 50 Jahren ihre Spuren hinterlassen und sind schon lange nicht mehr auf das Experimentierfeld begrenzt.

Von der Haltung der Faselochsen in der Gemeinde Wilsenroth im 19. Jahrhundert hat der Heimatforscher Günther Schopf im Jahrbuch 1995 ausführlich berichtet. Auch im 17. und 18. Jahrhundert hatte man für diesen Bereich klare Bestimmungen und Verordnungen vorgesehen. Für die Vatertierhaltung war in der Regel die Gemeinde zuständig; es gab aber auch Ausnahmen, wie in der „Beschreibung der Pfarrgemeinde Haintchen über gewisse Gegenstände auf Begehren vom zeitlichen Pastor Ponsar nach möglichst erforschter Nachricht 1787 mitgeteilt" zu lesen ist: „Der Pfarrer hat außer dem Holznutzungsrecht auch den Blutzehnten, Ferkel- und Lämmerzehnten, wie auch von jedem Bürger einen Hahnen ... hat die Last (Onus), das Zielvieh, Ochs und Eber zu halten, nicht den Stern Hammel". Wie es nur in wenigen Gemeinden üblich war, hatte hier der Pfarrer, der in seinem Pfarrhof eine kleine Landwirtschaft unterhielt, als Gegenleistung für seine Einnahmen aus dem Frucht-, Heu- und Blutzehnten die Pflicht, das männliche Zuchtvieh zu stellen und zu unterhalten. Dazu gehörten, wie im Jahre 1693 erwähnt, der Reidtochse (Deckbulle) und 1746 das Zielvieh (Widder und Eber). In der Beschreibung des Amtes Camberg (1788 - 1791) wird dies bestätigt:

Für die Tierärztin Brigitte Phillips aus Dorchheim (rechts) gehört die künstliche Besamung zum Praxisalltag wie hier bei der schwarzbunten Kuh „Fichte" aus dem Betrieb von Martina Zimmermann aus Oberzeuzheim.

„Die Faselochsen und Faselschweine muss jede Gemeinde im Amt Camberg aus ihren Mitteln anschaffen und unterhalten ... nur in Haintchen trägt diese Last nicht die Gemeinde, sondern die Pfarrei. Hier ist es eine hergebrachte Obliegenheit des Pfarrers, weil er dort den Zehnten erhält".

In vielen anderen Gemeinden des Landkreises sind heute noch zahlreiche Unterlagen über die Vatertierhaltung zu finden, zum einen wurden von der Gemeinde Stallungen für Bullen, Eber, Schaf- und Ziegenböcke bereitgestellt, zum anderen übernahmen Landwirte gegen Bezahlung die Unterbringung des Zuchtviehs.

Eine Körung war nach dem Tierschutzgesetz vorgeschrieben; hier wurde an Hand der Abstammung und bestimmter Merkmale geprüft, ob das männliche Tier für die Zucht zugelassen werden konnte. Im Jahre 1989 wurde Körzwang abgeschafft, doch fast alle Zuchtverbände führen, allerdings ohne staatliche Beteiligung, weiterhin Körung durch.

Eine grundlegende Änderung erfuhr das Tierschutzgeschehen nach dem Zweiten Weltkrieg. Nach einer Phase der Lähmung und Stagnation sowohl in Industrie, Handel, Gewerbe und Landwirtschaft belebte sich die Produktionstätigkeit. Gestärkt durch Millionen von Heimatvertriebenen begann der Wiederaufbau, und es wuchs die Nachfrage nach besserer Versorgung mit Nahrungsmitteln, vor allem solcher tierischer Herkunft. Parallel dazu war es ein Anliegen der Tierseuchenbekämpfung, die Tuberkulose, eine verheerende Zoonose (Erkrankung, die vom Tier auf den Menschen übergeht) zu tilgen. Durch die Kriegswirren mit der weit verbreiteten Gemeindebullenhaltung hatte sich auch die Trichomonadenseuche, eine ansteckende Geschlechtskrankheit der Rinder, stark verbreitet, so dass die gewünschte Mehrproduktion von Milch und Fleisch stark erschwert war. Diese Rinderseuche, die von den Deckbullen von Kuh zu Kuh übertragen wurde, verursachte Frühaborte mit hohem Kälberausfall und starkem Rückgang der Milchleistung wie auch eine verkürzte Nutzungsdauer der Kühe. Eine wirksame Unterbrechung der Infektionskette war durch die Anwendung der instrumentellen Samenübertragung möglich. Dennoch hatte die nun allseits „Künstliche Besamung" genannte zukunftsweisende Biotechnik, die nicht nur zum Zeitpunkt ihrer Einführung ethisch heftig umstritten war, sondern auch mit schwerwiegenden Vorbehalten zu kämpfen hatte, da sie den Bullenzüchtern die Haupteinnahmequelle, den Zuchtbullenverkauf, im Wesentlichen beschnitt, es schwer, sich durchzusetzen. Doch die Samenausbeute beim Bullen war so groß, dass nur noch wenige männliche Tiere zur Befruchtung aller faselbaren Rinder einer Region nötig waren. In dieser Zeit wurden fast alle Besamungs-Stationen gegründet. Hier wird der Samen vom jeweiligen Vatertier gewonnen und auf seine Qualität hin untersucht. Anschließend wird er verdünnt, mit einem Gefrierschutz versetzt und portionsweise im flüssigen Stickstoff bei minus 196 Grad Celsius tiefgefroren. Im Durchschnitt könne so bei Bullen pro Ejakulat 400 Portionen mit je 20 Millionen Spermien hergestellt werden. Ein Besamungsbulle in einer Station kann etwa 1 000 Natursprungbullen ersetzen. Die Besamung der weiblichen Tiere erfolgt nach dem Auftauen des Spermas im Stall durch den Tierarzt, einen Besamungstechniker oder den Züchter selbst. In der ambulanten Praxis halten die Tierärzte in einem mit Stickstoff gefüllten Behälter Samen von über 50 Bullen vorrätig. Im Landkreis Limburg-Weilburg gibt es zurzeit zwei EU-zugelassene Pferdebesamungsstationen, die in Freienfels von Tierarzt Dr. Hirschhäuser und in Hangenmeilingen vom Gestüt „Anita" betrieben werden.

Beim Schwein wird die künstliche Besamung hauptsächlich mit Frischsperma durchgeführt. Das erfordert ein wesentlich aufwendiger organisiertes Verteilungssystem, weshalb die künstliche Besamung in der Schweinezucht keine große Rolle spielt.

Sogar in der Bienenzucht wird auch mittlerweile im Landkreis Limburg-Weilburg die instrumentelle Besamung durchgeführt. Wie es der Imker Hans Friedrich Hellbach aus Eschhofen schon seit Jahren praktiziert, wird Sperma von geschlechtsreifen Drohnen gewonnen und mittels einer Besamungskanüle in die Geschlechtswege der fixierten und betäubten Königin eingeführt. Hierbei kann durch geeignete Wahl des Paarungspartners wie bei den anderen Nutztieren die Leistung gesteigert werden. Das Ergebnis gezielter Zucht sind auch sanftmütige und pflegeleichte Bienenvölker.

Werden bei der künstlichen Besamung die wertvollen Eigenschaften ausgewählter Vatertiere für die Zucht effizient genutzt, wird über den Embryotransfer versucht, die Ver-

Der Landwirt Christoph Wenz führt bei seinen Sauen mit Erfolg in regelmäßigen Abständen die künstliche Besamung durch. Zuvor hat er von dem Zuchteber den Samen gewonnen, aufbereitet und portioniert.

mehrungsrate auf der weiblichen Seite zu erhöhen. Viele heimische Landwirte wenden diese Methode bei ihren Zuchtrindern an. Der Tierarzt Wilfried Steinhauer aus Waldbrunn-Ellar betreibt neben der Universität Gießen die zweite EU-zugelassene Embryotransferstation in Hessen. Hier gewinnt er von züchterisch hochwertigen Kühen (Spendertieren) durch eine Superovulationsbehandlung mit Hormonen mehrere Eier, die gleichzeitig am Eierstock heranreifen und sich nach der Befruchtung zu Embryonen entwickeln. Etwa sieben bis acht Tage nach der Befruchtung werden diese Embryonen schonend und schmerzfrei ausgespült. Die transfertauglichen Embryonen werden auf Empfängertiere übertragen, die im gleichen Zyklusstadium wie die Spendertiere sein müssen, oder sie werden zur Langzeitkonservierung in flüssigem Stickstoff tiefgefroren. Im Durchschnitt werden beim Rind pro Superovulation acht Embryonen gewonnen. Während eine Kuh pro Jahr nur ein Kalb zur Welt bringt, wird die Zahl der Kälber mittels Embryonengewinnung deutlich gesteigert. In letzter Zeit gewinnt die „in vitro"-Produktion von Embryonen immer mehr an Bedeutung. Hierunter versteht man die Verschmelzung einer weiblichen und einer männlichen Keimzelle außerhalb des mütterlichen Organismus in einer Glasschale. Die benötigten Eizellen werden durch Follikelpunktion gewonnen; Vorteil dieser Methode ist, dass keine Hormonbehandlung des Eizellenspendertieres nötig ist.

Die bisher beschriebenen Verfahren werden in unserem Landkreis in der Tierzucht regelmäßig angewandt. Dies hat zur Folge, dass die Vatertierhaltung in unseren Dörfern allmählich aufgelöst wird.

Als Ausgleich für den Wegfall der Gemeindebullenhaltung gewährt zum Beispiel die Jagdgenossenschaft Haintchen ihren Landwirten seitdem einen finanziellen Zuschuss, um die Kosten für die künstliche Besamung abzudecken.

Letztendlich sind es aber die Verbraucher, die das Zuchtziel bestimmen, denn an ihren Wünschen orientieren sich Tierzucht und Tierhaltung. Ein verantwortungsbewusster Landwirt betrachtet heute das Tier als Mitgeschöpf und er hat das Recht, Tiere für seine Zwecke zu nutzen. Auf der anderen Seite hat er die Pflicht übernommen sie zu schützen. Dies bedeutet aber auch, dass die Tiere artgemäß gehalten, ernährt und sachgerecht betreut werden müssen. Der Verbraucher schätzt qualitativ hochwertige Produkte, die nach diesen Vorgaben erzeugt wurden. Die Veränderung des Zuchtziels entsprechend den Verbraucherwünschen lässt sich eindrucksvoll in der Schweinezucht demonstrieren: In den Jahren 1850 - 1950 war ein möglichst fetter Schlachttierkörper das erklärte Produktziel, im Wesentlichen aus zwei Gründen: Speck hat eine sehr hohe Energiedichte, und eine gute Energieversorgung war nötig, um Schwerarbeiter, die damals noch einen hohen Anteil in der Bevölkerung ausmachten, ausreichend zu ernähren. Außerdem lässt sich gesalzener Speck problemlos länger lagern. Ab 1950 wurde dann auf Grund der geänderten Lebens- und Verzehrgewohnheiten das Zuchtziel von hohem Fett- auf einen hohen Magerfleischanteil radikal umgestellt. Die bei der Zuchtschweineauktion in Limburg mittels Ultraschall gemessene Speckdicke der Eber spielt heute noch eine wichtige Rolle bei der züchterischen Beurteilung dieser Zuchttiere.

Viele Verbraucher fragen sich, ob in Anbetracht der Überproduktion in manchen Bereichen eine weitere Leistungssteigerung sinnvoll ist. Eine Kuh mit einer Milchleistung von 9 000 Litern im Jahr ist anfälliger gegen Stoffwechselerkrankungen und hat eine geringere Lebenserwartung als eine Kuh vor 50 Jahren mit 12 - 14 Abkalbungen und einer jährlichen Milchmenge von 3 000 Litern die neben der Milchproduktion noch als Arbeitstier gehalten wurde und als Schlachttier Fleisch lieferte. Doch ist die Überproduktion keine Frage der Leistung des Einzeltiers, sondern der Produktionsmenge insgesamt. Das gesunde und leistungsstarke Tier ist sowohl ökonomischer (man benötigt weniger Stallplätze, die viel Geld kosten) als auch ökologischer, da pro erzeugter Produkteinheit weniger Futter verbraucht wird und auch weniger Dung anfällt.

Auf dem Elkenhof des Rinderzüchters Burkhard Hölz bei Weinbach glückte im Jahre 1984 erstmals im Landkreis Limburg-Weilburg eine aufsehenerregende und erfolgreiche Durchführung eines Embryonen-Transfers. Die Rotbunte-Elitekuh „Steffi" wurde innerhalb eines Jahres zur Mutter von acht Kälbern. Nach einer Hormonbehandlung und anschließenden Besamung wurden acht Embryonen aus der Gebärmutter ausgespült, sieben davon wurden auf Empfängertiere übertragen, ein Kalb wurde von der Spenderkuh selbst ausgetragen.

MARKTFLECKEN Mengerskirchen IM WESTERWALD

Im östlichen Westerwald, an der Grenze zu Rheinland-Pfalz, liegt der Marktflecken Mengerskirchen mit seinen 5 Ortsteilen Mengerskirchen, Waldernbach, Winkels, Probbach und Dillhausen. Mengerskirchen gehört zum Landkreis Limburg-Weilburg und wird landschaftlich vom 605 m hohen „Knoten" und vielen bewaldeten Basaltkuppen geprägt.

In einem Dokument vom 18. Februar 1321 wurden Mengerskirchen von König Friedrich dem Schönen von Österreich die Stadtrechte verliehen. Auf diese Zeit gehen auch die Ursprünge der Befestigungsmauer und des Schlosses zurück. Für 1220 Gulden kaufte 1818 die Gemeinde das Schloß, um es von 1819 - 1973 als Schule zu nutzen. 1979 - 1992 wurde es vollständig restauriert und ist seither Sitz der Gemeindeverwaltung.

Im ältesten Teil des Schlosses erwartet den Besucher das „Turmmuseum" mit historischen Werkstatteinrichtungen verschiedener Handwerkszweige, u. a. eine funktionsfähige Nagelschmiede, eine Töpferwerkstatt, sowie Dokumente über die Geschichte. Bedeutsam ist eine restaurierte Seccomalerei in einer ehemaligen Kemenate(Schlafgemach).

Alte Nagelschmiede im Turmmuseum
Foto: Verein Turmmuseum Schloss Mengerskirchen e.V.

Die Talsperre „Seeweiher" bei Waldernbach mit einer Wasserfläche von ca. 13 ha ist heute regionales Freizeit- und Erholungszentrum.

Das Freibad rundet ein unterhaltsames Freizeitangebot sinnvoll ab, wie z.B. Angeln, Bootfahren oder Campen auf dem großzügigen Campingplatz. Relaxen Sie einfach auf der großen Liegewiese oder erfrischen Sie sich mit einem Sprung ins Wasser.

Ebenso reizvoll ist der idyllisch gelegene „Waldsee" bei Probbach. Auch hier erwartet sie ein großes Freizeitangebot, wie z. B. Baden, Angeln und zahlreiche Spielgeräte für die kleinen Gäste.

An beiden Seen ist ein Strandcafe und ein Kiosk vorhanden.

Freizeitzentrum „Am Seeweiher"
Foto: Siegfried Kaden

Lassen Sie sich einladen zu erholsamen Spaziergängen."Natur pur" mit wunderbaren Wanderwegen durch ausgedehnte Laub- und Nadelwälder erwarten Sie hier.

Wer Aktivität und Abwechslung liebt, ist hier auf jeden Fall richtig.

Genießen Sie den Blick über den Westerwald bis hin zum Feldberg vom 605 m hohen Knoten aus und lassen Sie sich verzaubern von den Eindrücken, die sich Ihnen darbieten.

Zimmernachweise, Wanderbroschüren und andere Auskünfte sind bei der Gemeindeverwaltung -Verkehrsamt-, Schloßstr. 3, 35794 Mengerskirchen, Tel. 06476/9136-14, Fax: 06476/9136-25, erhältlich.

„Natur pur" Foto: Foto-Amling

Aus diesen Gründen kann man heute den Einsatz dieser Biotechnologie, in sinnvollem Maße angewandt, akzeptieren.

Nicht zu akzeptieren sind dagegen biotechnische Maßnahmen, wenn dadurch den Nachkommen erblich bedingt Körperteile oder Organe für den artgemäßen Gebrauch fehlen oder untauglich oder umgestaltet sind und hierdurch Schmerzen, Leiden oder Schäden bei den Tieren auftreten. Gerade in der Zucht von Heimtieren kommt es hier oft zu Kollisionen mit dem Tierschutzgesetz. So werden heute eine Menge von Erscheinungen beim Tier als „Qualzüchtungen" zusammengefasst: Die Zucht von Hunden mit übersteigertem Angriffs- und Kampfverhalten oder die Zucht von Nackt- und Faltenhunden sowie das Zuchtverbot für Tiere mit Hüftgelenksdysplasie gehören ebenso dazu wie die Zucht von dominant weißen Katzen, die in vielen Fällen mit Hör- und Sehstörungen verbunden ist. In der Taubenzucht sind neben der Seidenfiedrigkeit auch die extrem erweiterten Kropfsäcke abzulehnen. Auch führt die Schnabelverkürzung als Zuchtziel bei verschiedenen Taubenrassen neben dem Schlupfproblem dazu, dass die Elterntiere ihre eigene Nachzucht nicht mehr aufziehen können. Flugunfähigkeit zeichnet die Rasse der Bodenpurzler aus. Diese Tauben zeigen stattdessen Überschläge auf dem Untergrund. Nach § 11 b des Tierschutzgesetzes sind solche Qualzüchtungen nicht zulässig. Hier sind die einzelnen Zuchtverbände aufgefordert, auf tierschutzwidrige Rassenstandards zu verzichten und Übertypisierung der Zuchtauswahl zu vermeiden.

Doch darüber hinaus gibt es bereits eine Menge Eingriffe am Erbgut, heute unter dem Begriff Gentechnik zusammengefasst, die schon lange an ethische und religiöse Grenzen stoßen, wie das geklonte Schaf „Dolly", das als wissenschaftlicher Fortschritt in den Medien gefeiert wurde. In der Tierzucht gibt es zwei Verfahren zur Klonierung; bei der Embryoteilung wird der Zellhaufen mikrochirurgisch in zwei Hälften geteilt. Mit Hilfe dieser Methode können aus einem Embryo zwei Nachkommen erzeugt werden. Die zweite Methode zur Klonierung ist der Kerntransfer. Dabei werden embryonale Zellkerne in andere entkernte Eizellen übertragen. Embryonale Zellen sind totipotent, d.h. sie besitzen das Vermögen, jeden Zelltyp zu bilden. Deshalb kann sich aus ihnen noch ein ganzer Organismus entwickeln. Körperzellen, so glaubt man, sind ausdifferenziert und bereits auf ihre Funktion festgelegt. Mit dem Schaf Dolly scheint der Beweis dafür erbracht zu sein, dass Klonieren auch durch eine intensiv aufwendige Behandlung von somatischen Zellen, wie in diesem Falle einer Euterzelle, eines höheren Lebewesens möglich ist. Hier warnen bereits viele Wissenschaftler vor einer „Korrektur der Schöpfung". Lebewesen sollen zu molekularen Maschinen umdefiniert werden.

Die Evolution wird als fehlerhaft und verbesserungswürdig angesehen. Man verkündigt euphorisch, dass der achte Tag der Schöpfung angebrochen sei; Mikroorganismen, Pflanzen, Tiere und auch Menschen werden nach den Vorstellungen des Technologiezeitalters umgestaltet. Es entstehen „transgene" Tiere, denen man Teile der Erbinformation anderer Tiere, ja sogar anderen Tierarten in ihr Erbgut übertragen hat; so können bestimmte Eigenschaften wie Stressresistenz oder Widerstandsfähigkeit gegen bestimmte Krankheitserreger im Empfängerorganismus beeinflusst oder neu eingeführt werden. Diese Experimente, bei denen jedoch tausende von Tieren bereits im Muttertier absterben, verkrüppelt oder lebensunfähig zur Welt kommen oder als Ausschuss getötet werden, wenn sie die gewünschten Eigenschaften nicht nachweisen, werden bis jetzt noch hingenommen. Doch die gentechnische Manipulation kann niemals ein Beitrag zur Tiergesundheit im Sinne eines ethisch begründeten Tierschutzes sein. Die Tierschutzethik kennt den Begriff der „Eigenwürde" des Tieres. Dieser besagt, dass das Tier wertvoll ist und seine Würde nicht auf seinen Wert für andere Tiere zurückgeführt werden kann. Ebenso wie beim Menschen wird gegen die geschöpfliche Eigenwürde des Tieres verstoßen, wenn es zum reinen Werkzeug reduziert wird.

Vom größten Teil der Bevölkerung wird heute die Anwendung der Gentechnik unabhängig von Nutzen und Risiken aus ethischen Gründen abgelehnt. Ein möglicher Einsatz in der Produktion von Arzneimitteln sowie in der Erforschung von Krankheiten muss vor allem öffentlich diskutiert werden.

Vom Kreidehannes

Von Gertrud Preußer

Mache ich heutzutage einen Spaziergang durch die Dauborner-Eufinger-Gnadenthaler Gemarkung, was früher gar nicht vorkam, finde ich vieles zu berichten. In Feld und Flur hatte damals jeder Dorfbewohner werktags genug zu tun, und im Sonntagsstaat wollte sich kein Landbewohner auch noch feiertags auf den Feldwegen die Schuhe schmutzig machen. Doch die Erinnerung an die originellen Gemarkungsnamen und die Erlebnisse und Abenteuer bei der Feldarbeit sind vergessen. Neulich spazierte ich in Richtung neue ICE-Bahn, um u.a. nachzusehen, ob der Stachelbeerstrauch noch am Waldrand steht, den mein Großvater mit noch einigen anderen alten Johannisbeerstöcken dorthin ausrangiert hatte, vor einhundert Jahren etwa. Ja, und ein dürftiger Stachelbeerstrauch, weil von hohen Buchen umgeben, ist noch vorhanden am „Hohlen Stock" auch „Moorkaut" genannt. Sooft wir dort oben Feldarbeit zu verrichten hatten, erzählte mein Vater die Geschichte von den unverwüstlichen Beerensträuchern. Bereits als kleines Kind durfte man schon mal auf dem Pflugkarren mit ins Feld fahren, damit die Winterblässe verschwände. Es war die Zeit des Weizeneggens, und außerdem mussten die Haferäcker gewalzt werden. Die Fahrt ging durch den „Kleinebrecher Graben" auf die Höhe des „Vogelherdes." „Alleweil däfste aach emol en de Wald gi, owwä nit zou weit, sost komme di Wille Seu. Un gäb ocht, des de Kreirehannes deisch nit kräit!" ermahnte mich der Vater. Mutig spazierte ich strack aus zum nahen Wald. Vorsichtig betrat ich den Waldrand, der mit niedrigem Kieferngehölz, Weidenbüschen und Brombeerhecken umrandet ist. Noch heute stehen sie dort in kleineren und größeren Kauten. „Kuckuck! Kuckuck!" riefs fast ununterbrochen aus dem Wald. Sein Ruf, den man im Dorf nie hört, nahm mir auch die Angst vor Wilden Säuen und dem Kreidehannes. Der Ruf des Kuckucks ist noch immer etwas Besonderes, denn Dauborn liegt zu weit weg vom Wald. Gleichzeitig fand ich noch fünf Maikäfer von den herunterhängenden Buchenästen. Aber wohin damit? Schnell in den Schürzensäckel gestopft und das Schnupftuch über die Krabbelmänner. Wie hatte ich auch nur das extra mit Luftlöchern versehene Zigarrenkistchen auf dem Holzklotz daheim stehen lassen können. „Dann auch gut!" dachte ich und sah hinter einem Weidenbusch einen See in der Sonne schimmern wunderschön. Dabei war es nur eine etwas größere Kaute, die mit Wasser angefüllt war. Aber da war was los! Auf dem See liefen Spinnen auf der Wasseroberfläche so flink wie Schlittschuhläufer auf dem Eis. Darunter schwammen Molche wie kleine Krokodile mit und ohne Kamm auf dem Rücken und kleine Dickköpfe mit Schwänzchen. Ganz am Rande stocherte ich mit einem Stöckchen in den wabbelnden Froscheiern herum, so wie ich im Neesbach hinter der Scheune vom Thedor-Pat gestochert habe. Gleich neben auf einem schlammigen Stein saß ein kleiner Frosch mit feuerrotem Bauch. Das war was Neues. Da musste ich bei meiner großen Schwester daheim nachfragen. Libellen kannte ich ja. Sie gaukelten und glänzten gar prächtig in der Sonne und ließen sich auf dem Schilf und auf dem Vergissmeinnicht-Pisch ganz am Rande nieder. Die blauen Blüten waren viel, viel größer und viel, viel schöner als diejenige auf dem Blumenland daheim im Garten. Die ganze Welt war wie verzaubert hier, und der Kuckuck und die anderen Vögel freuten sich ganz bestimmt ebenso über den warmen Maientag mit seinem ganz gewürzigen Waldesduft. Doch auf einmal, o Schreck, ertönten drei ganz laute Schreie mit einer heiseren Stimme: „Kräisch! Kräisch! Kräisch!" Ujee, was war das? Jäh wurde ich aufgeschreckt. War ich zu weit in den Wald gegangen? „Kräi disch! Kräi disch!" hörte ich es noch näher rufen." „Das war der Kreidehannes, dä will misch fange!" So schnell wie der Wind nahm ich die Beine auf den Buckel und war froh, dreimal froh, oben am Waldrand angekommen zu sein, die Haa- und Hoiterim-Rufe meines Vaters zu hören — ihn dann zu sehen, wie er auf der Holzwalze stehend mit der Rosa auf dem Haferstück hin und her fuhr. „Su, noch zwamol hi un hä, da trenke mä Kaffee. Hoste aach de Kreirehannes gesäi"? fragte er lachend beim Umkehren auf der Gewannne. „Gesäi nit — owwä gehiät hon eischn — ujee, ujee!" antwortete ich mit ganz rotem Kopf und

außer Atem. Mir war ein Stein vom Herzen gefallen, dem Kreidehannes doch noch entkommen zu sein. An die „Wille Seu" hatte ich schon nicht mehr gedacht – wenn die auch noch gegrunzt hätten. Dafür befreiten sich die Maikäfer aus ihrer unbequemen Gefangenschaft. „No daa, Maikeefä fliisch! Jä urowische Geselle." Beim Kaffeetrinken auf dem Pflugkarrensitzbrett erzählte mir mein Vater, dass dort oben einst weiße Erde als Ton gegraben worden wäre. Aus dieser Tonerde stelle der Töpfer Schüsseln und Teller her. Und die schrecklichen Schreie müssten wohl doch vom Waldvogel Markloff gekommen sein.
Nach Albert Dombachs mündlicher Überlieferung hat unterhalb des „Klöstner Weg" nahe der Widderbach einst eine Töpferei bestanden.

Beim gegenwärtigen Schnellbahnbau wird der Gemarkungsteil „Vogelherd" durchschnitten, und es tritt hier eine sehr feine weiß-hellgraue Tonerde zu Tage. Ich habe mir einen Klumpen mitgenommen und will versuchen, daraus ein Schüsselchen zu formen – zur Erinnerung an den Kreidehannes.

HERBSTLANDSCHAFT ZWISCHEN ODERSBACH UND WIRBELAU

Foto: Walter Kurz

Der Ahlbacher Wald
Von Josef Schmidt

Nie pirscht ein Jäger im Ahlbacher Wald,
Nie rauscht es dort in den Zweigen;
Kein Vogelgesang, kein Hifthorn erschallt,
Es herrscht dort stets feierlich Schweigen.
Auch sah auf duftigem Rasen
Man Reh und Hirsche nie grasen.
Selbst „Reinecke" scheint den Wald zu verschmähn,
Und „Klausner", der Dachs, ward nie dort gesehn.

Einst hatte die Elster ihr Nest dort gebaut,
In alten verflossenen Zeiten.
Doch als dies der Schulze das Dorfes geschaut,
da fürchtet er schlimmes Bedeuten,
Weshalb er dem kecksten Buben beholfen
das Unheil verkünde Nest ihm zu holen.
Wodurch er ein grausames Schicksal bezwang,
Doch leider verscheucht er den Vogelgesang.

Solz prangt der Wald im üppigsten Grün,
Stolz blickt er über die Auen,
und weit aus der Ferne der Wanderer ihn
In herrlichem Schmucke kann schauen.
Es ruht sich so köstlich im Schatten
Des Waldes auf duftenden Matten,
Wenn säuselnde Lüfte labend umwehn
das schlummernde Haupt auf sonnigen Höhn.

Verscheuchte wohl Zauber das Wild aus dem Wald?
Entfloh es vor Riesen - vor Zwergen?
Zu licht ist der Wald für Zaubergestalt,
Kann Riesen und Räuber nicht bergen!
Er hat nicht Gebüsch noch Hecken,
Kann sich kein Häschen verstecken:
Der Ahlbacher Wald auf sonnigem Raum
Ist ne einzelne Linde, ein einziger Baum.

Ein Baum macht noch keinen Wald, aber es ist ein Anfang.

Schon seit Jahrhunderten existiert in der Gemarkung Ahlbach kein Wald. Bei der Vermessung im Jahre 1833 - 1836 weisen nur zwei Gemarkungsnamen auf frühere kleine Waldbestände hin. Der Boden der Gemarkung Ahlbach ist so fruchtbar, dass landschaftliche Nutzung geboten schien.

Um die Jahrhundertwende 1900 tauchte das Gedicht „Ahlbacher Wald" auf. Es ist nicht bekannt, wer es verfasst hat. Möglicherweise war es ein Lehrer. Vielleicht hat sich der Verfasser nicht zu erkennen gegeben, weil er von der Bevölkerung kein Verständnis erwartete. Die Ahlbacher wurden nämlich schon lange wegen des fehlenden Waldes und des vielen Pachtlandes gehänselt. Noch 1900 waren die Bauern nicht einmal Eigentümer der Hälfte des Landes. Der größte Teil des guten Bodens war Eigentum des Adels und der Klöster. Jetzt wird aber das Gedicht gern mit verschmitztem Lächeln gelesen. Seit einigen Jahren hat sich in der Nähe des früheren Standorts wieder ein einzelner Baum entwickelt, der schon weithin sichtbar ist. Außerdem sind die Anpflanzungen der letzten Jahrzehnte sehr gut gewachsen. So ist Ahlbach ein Dorf im Grünen geworden.

AUS ALTEN SCHRÄNKEN ENTSTEHEN AHLBACHS EINSTIGE SCHMUCKSTÜCKE EN MINIATURE

WENDELIN WEISSER BAUT HEIMISCHE FACHWERKHÄUSER ALS KLEINE ORIGINALE

VON BERND KEXEL

Was tut ein Mann an der Schwelle zum Ruhestand? Er sucht Beschäftigung, ein Hobby muss her, so dachte auch Wendelin Weisser aus Ahlbach, als er vor rund zehn Jahren seinen Anstreicherkittel an den Nagel hängte.

Der eine kauft sich einen Hund und macht ausgedehnte Spaziergänge. Einen Vierbeiner gab es aber bereits in der Familie. Es musste also etwas anderes sein. Also baute der passionierte Ahlbacher Bürger für die Enkelkinder Bauernhof und Puppenstube. Nach wenigen Monaten waren diese Projekte beendet. Und nun? Bei seinen Rundgängen durch das Dorf kam ihm dann bald eine Idee, die ihn auch heute noch leidenschaftlich beschäftigt. Viele der Fachwerkhäuser im alten Ortskern waren im Laufe der Jahre verschwunden, andere modernisiert und als solche nicht mehr zu erkennen. Sie wollte er nachbilden, wie er es mit Bauernhof und Puppenstube getan hatte. Nun aber originalgetreu.

„Kein Balken darf fehlen, Sie können sich überzeugen", so erklärt er Landrat Dr. Manfred Fluck, der ihn in seiner Werkstatt besuchte. Oft ist nur ein alter vergilbter Fotoausschnitt von einem Haus erhalten, der ihm als Bauplan dient. Der Vergleich verblüfft. Greifbar, begreifbar, plastisch steht ein Gebäude vor dem Betrachter. Darin besteht für Weisser die Faszination seiner Bauwerke. Sie sind mehr als nur eine Abbildung, Foto, Zeichnung oder Gemälde. Sie sind wahrhaftige Miniaturen der einstigen Originale.

Von Wendelin Weisser (rechts) ließ sich Landrat Dr. Manfred Fluck dessen Darstellung historischer Gebäude von Ahlbach erklären.
Foto: Kexel

Besonders beeindruckend wirkt das ehemalige Posthaus von Ahlbach, das aus dem 16. Jahrhundert stammt. Etwa 1965 wurde es abgebaut, viele Jahre lang gelagert und dann wieder aufgebaut. Nicht in Ahlbach, sondern im Hessenpark in Neu-Anspach. Dort hat Weisser das ehemalige Ahlbacher Fachwerkhaus besucht und eingehend fotografiert. Zuhause entstand dann in wochenlanger Geduldsarbeit der Nachbau im Kleinen – originalgetreu, versteht sich. Die Balken schneidet er aus Brettern zurecht. Aus den Sperrholzplatten alter Kleiderschränke entstehen die Gefache. Aus steifem Pappkarton fertigt er die „schieferne" Dacheindeckung. Über 3 000 solcher Dachschiefer hat er allein für das Posthaus zurechtgeschnitten und einzeln aufgeklebt. Die Haustür besticht durch ihre originalgetreuen geschnitzten Verzierungen.

Rekonstruiert hat der handwerklich begabte Bauherr auch die erste Kapelle von Ahlbach. Sie stammt aus dem 12. Jahrhundert. Bekannt ist lediglich ihr romanischer Grundriss. Aus einer textlichen Beschreibung und an Hand von Fotos der Nachfolgekirche, die eine Erweiterung der einstigen Kapelle war, entstand das kleine Bauwerk mit Dachreiter und gerundetem Chor.

Auch sein eigenes Wohnhaus mit Stall und Scheune, die schon lange nicht mehr existieren, steht als Modell zur Verfügung. Es handelt sich dabei um den ehemaligen Nonnenhof von 1671. Im Jahre 1818 zogen die Hadamarer Schwestern dort aus und das Gebäude diente nachfolgend profanen Zwecken. Das ausgefallene Hobby des 70-Jährigen erscheint auch der örtlichen Schulleitung so interessant, dass er in den Wintermonaten in der Grundschule seine Handwerkskunst den Schülerinnen und Schülern vermittelt.

Beim Abschied aus der Werkstatt entdeckt Dr. Fluck noch einen freien Platz auf der Werkbank. „Der wird schon bald wieder belegt sein mit kleinen Balken und Brettchen", gibt Weisser zu verstehen, denn er hat noch viele alte Ahlbacher Fachwerkhäuser im Hinterkopf. Doch langsam wird der Raum zu klein. Ein kleines Dorfmuseum wäre da genau das Richtige, meint Weisser. Und an die Renovierung eines alten Hauses für diesen Zweck würde er sich mit Gleichgesinnten wagen, sagt er.

Die Langhecke als Schlupfwinkel

Dort versteckten sich die Spitzbuben früher mit Vorliebe

Von A. Welker

Am 4. Oktober 1773 war in Usingen der Franziscus-Markt in gewohnter Weise gehalten worden. Am nächsten Tag sollte der Markt in Weilmünster stattfinden. Drei Krämer aus dem Oberamt Idstein machten sich deshalb am Abend von Usingen aus auf den Weg nach Weilmünster. Während der eine von ihnen seine Waren auf einem Karren beförderte, der mit einem Pferd bespannt war, führten die zwei anderen drei hochbeladene Packesel mit sich. 26 Sorten geblümter Zitz, Baumwolle, schwarz- und weißgeblümt, Borden von allen Farben, türkischer Flanell, Etamin, seidene Halstücher, baumwollene Weibertücher, Manns- und Weiberkappen, Moslins, weiße Weiberhalstücher, Schnürwaren, Kammertuch, Hanauer Kappen, holländische Spitzen, ostindische Sacktücher, lederne Knieriemen, Aachener Tabakdosen, Hemdenknöpfe, silberne Ringe, sächsisch-blaue Mädchenstrümpfe und preußisch-blaue Bubenstrümpfe, gewässertes und ungewässertes blaues und schwarzes Seidenband und andere Waren hatten sie wohl verpackt darauf geladen. Es war stockfinster, als sie sich hinter Wilhelmsdorf auf der öffentlichen Straße nach Heinzenberg befanden.

Plötzlich wurden sie von etwa einem Dutzend Spitzbuben angefallen, hart verwundet und ihnen alle mitgeführten Waren geraubt, die insgesamt über 1 500 Gulden Wert gehabt haben sollen. Die Räuber entkamen unerkannt. Nur drei konnten von den Ausgerauten beschrieben werden. Der Anführer war hoch gewachsen und hatte das Ansehen eines ehrlichen Mannes. Er trug einen kleinen Hut nach der neuesten Mode, eine weißgraue Perücke auf dem Kopf, einen blauen tuchenen Frack, Hosen von schwarzem Calemanque und eine ebensolche Weste. Er hatte eine Muskete bei sich und versetzte dem einen Krämer einen Streifschuss am rechten Arm. Die beiden anderen Räuber waren offenbar die Gebrüder Bürstenphilipp.

Der eine war schon auf der Galeere und hatte den Vornamen Johannes. Der alte Bürstenphilipp aber hatte in Diez am Galgen geendet. Sie zogen im Lande als Spielleute umher. Auf dem letzten Niclas-Dernbacher Markt hatten sie musiziert und sich dann in der Langenhecke längere Zeit aufgehalten. Eine Woche danach spielten sie auf dem Dauborner Markt, und zwar strich der eine den Brummbass und der andere fiedelte. Johannes hatte ein dickes, breites Gesicht und schwarzes, geschnittenes Haar, während der andere schmal von Gesicht war und ein geflochtenes Haarzöpfchen trug.

Die dunklen Wälder rund um Langhecke boten ideale Versteckmöglichkeiten.
Abbildung von Klaus Panzner aus: Wir im Bild

Nun wurde wieder einmal die Runkelische „Lange Hecke" als Schlupfwinkel der Räuber genannt. Die Runkeler Regierung war schon oft von Kur-Mainz und Kur-Trier bedrängt worden, doch endlich in der „Langen Hecke" gründliche Durchsuchungen vorzunehmen. Dorthin flüchteten angeblich von allen Seiten die Räuber und Diebe, weil sie sich dort verborgen halten könnten. Nunmehr trafen förmliche Ersuchen zu diesem Zwecke ein. Das Fürstlich-Nassau-Saarbrücken-Usingische Peinliche Gericht in Wiesbaden, die Fürstlich-Nassau-Saarbrückische Landesregierung in Wiesbaden, die Fürstlich-Oranien-Nassauische Landesregierung in Dillenburg, die Nassau-Weilburgische Regierung und das benachbarte Kur-Trierische Amt in Limburg warteten nun mit direktem Ersuchen auf. Alle machten der Runkeler Regierung den mehr oder weniger versteckten Vorwurf der Säumigkeit.

Nun musste etwas geschehen, um das vagierende Diebs- und Raubgesindel in dem bequemen Schlupfwinkel Langhecke aufzustöbern. Am 23. November 1773 machte sich der Leutnant Anton Hauzel mit 30 Mann Grenadieren, einem Unteroffizier und dem Amtsboten Hild auf den Weg nach der Langhecke und durchstreifte dort die ganze Gegend. Er ließ den Niclas-Dernbacher Hof samt der Aumenauer Mahl- und Schlagmühle durchsuchen. Dann rückte er in die Langhecke ein, besetzte alle Zugänge des Dorfes und ließ Haus für Haus visitieren. Darauf marschierte er mit seiner Mannschaft durch den Oberbrecher Wald in die Weinbach, ließ dort das Haus des Bürgers Lang, die Mühle und zwei Berghütten durchsuchen. Niemand wurde dort angetroffen.

Aus der Weinbach marschierte er nach Blessenbach, wo er am späten Abend ankam. Die Hälfte des Kommandos übernachtete in Blessenbach und der Rest in Eschbach. Am nächsten Tage vereinigten sich die beiden Abteilungen in Wolfenhausen. Dann wurden sämtliche Mühlen im ganzen Münsterer Grund durchgekämmt, aber kein fremder Mensch angetroffen. Darauf tat er so, als ob die gesamte Mannschaft nunmehr abrücken wolle. Ein Unteroffizier mit 15 Grenadieren kehrte jedoch zurück und durchsuchte nochmals die Weinbach nebst dem gesamten Dorf Langhecke. Auch diesmal wurde nichts Verdächtiges gefunden.

Am 4. Februar 1774 erschien in Runkel der Händler Peter Kohl aus Neuhof, dem bei dem Überfall im Oktober der größte Schaden zugefügt worden war. Er brachte ein Schreiben des Kur-Trierischen Amtes in Limburg, woraus hervorging, ein Teil der ihm geraubten Waren solle sich in der Langen Hecke befinden. In des Wetzstein-Krämers Haus sei die Ware unter dem Boden versteckt. Der Leutnant Hauzel erhielt den Auftrag, den Polizeidiener Jung nebst genugsamer Mannschaft zu beordern und im Beisein des fremden Beschädigten unter Beistand des Amts-Schultheißen Hepp von Weyer das Haus in der Langhecke scharf zu besehen, den angezeigten Ort zu visitieren und, wenn sich dort etwas befinde, solches aufzuzeichnen und nebst allen Einwohnern des Hauses nach Runkel zu schaffen und für die Aufsicht über das Haus inzwischen Vorkehrung zu machen. Die eingehende Untersuchung wurde unter Aufsicht des Amtsschultheißen Hepp von Weyer und im Beisein des Geschädigten Kohl durch einen Unteroffizier und zehn Grenadiere vorgenommen. Der Fußboden wurde durchbrochen und jeder Hohlraum durchsucht. Sie brachte wieder kein Ergebnis. Wer die entstandenen Kosten, die pro Mann 20 Kreuzer, also insgesamt 2 Taler und 40 Kreuzer, ausmachten, zu zahlen hatte, stand dahin.

Wenn nun auch der fremde Krämer von der ihm in Runkel gelieferten prompten Justiz nicht anders als rühmlich an End und Orten erzählen konnte, so war es doch bedenklich, dass seither Mainz, Trier und Nassau gleichsam zusammen einverständig den Runkeler Teil der Langenhecke zum Hauptsitz des bisherigen Raubens und Stehlens in der ganzen Gegend erklärten und dass dies von Kur-Trier sogar zum Oberrheinischen Kreistag zur Beratung gebracht worden war. Deshalb hielt man es für nötig, dass diejenigen Einwohner, die das Gerücht aufgebracht hatten, das geraubte Gut sei in dem Hause des Wetzsteinhändlers verborgen, gezüchtigt werden müssten. Das Gerücht war von dem Schinder-Jakob ausgegangen, der sich seit langem in der Langenhecke aufhielt und mit bürgerlichem Namen Leonhardt Kern hieß. Dieser sollte es dem Niederbrechener Waldschützen Johannes Höhnen erzählt haben, der es wiederum dem Trierischen Amt in Limburg hinterbracht hatte. Der Schinder-Jakob wurde vorgeladen und erklärte, das sei alles nicht wahr; er habe dem Niederbrechener Waldförster nichts erzählt.

Dabei blieb es. Langhecke aber war nach wie vor der Schlupfwinkel derjenigen, die kein reines Gewissen hatten. Dort stießen Wied-Runkel, Nassau-Weilburg, Nassau-Diez, Nassau-Usingen und Kur-Trier zusammen. Der Verbrecher brauchte also nur über einen Grenzbach zu springen und war in Sicherheit. Denn die Häscher des einen Ländchens hatten nicht das Recht im Nachbarland tätig zu werden. So ist es auch verständlich, dass nicht nur der Schinder-Jakob, sondern 30 Jahre später auch der berüchtigte Schinder-Hannes Langhecke zu seinem Aufenthalt wählte, als es ihm langsam an den Kragen ging und er anderwärts nicht mehr sicher war.

Gelassen in die Zukunft blicken…
…mit einem starken Team an der Seite kein Problem!

Alter schützt vor Torheit nicht.

Wenn ich mich vor 20 Jahren nicht hätte beraten lassen, wären meine Familie und ich heute nicht so gut abgesichert. Die Limburger Voba und die Volksbank Goldner Grund kennen sich in Fragen der Zukunftsvorsorge aus. Sehr zu empfehlen!

Das neue Jahrtausend hat gerade erst begonnen.

Welche Veränderungen & Überraschungen mich erwarten, kann heute noch niemand erahnen. Gut zu wissen, dass es bei der Limburger Voba und der Volksbank Goldner Grund Leute gibt, die mich beraten und mir den Stress mit der Kohle abnehmen.

Das Leben ist ganz schön spannend.

Euro, Aktien, Fonds, Dax, Discountbroker, Internet, Inflation. Wie sieht meine Zukunft aus?
Ich bin neugierig - und froh, „da draußen" ein Team zu wissen, dass mich in allen Fällen gut informiert und berät. Mit der Limburger Voba und der Volksbank Goldner Grund macht Entdecken Spaß.

Nur nicht den Überblick verlieren.

Mal ehrlich. Das hier wird doch alles immer komplexer. „Global Player" wohin man schaut. Ich will wissen, was mit meinem hart verdienten Geld passiert - und sicher sein, dass es für mich arbeitet. Das Team der Limburger Voba und der Volksbank Goldner Grund sorgen dafür.

Wir, die Teams der Limburger Volksbank und der Volksbank Goldner Grund stehen seit Jahrzehnten an der Seite unserer Kunden. Wir bieten optimale und „maßgeschneiderte" Lösungen an. Wir sind die Banken mit Kompetenz und Nähe für die Menschen der Region.

 Limburger Volksbank eG & Volksbank Goldner Grund eG

Der Schatzfund auf der Laneburg

Von Heinz Strauß

Als am 15. März 2000 um 9 Uhr das Telefon klingelte und es hieß: sofort auf die Laneburg kommen, war nicht zu ahnen, welch aufregende Stunden bevor standen. Was war geschehen?

Die Laneburg, das Wahrzeichen von Löhnberg, wird seit zwei Jahren umfassend saniert, statisch gesichert und ausgebaut. Im Rahmen dieser Arbeiten wurde ein Team von Burgenforschern beauftragt, eine genaue bauhistorische Untersuchung durchzuführen. Es ging darum, die verschiedenen Bauperioden, Um- und Ausbaustadien in ihrer Chronologie festzuhalten, bevor der aufzubringende Verputz alle Spuren verdecken würde.

In diesem Zusammenhang konnte auch festgestellt werden, dass die Laneburg, wie seit dem späten Mittelalter allgemein üblich, außen verputzt war, wovon sich noch Reste vornehmlich an den älteren Teilen aus dem 14. Jahrhundert erhalten haben.

Zur Sanierung der Mauern waren alle, vor allem die Ende der sechziger Jahre aufgebrachten Zementmörtel zu entfernen, die Fugen im Sandstrahlverfahren zu reinigen und abzuwaschen, um dann unter hohem Druck mit einem dem mittelalterlichen Mörtel nachempfundenen Material flächig verschlossen zu werden.

Da diese Arbeiten zügig voranschritten, war für die Bauhistoriker Eile geboten, und so wurden in den Arbeitspausen der Bauhandwerker gleich die freigestrahlten Flächen untersucht.

Hierbei sah der Kunsthistoriker und Burgenforscher Thomas Starke in einem Loch ähnlich den Rüstholzlöchern, deren es viele an den Mauern der Burg gibt, etwas Wolliges, Stoffliches wie man es in Vogelnestern findet. Um so größer die Überraschung, als es dazwischen silbrig schimmerte! Vorsichtig wurden die Reste des Mörtels entfernt, und es kamen Silbermünzen zum Vorschein.

Nach dem die erste Münze, ein Hildesheimer 24-Marien-Groschen von 1683 geborgen war, fand das eingangs erwähnte Telefonat statt, dem noch etliche mehr folgten.

Nun wurde mit vereinten Kräften begonnen den Münzschatz zu bergen. Der Fundort an der talseitigen Nordost-Mauer des Nordwest-Flügels liegt in etwa in acht Metern Höhe über dem Felshang.

Er war so nur über ein jetzt vorhandenes Gerüst erreichbar. So konnte es schlechterdings nicht möglich sein, dass der Schatz von hier außen in die Mauer gekommen war, er musste wohl irgendwie von innen plaziert worden sein.

Um das nur noch fragmentarisch vorhandene Behältnis, den Sparstrumpf, wohl eine Geld-Katze aus Leinen, besser bergen zu können galt es die Steine rund um das Loch vorsichtig zu entfernen. Trotzdem konnten nur Teile des Leinenbeutels geborgen werden.

Um so größer die Überraschung, dass die Zahl der Münzen, die in kleinen Säulen aufgeschichtet waren, gar kein Ende nehmen wollten.

Waren einige Stücke entnommen und mangels eines anderen Behältnisses auf einem Servier-Tablett ausgebreitet, wurden die interessantesten mit einem Haarpinsel vom Staub befreit, um dann immer wieder überrascht festzustellen, wie gut – manche noch mit Stempelglanz – sich die Silberlinge über 300 Jahre erhalten hatten.

Zu guter Letzt, nach mehr als zweistündiger intensiver Arbeit, waren 211 Silbermünzen geborgen. Das Loch hatte jetzt eine Tiefe von über 50 cm. Nach den entsprechenden, kurz vor dem Fund erstellten Unterlagen, hat die Mauer hier nur eine Dicke von 60 cm. Ein Stoß mit einem Meißel bestätigte dies, das Loch, im Durchmesser von 10 cm, war von innen nur ca. 5 cm mit kleinen Steinen und Mörtel verschlossen gewesen.

Was im Frühjahr nur Vermutung, bestätigte sich im Spätsommer. Bei der Freilegung eines mit dem Schutt von Jahrhunderten verfüllten Raumes, hier wurden viele Glas-, Ton- und Keramik-Scherben aus der Zeit um 1600 bis 1720 gefunden, stieß man auf einen in der Burgmauer liegenden Gang, der zu einem mittelalterlichen Abort führt. Fast keine Überraschung war es dann, dass das Loch, welches den Schatz beherbergte, sich seitlich in 20 cm Höhe über der Sitzfläche befand. Wer immer den Schatz verborgen hat, nutzte seine Sitzungen auf dem stillen Örtchen zweifach.

Die 211 Silbermünzen mit den Resten des Leinensackes Foto: Klaus Birk

Nach dem Presse und Fernsehen ihre Neugierde befriedigt hatten, konnte man in den folgenden Tagen zusammen mit dem bekannten Numismatiker Wolfgang Metzler daran gehen die Münzen zu sichten und eine grobe Aufstellung anzufertigen. Da, wie gesagt, der Erhaltungszustand sehr gut ist, nur einige Stücke hatten am Rande etwas Korrosion, genügte eine Reinigung mit einem feinen Pinsel. Die Mehrzahl der Münzen ist so gut erhalten, dass man davon ausgehen kann, sie waren fast nicht im Umlauf. Nach dieser nur vorläufigen Aufstellung, die Münzen werden von Prof. Dr. Niklot Klüssendorf im Hessischen Landesamt für geschichtliche Landeskunde in Marburg wissenschaftlich bearbeitet, wurde der Schatz in einer halbtägigen Präsentation in der Sparkassenfiliale in Löhnberg dem Publikum zugänglich gemacht.

Nun zu dem Schatz selbst: Ohne hierbei der wissenschaftlichen Auswertung vorgreifen zu wollen ergibt sich folgendes Bild: Es handelt sich bei den 211 Münzen um Taler, Gulden, mehrwertige Groschen und Kreuzer. Der kleinste Münzwert ist ein Sechs-Kreuzer-Stück aus Ungarn von 1669.

Das in damaliger Zeit wohl Hochwertigste ein so genannter Philippstaler mit Prägeort Kampen in Holland von 1664. Der Gesamtwert in damaliger Zeit stellt sich auf ca. 120 Gulden (fl.), den Taler zu 90 und den Gulden zu 60 Kreuzer gerechnet, wobei die Philippstaler in dieser Zeit mit bis zu 120 Kreuzern gerechnet wurden.

Um eine ungefähre Wertvorstellung zu geben, mögen nachstehende Daten dienen: Ein Knecht bekam im Jahr zwölf Gulden, dazu Schuhe und sieben Ellen Tuch. Ein Hilfsprediger 40 Gulden und der Dillenburger Amtskeller 50 Gulden im Jahr.

Der Zeitraum, aus dem die Münzen stammen, reicht von 1557 bis 1687. Wobei die Stücke bis 1659 wohl mehr zufällig in den Schatz gekommen sind, der ab 1662 zielgerichtet zusammengetragen wurde.

Es handelt sich ganz sicher nicht um eine eilig zusammengeraffte Barschaft, die wegen einer unmittelbar drohenden Gefahr versteckt wurde. Dann hätten sich ganz sicher auch Kleinmünzen wie Pfennige, Heller, Batzen oder einzelne Kreuzer dabei befunden, die hier aber ganz fehlen. Die so genannte Schlussmünze, ein Braunschweiger 24-Marien-Groschen, trägt die Jahreszahl 1687. Nach allgemeiner Ansicht ist der Schatz in diesem Jahr oder kurze Zeit später verborgen worden.

Wertmäßig nach dem damaligen Münzfuß ist der Schatz ab 1666 kontinuierlich mit pro Jahr steigenden Summen gebildet worden. In den Jahren 1672 und 1676 erfuhr er mit 12 Gulden p.A. den größten Zuwachs. Hiernach kommen bis 1687 nur noch wenige Stücke hinzu.

Die Herkunft der Münzen ist ein weiteres sehr interessantes Kapitel. Da in dieser Zeit es nicht wie heute erforderlich war, das Geld bei einem Grenzübertritt umzutauschen, der Euro läßt grüßen, es galt immer der Metallwert, konnte man mit Münzen verschiedenster Prägeorte überall in Europa bezahlen.

Im Schatz finden sich Münzen aus sechs Ländern: neben Deutschland auch Frankreich, Holland, Spanien, Tirol und Ungarn. Weiterhin aus 20 Herrschaften wie zum Beispiel Brandenburg, Braunschweig, Hannover, Sachsen und Schlesien.

Daneben sind noch sechs Städte und Bistümer mit Frankfurt, Friedberg, Hildesheim, Mainz, Quwedlinburg und Speier vertreten.

Die historisch für uns bedeutendste Münze, ein Gulden, wurde 1684 in Herborn für den Fürsten Heinrich von Nassau-Dillenburg geprägt. Er war in dieser Zeit Herr der Laneburg!

Sie zeigt auf der Vorderseite ein Brustbild nach rechts und auf der Rückseite das Wappen von Nassau-Katzenelnbogen mit den Feldern:

Die Rückseite des Guldens mit dem Wappen von Nassau-Katzenelenbogen   Foto: Strauß

I   Der Nassauische Löwe
II Der Leopard von Katzenelnbogen
III Das Wappen von Vianden (Luxemburg)
IV Die zwei Leoparden des Wappens von Diez
Die Umschrift lautet:
    HENRIKUS . DC . NASSOV . PRINC
              H X M
    COM . CATTIMEL . VIAND & DIEZ .
              DOMIN . BEILS

Zu Deutsch:
Heinrich von Gottes Gnaden
Fürst zu Nassau
Heinrich Müller (Münzmeister)
Graf von Katzenelnbogen, Vianden & Diez
Herr zu Beilstein

Hier eine kurze Geschichte zu Fürst Heinrich von Nassau-Dillenburg.

Über ihn ist aus der Literatur nur sehr wenig zu erfahren; lediglich in der Münzgeschichte wird einiges über ihn berichtet.

Das Haus Nassau-Dillenburg war 1650 in den erblichen Reichsfürstenstand erhoben worden. Heinrich regierte von 1362 bis 1701, seinem Todesjahr.

Nassau-Dillenburg hatte seit dem späten Mittelalter keine Münzen mehr geprägt.

1681 entschloss man sich zu gemeinschaftlichen Ausprägungen. Unter anderem entstand der berühmte Fünffürstentaler, der die Fürsten geharnischt mit großer Allongeperücke im Hüftbild zeigt. Die Münzstätte war gegen den anfänglichen Widerstand von

Der Nassauische Gulden von 1684, Vorderseite   Foto: Strauß

Fürst Heinrich in Herborn eingerichtet worden. Ab 1682 wurde Heinrich Christian Müller als Münzmeister angestellt.

Gulden oder – wie es auch heißt – 2/3 Taler wurden nur 1684 ausgeprägt!

Später wurde die Münze anscheinend von Fürst Heinrich allein betrieben. Geprägt wurden nur noch Fünfzehnkreuzerstücke. Das Münzsilber bezog man vornehmlich von Dillenburger Juden. Ab 1690 ist dann die Herborner Münze als Hohenlohische Pachtmünze betrieben worden. Hier ist es dann zu Unregelmäßigkeiten gekommen, in dem man aus gutem Geld schlechtes prägte. Fürst Heinrich wurde von den Reichsständen aufgefordert die Prägung einzustellen.

Kurbrandenburgisches Militär besetzte 1694 die Herborner Münze und ließ sie völlig räumen. Fürst Heinrich zu Nassau konnte nur mit Mühe ein Gerichtsverfahren, das gegen ihn angestrengt wurde, abwenden.

Zum Schatz ist sicher die spannendste Frage: „Wer hat das Geld verborgen"? Es muss zum einen jemand gewesen sein, der in größerem Maße Zugang zu Geldumlauf hatte und somit prägefrische Münzen aus dem Verkehr ziehen konnte. Damit kommt kein Bediensteter oder sonstiger einfacher Mann oder Frau in Frage. Zum anderen muss es ein zumindest zeitweiliger Bewohner des Schlosses gewesen sein, denn die Verbergung hat sicher einige Zeit in Anspruch genommen.

Im Schloss gewohnt hat nach Eintragungen im Kirchenbuch und aus anderen Quellen der Amtskeller von Nassau-Dillenburg. Von dem gleichzeitig im zweiherrigen Amt Löhnberg amtierende Keller von Weilburg ist nicht sicher, ob er ebenfalls im Schloss gewohnt hat, da er in dieser Zeit auch Merenberg mitverwaltete. Es scheint eher nicht der Fall gewesen zu sein, obwohl seine Lebensdaten die Vermutung, er sei der Verberger, in den Bereich des Möglichen bringen. Nassau-Weilburger Keller war in der Zeit von 1685 bis 1708 Christoph Gabriel Weigang, der 1708 gestorben ist.

Nassau-Dillenburger (Diezer) Keller war von 1683 bis 1709 Johann Philipp Dihler, der dieses Amt in der Nachfolge wohl seines Vaters Johann Dihler (1661 - 1682) angetreten hat. Er starb, wie im Kirchenbuch steht: „den 23. September 1723, gewesener Amtskeller zu Löhnberg".

Von Joh. Phil. Dihler ist in den alten Unterlagen zu lesen, dass er ritterschaftliche Güter in Löhnberg besessen hat, von denen nach seinem Tode noch Rittersteuer zu zahlen war. Am 11. November 1708 richtete Joh. Phil. Dihler in Löhnberg eine Armenstiftung ein. Er muss auf jeden Fall ein vermögender Mann gewesen sein; ob er der Verberger?

Der damalige Pächter der Löhnberger Hütte, Kammermeister Ravenschlag, wohnte seit 1671 im Schloss. Sein Pachtvertrag wurde am 1. Februar 1684 von Nassau-Diez aufgekündigt, und die Gräfin Albertine von Diez ließ zusammen mit dem Grafen Moritz von Solms-Greifenstein die Hütte durch den Diezschen (Dillenburger) Amtskeller Joh. Phil. Dihler verwalten.

Es findet sich kein Hinweis, dass Ravenschlag 1687, als der Schatz verborgen wurde, noch im Schloss wohnte. Auch das Warum liegt im Dunkel der Geschichte. Da der Schatz in seiner Zusammensetzung – wie oben gesagt – nicht auf eine schnelle Verbergung wegen einer unmittelbar drohenden Gefahr schließen lässt, sondern auf eine über viele Jahre hinweg zusammengestellte Barschaft hochwertiger Münze darstellt, muss der Grund ein anderer gewesen sein.

Obwohl die Zeiten in den achtziger Jahren des 17. Jahrhunderts kriegerisch und unruhig waren, ist keine direkte Gefahr für Gut und Leben in Löhnberg auszumachen. Zwar berührten die Raubkriege Ludwig des XIV. seit 1672 auch die Lahngegend: Am 4. Juni 1673 stand eine französische Vorhut unter General Viller vor Weilburg, verlangte und erhielt 400 Reichstaler, das sind 600 Gulden Kriegskontribution, bevor sie über Löhnberg nach Gießen abzogen. Auch gab es immer wieder Einquartierungen bis in die neunziger Jahre, in denen durch Kotributionszahlungen und schlechte Ernten eine große Geldknappheit herrschte.

Ludwig der XIV. beginnt dann einen neuen Raubkrieg gegen die Pfalz, das Lahngebiet wird aber nur noch durch den Durchzug von Truppen belästigt, was sicher auch nicht erfreulich für Bevölkerung und Obrigkeit war.

So können wir weder die Frage: Wer war es noch das Warum schlüssig beantworten. Beides wird im Dunkel der Geschichte bleiben, es sei denn beim stöbern in alten Unterlagen kommt der Zufall zur Hilfe und bringt das eine oder andere ans Licht. Was sicher ist, der Münzschatz kommt nach der wissenschaftlichen Bearbeitung wieder nach Löhnberg zurück und wird, wenn er ausgestellt ist, die Laneburg zu einem attraktiven Tourismusziel machen!

Schatzkästchen: Schulchronik

Von Dr. Marie-Luise Crone

Als die nassauische Regierung ihre Territorien zu einem Herzogtum durchzuorganisieren begann, wurde auch das Schulwesen mit einbezogen. Am 24. März 1817 trat das Nassauische Schuledikt in Kraft, das fortan schulische Belange regeln sollte. Zwei Jahre später, am 14. August 1819, erschien das „Dekret betr. Die von den Elementarlehrern zu führende Schulchronik", dessen Zweck es sein sollte: „Das Aufzeichnen und Aufbewahren der wichtigsten Ereignisse einer jeden Schule, oder die Verfertigung einer Schulchronik erscheint als belohnend und nützlich. - In derselben würden ohne besondere Bemerkungen die Veränderungen mit den Lehrern und ihren kurzen Biographien, die halbjährige Anzahl der Schulkinder nach den Classen, dem Geschlecht und der Confession, die Zahl der Neuangetrethenen und Abgegangenen, die Zeit und Art der Schulprüfungen und der Schulfeierlichkeiten, die Veränderungen der Schulinspectoren und des Schulvorstandes, der Schulbesoldung, der zur Schule gehörigen Grundstücke, des Hauses, sowie die wichtigsten Ereignisse des Vaterlandes und der Gemeinde, welche auf das Schulwesen einen Einfluß haben, kurz aufgezeichnet.

Wo mehrere Lehrer angestellt sind, führt jedesmal der Älteste diese Schulchronik, welche mit Nachhohlen der bekannten früheren Geschichte vor der neuen Oganisation beginnt. Sie (= Schulinspektor) werden für jede Schule ein besonders Buch von vier Buch Schreibpapier in Folio auf den zur Anschaffung von Schulbedürfnißen bestimmten Credit anschaffen und bey Ihren Schulvisitationen jedesmal nachlesen, daß diese Schulchronik richtig geführt werde".

Mit der Abschrift der Anweisung Num. Reg. 22,061 beginnen in der Regel die Schulchroniken. Die Lehrer kamen dieser Dienstpflicht nach und tun dies bis heute. Dabei zeigt sich,

Die selbst gefertigten Lineale und Schreibgriffel aus dem 19. Jahrhundert wurden in der Obertiefenbacher Schule gefunden.

Planung • Montage • Betreuung und Wartung
von Anlagen im 24-Stunden-Service

Die Firma Klum wurde im Jahre 1962 von Horst Klum gegründet.
Der Hauptsitz befindet sich seit 1974 in Bad Camberg.

• Heizung • Lüftung • Sanitär
• Klima- und Solartechnik

Individualbedarf und Großprojekte
Private Projekte • Bauvorhaben von Kommunen,
Kreis und Land • Wohnanlagen • Einkaufszentren
Bürogebäude • Industrieanlagen

Hauptsitz	Liebigstraße 4 • 65520 Bad Camberg	
	Telefon 0 64 34 / 2 04-0	
NL Erfurt	Am Teiche 2 • 99195 Erfurt-Stotternheim	
	Telefon 03 62 04 / 5 41-0	
NL Runkel	Großmannswiese 1 • 65594 Runkel-Ennerich	
	Telefon 0 64 31 / 99 00-0	

dass das Augenmerk jedes Chronisten unterschiedlich ausgerichtet ist. Der eine schenkte politischen Ereignissen größere Aufmerksamkeit, ein anderer protokollierte kirchliche Begebenheiten. Mancher offenbarte seine Liebe zur Natur und notierte über Jahre hinaus die „Witterung und Eigenschaften des Jahres". Ein Beispiel sei für die in den vierziger Jahren des letzten Jahrhunderts für die Bevölkerung so katastrophal sich auswirkende Missernte bei den Kartoffeln angemerkt: Anno 1846 ... „Der Frühling war in diesem Jahr frühzeitig eingetreten. Mit Ende des Monats April waren alle Wälder mit ihrem lieblichen Grün geschmückt, und die Gartenbäume dufteten im vollen Blütenduft. Der Sommer war heiß und trocken, selten Regen. Daher war die Erndte früher wie gewöhnlich. Um Jakobis waren schon die Winterfrüchte geschnitten und gegen Mitte des August auch schon die Sommerfrüchte eingeerndet. Allein die Erndte fiel leider besonders des Korns in Hinsicht der Qualität schlecht aus. Vom Futter wurden 6 höchstens 8 Sämmer Körner gewonnen. Die Ursache hieran waren wahrscheinlich die durch den in der Blüthezeit zu viel gefallenen Honigthau erzeugten Rostflecken, die an den Aehren überall bemerkbar wurden.

Auch die Kartoffel (sic) wurden wieder an einem Ort mehr an anderm weniger mit der vorjährigen Krankheit befallen, so daß die Erndte derselben wieder gering ausfiel. Durch diese Mißerndte wurde in diesem Jahr aber noch mehr im Anfang 1847 eine große Noth und Theurung erzeugt.

Der Flachs war total verdorben. Kein Obst."

Dagegen merkt man den Aufzeichnungen sogleich an, wenn ein Chronist nur ungern dieser Aufgabe nachkam. In diesem Fall ist nur ein Gerippe an Fakten festgehalten: die Zahl der Schüler, Entlassungen und Aufnahmen, Daten der Prüfungen, Schuljahresbeginn und Ende, Einstellung und Abgang von Lehrern. Einige begnügten sich mit der stereotypen Wiederholung von Pflichtübungen wie der Feier des Geburtstages des jeweiligen Landesherrn: „Der Geburtstag Seiner Majestät unsers Kaisers wurde von den 3 Klassen hiesiger Schule in angemessener Weise gefeiert, jeder Schüler erhielt 2 Weck."

Oftmals aber bergen die Schulchroniken viele Informationen, die sich genau an die im Dekret gemachten Vorgaben halten und noch darüber hinausgehen: Auswanderungen von Personen oder Familien; Epidemien, Unglücksfälle oder Verbrechen; Wahl, Absetzung oder Tod des Schultheißen; Begrüßung, Verabschiedung oder Tod des Ortspfarrers, seines Kaplans oder des Lehrers; Ordensleute oder Priester, die aus der Gemeinde hervorgingen; Bautätigkeiten und dadurch bedingte Veränderungen im Ortsbild; Gefallene der Kriege und die Kriegsbeeinträchtigungen direkt vor Ort.

Für viele Fragen, die sich beim Erstellen der zurzeit sehr beliebten Ortschroniken ergeben, sind Schulchroniken daher eine äußerst wertvolle und letztlich nicht zu ersetzende Primärquelle für die Lokalgeschichte besonders des 19. Jahrhunderts. Ihre Bedeutung gewinnt immer dann, wenn die Pfarrchronik, was nur zu oft der Fall ist, selbst bei Kirchen in eigenen Belangen wenig oder ungenau berichtet. Dem oben zitierten Erlass folgte am 12. August 1820 eine Ergänzung (Num. Reg. 21,036), da bei einigen Lehrern Unsicherheiten über die Abfassung der Chronik bestanden hatten. Aber sicherlich sollten nicht nur Zweifel aufgehoben werden, denn die Ausführungen enthielten eine Reihe von neuen Ergänzungen: „Da mit dem höchsten Edikt v. 24. Merz 1817 für die Schulen im Herzogthum Nassau eine neue denkwürdige Epoche der Schulen begonnen hat, so macht eine treue Beschreibung der Schule, wie sie vor den neuen, in Gemäßheit jenes Edikts erfolgten Organisationen beschaffen war, die Einleitung zur eigentlichen Chronik, welche mit dieser neuen Epoche beginnt. Diese Einleitung wird daher die Nachrichten über die erste Gründung der Schule, die Erbauung eines Schulhauses, Anstellung des ersten Lehrers, deren Besoldung usw. so weit sich dergleichen zuverläßigen oder auch nur in Ueberlieferung vorfinden, erhalten. Die zum besten der Schulen gemachten Stiftungen und sonstige Besoldungsstücke, die die Schullehrer genoßen, werden angeführt. Die Hauptveränderungen, die sich mit den Lehrern, dem Schulhause, der Besoldung zugetragen, und selbst die merkwürdigen Veränderungen mit und in der Gemeinde werden bemerkt, vorzüglich, wenn sie auf den Zustand der Schule einen bemerkenswerten Einfluß gehabt haben.

Es ist sehr wünschenswerth, daß hierbei die Herren Pfarrer, die Schultheißen und andere mit der Geschichte der Gemeinde bekannte Männer, vorzüglich die Aeltesten in der Gemeinde mit Nachrichten, die sie in den Kir-

Der **Strom** für eine bessere **Umwelt**.

Wasser ist Leben. Wasser ist Energie. Natürliche Energie für heute und morgen.

MainPower *Natur* bietet Ihnen zertifizierten Ökostrom aus der Wasserkraft der Lahn.

Vergleichen Sie selbst: MainPower *Natur* gehört zu den günstigsten Öko-Strom-Angeboten in Hessen und Rheinland-Pfalz. Und dabei investieren Sie sogar 5 Pf/kWh (+ MwSt.) in die Förderung von natürlicher Energie.

Werden Sie unser Umweltpartner: Mit Ihrer Hilfe bauen wir neue umweltfreundliche Stromerzeugungsanlagen in unserer Region. Eine Investition, die sich lohnt – für unsere Zukunft.

Mehr Infos über die pure Energie aus der Natur bekommen Sie unter www.main-kraftwerke.de oder an unserem Kundentelefon 01 80 - 3 73 83 93 (18 Pf/Min.).

Main-Kraftwerke. Mehr als Energie.

**MainPower *Natur*.
Pure Energie für die Zukunft.**

chen- oder Gemeinde-Büchern od. in der Tradition finden, an Handen gehen.

Auch ist eine kurze Beschreibung der inneren Einrichtung des Schulzimmers, dann des Unterrichts mit Anführung der Lehrgegenstände, der Lehrbücher u. den Lehrmethoden, so wie der Stunden, welche im Sommer u. Winter zum Unterrichten verwendet worden sind, beizufügen, u. der Ertrag dieses Unterfangens, nämlich, ob viele, ob wenige Kinder, wenn sie im 12te, 13te od. 14te Jahre aus der Schule treten, Lesen, Schreiben, Rechnen, Religion u.s.w. gelernt hatten, zu bemerken.

Sie wollen durch die Orstvorstände der Schullehrer aufgebe diese Einleitung vorerst zu entwerfen, und Ihnen zur Einsicht vorzulegen, sodann, wenn die etwa von Ihnen angeordneten Verbesserungen geschehen sind, in das Chronikbuch einzutragen.

Sollten später hier noch zuverläßige Nachrichten über den Ursprung, oder die früheren Veränderungen der Schule entdeckt werden, so werden dieselben mit Anführung der Quelle, woraus sie geschöpft sind, in das Jahr aufgenommen, wo sie bekannt geworden sind, da in der Chronik bekanntermaßen jedes Jahr einen eigenen Zeitabschnitt macht."

Erst im Anschluss an diese Einleitung sollte die kontinuierliche Aufzeichnung der eigentlichen Schulchronik folgen. Die intendierte Absicht dieses Rückblicks liegt klar auf der Hand. Sie sollte die aus nassauischer Sicht positiven Veränderungen gegenüber vergangener Zeiten verdeutlichen. Der genauen Befolgung dieser Anweisung durch die Elementarlehrer verdanken wir heute einen oftmals guten Überblick für das Schulwesen im 18. Jahrhundert. Dennoch sollte man versuchen, wenn immer es möglich ist, die für diesen Zeitraum gemachten Daten zu überprüfen, denn das menschliche Gedächtnis irrt nur zu leicht. Ungeachtet dieser Einschränkung lässt sich mit dem Dekret gerade heute noch sagen, die „Verfertigung einer Schulchronik erscheint als belohnend und nützlich."

Lassen Sie sich entführen...
ins Landhaus Schaaf, eine Idylle der Gastlichkeit.

Landhaus Schaaf

Hotel
Restaurant
Partyservice
Tagungen

Festlichkeiten
Biergarten
Kegelbahn
Metzgerei

Mitglied der Kooperation Hessen à la carte
Landhaus Schaaf, Oberstraße 15, 65594 Runkel-Schadeck
Tel.: 06482/2980, Fax: 06482/29820
Inhaber: Karin und Klaus Schaaf

Kleines Panorama unseres Angebots:

- Hotel 1995 neu gebaut, 70 Betten, alle Zimmer mit Du/WC
- Farb-TV, Direktwahltelefon und Faxweiche
- Aufzug vorhanden
- Ideal für Tagungen und
- Festlichkeiten bis zu 190 Personen
- Frische Landküche mit Spezialitäten nach Jahreszeit
- Kegelbahn
- Busreisen willkommen, ausreichend Parkplatz vorhanden
- Partyservice, eigene Metzgerei
- Biergarten im Sommer mit Zelt

Kinderspiele

Von Willi Schoth

Es sind nun fast 80 Jahre vergangen und doch sind mir Erinnerungen an die Kindheit, besonders an die Vielfalt der Kinderspiele, so deutlich vor Augen, als sei das alles gestern gewesen.

Die Mühlgasse war ohne Bodenbefestigung. Regnete es, so wurde der Boden zu einer grauen, dicken Schlammschicht. Fuhr ein Wagen hindurch, so hinterließ er im Schlamm zwei tiefe Rillen. Ein Vorteil war, wir Kinder liefen barfuß. So wurden die Schuhe geschont und das Schuhputzen entfiel. Schuhe waren teuer. Wir Kinder besaßen je ein Paar „Genoalde". Derbe Schuhe, deren Sohlen, Spitzen und Absätze mit Eisennägeln und eisernen Blättchen bestückt waren. Die schmutzigen nackten Füße zu reinigen war einfach. Sie wurden unter die Hofpumpe gehalten, der Pumpenschwengel betätigt und schon kam die helle Haut zum Vorschein.

Der einzige befestigte Platz in der Mühlgasse befand sich vor der Bäckerei Schenk unserem Haus schräg gegenüber. Hier war es bei jedem Wetter möglich „Dobb" zu Spielen, also einen Kreisel aus Holz mit einer kleinen Schnurgeisel anzutreiben. Auch „Saalpränge" konnte man dort , d.h. über ein Seil zu springen, indem zwei Kinder ein Seil schwangen und ein drittes mit zwei oder gar einem Bein darüber sprang. Verheddert es sich, so wurden die Rollen getauscht. Es war ein Spiel, das auch alleine möglich war.

Beliebt war auch „Raafschibbele". Bei trockenem Wetter liefen wir mit einem alten eisernen Reifen um die Wette, indem wir ihn mit einem Stock antrieben.

Auch andere Spiele standen an. So das „Verstäsche". Dazu wurde zunächst mit dem Rundspruch derjenige ausgewählt, der die anderen suchen sollte. Wir stellten uns im Kreis auf und zählten ab: „Aans, zwaa, drai, Hingel leed e Ai, Dotter fellt eraus, un dau bäst aus!" Oder: „Ich und du, Müllers Kuh, Müllers Esel, der bist du! Aus bist du noch lange nicht, sag mir erst, wie alt du bist". Dann wurde um die Zahl der genannten Jahre weitergezählt.

Ebenso beliebt war auch „Noolaafe". Auch hier wurde ausgezählt, wer die anderen fangen sollte. Die Gejagten bekamen einen Vorsprung, den sie davonlaufend erreichten, während der Verfolger bis drei zählte. Dann rannte er los. Erwischte er einen, so schlug er ihn ab, d.h. er berührte ihn mit der Hand. Nun musste dieser sein Glück versuchen. Das ging so lange, bis allen die Puste ausging.

Beim „Hickeln" galt es, mit einem Bein durch vorgezeichnete Felder zu hüpfen. Wer auf den Rand eines Feldes trat oder es verfehlte, schied aus. Auch die „Zehnerprobe" war so ein Geschicklichkeitsspiel (mehr für Mädchen). Ein Ball musste zehnmal hintereinander, nur mit dem Oberarm, an die Wand gestoßen werden. Mit Geschicklichkeit hatte auch das „Klickerspille" zu tun. Klicker (Murmeln), kleine, farbige Kugeln aus gebranntem Ton oder aus Glas, mussten von einer festgesetzten Entfernung aus in eine kleine, im Boden ausgehobene Kuhle geworfen oder mit Daumen und Zeigefinger geschossen werden. Dabei galt es, in der Nähe der Kuhle liegen gebliebene Klicker so zu treffen, dass sie in die Kuhle rollten, von wo sie in den Besitz des Schützen übergingen. Ein guter Schütze war an einem Säcklein voller Klicker zu erkennen.

Zum Reigen der Spiele gehörte auch das „Laafe off Stelze". Es gab beim Stelzenlaufen eine Art Stelzenfußball und die Kunst auf einem Stelzenbein zu hickeln. Je höher die Stelzen waren um so schwieriger war es dort hinauf

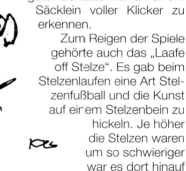

zu kommen; um so größer war auch der Wagemut.

Ein besonderes Vergnügen waren die „Singspiele". Bei einem solchen Spiel bildeten wir einen Kreis, fassten uns bei den Händen, umwanderten ein Kind, das in der Mitte des Kreises saß oder kniete und sangen: „Mariechen saß auf einem Stein, einem Stein, einem Stein. Mariechen saß auf einem Stein, einem Stein". „Mariechen, warum weinest du?" ... „Ei, weil mein Liebster Hochzeit hat ... Da kam der Bruder Karl zu ihr ... und stach Mariechen in das Herz ..." Eine schöne Schauergeschichte. Warum Mariechen daran glauben musste, wusste niemand.

Ein anderes Ringelspiel, bei dem wir uns rüttelten und schüttelten, war das Lied: „Es tanzt ein Bi-Ba-Butzemann in unserm Haus herum. Er rüttelt sich und wirft die Beine hinter sich, wir klatschen in die Hand, wir beide sind verwandt." Ein andermal sangen wir „Häschen in der Grube saß und schlief, saß und schlief. Armes Häschen bist du krank, dass du nicht mehr hüpfen kannst? Häschen hüpf, Häschen hüpf!

Auch stellten wir uns im Kreis auf, hielten die Hände wie eine Schale hinter den Rücken, während eines der Kinder den Kreis mit einem Geldstück (oder einem Ringelein) umwanderte, um es in irgendeine Hand abzulegen. Dabei sang es: Taler, Taler (Ringlein), du musst wandern, von dem einen Ort zum andern. Oh wie herrlich, oh wie schön, ist des Talers Wiedersehn (oder, niemand darf das Ringlein sehn)! Nun rate mal mein liebes Kind, wo der Taler (das Ringlein) sich befindet?" Wer es heraus fand, durfte den Kreis umwandern.

Auch fertigten wir selbst Spielzeug an. So z. B. eine „Schleuder", um damit einen Gegenstand zu treffen. Oder wir schossen mit einer „Zwille", die aus einer Astgabel bestand, an der zwei Gummistränge und eine Lasche befestigt waren, in die hinein das Geschoss, ein Stein oder ein Kern, gelegt wurde. Sie war sehr treffsicher. Noch genauer traf ein „Flitzebogen" (Pfeil und Bogen). Zum „Spatzenfangen" bauten wir eine Falle. Bestehend aus einem Getreidesieb, das mit einem Stöckchen, an dem eine Schnur befestigt war, seitlich hochgehalten wurde. Unter das Sieb streuten wir Getreidekörner und legten uns auf die Lauer. Wagte sich ein Spatz, von denen es damals genügend gab, unter das Sieb, so zogen wir das Stöckchen weg und die Falle klappte zu. Doch die Spatzen sind flinke und kluge Tierchen, sie kamen meistens davon.

Zu unserer Spielzeugherstellung zählten auch „Windräder" aus Pappkarton oder „Weidenpfeifen. Ein Stück Weidenholz wurde so lange beklopft, bis sich die Rinde abstreifen ließ. Oben wurde eine Kerbe in die Rindenröhre eingeschnitten und ein Rundhölzchen, das sich auf und ab bewegen ließ, in den Hohlraum geschoben. Auf so einer Weidenpfeife ließen sich regelrechte Melodien spielen.

Im Herbst wurden „Drachen" gebaut. So ein Drachen ist ein Kunstwerk aus feinen Holzleisten, buntem Papier, Klebstoff aus Mehl und Wasser und Kordel. Da spielten die Anbringung der Querleiste in der richtigen Höhe und die Länge des Drachenschwanzes, versehen mit gefalteten Papierstückchen und der Endquaste, eine wichtige Rolle. Meine Drachenbaukunst führte dazu, dass mein Vater mich spöttisch „Drachenfritz" nannte.

Wurden die Tage kürzer, so kam die Zeit vom „Gluinische Mann". Die dickste Runkelrübe musste herhalten. Aus ihr wurde das Innere herausgeschabt, Augen, Nase und Mund ausgeschnitten und in dem so entstandenen Hohlraum eine Kerze befestigt. Im Dunkeln ging es mit dem schaurigen Gebilde vor die Fenster der Nachbarkinder. „Gluinische Mann, huu, huu, huu!" riefen wir und freuten uns, wenn es drinnen echte oder auch gekünstelte Schreckensschreie gab.

An Fassenacht zogen wir verkleidet als Weesje und Vetterschje von Haus zu Haus und bettelten: „Weesje, gebb meer Fennischje!" oder wir sangen: „Ho,ho,ho, die Fassenoacht ess doo! Schnei merr e Steck vum Schänke,

Zeichnungen: Klaus Gelbhaar

loss die Reppe henke, ho,ho,ho!" Maikäfer wurden gesammelt und in einer Streichholzschachtel auf- bewahrt. Irgendwann ließen wir sie davonfliegen und sangen: „Maikäfer flieg, dein Vater ist im Krieg, deine Mutter ist im Pommerland; Pommerland ist abgebrannt, Maikäfer flieg!"
Ein besonderer Anziehungspunkt war für uns der „Ruitkebbel" (Rutenhügel) in den Wiesen. Die mit bräunlichem Wasser gefüllten Gräben waren zu gegebener Zeit voller Froschlaich, dann voller Kaulquappen, schließlich wimmelte es von zierlichen kleinen Fröschen darin. Wir fingen größere Frösche, trieben mit ihnen allerlei Schabernack und ließen sie um die Wette springen. Als unser Lehrer davon erfuhr, mussten wir zwei Stunden nachsitzen.
Fast in jedem Winter gab es um die Weyers Mühle eine Attraktion. Oberhalb des Wehres trat das Wasser häufig über die Ufer des Elbbaches, überschwemmte die angrenzenden Wiesen, gefror und bildete eine wunderbare Eisbahn. Ein unwiderstehlicher Anziehungspunkt für die Dorfjugend. Auch ich bekam irgendwann Schlittschuhe und brachte das Schlittschuhlaufen zu einer gewissen Perfektion. Konnte ich doch einen Sprung mit halber Drehung vollführen.

Interessant war auch, dass die Schwalben in unserem Stall unter der Decke ein Nest hatten und alle Jahr Gast waren. Ich habe ihnen oft zugesehen, wie sie das alte Nest ausbesserten oder ihre Jungen fütterten. Um den Tierchen, die als Glücksbringer galten, das Ein- und Ausfliegen zu gewährleisten, hatte Großvater eine Scheibe aus dem Stallfenster hergenommen.

Ich habe manches vergessen, aber die nun verklärte Kinderzeit, unsere Spiele, die Nähe zu unseren Haustieren, unserem Pferd Fritz, den Kühen, den Hühnern, den Schweinen und unserem Hund Walli sind mir bis heute in guter Erinnerung.

Wir sorgen dafür, dass unser **Straßennetz** keine Lücken bekommt…

…durch unseren tatkräftigen Einsatz halten wir das ganze Jahr über die Kreisstraßen im Raum Limburg-Weilburg in Stand und sorgen in der kalten Jahreszeit durch den Räum- und Winterdienst für ein sicheres weiterkommen.

W. Schütz GmbH & Co. KG
Zur Quelle 6
35781 Weilburg-Gaudernbach
Tel.: 06471 - 9532-0, Fax: 06471 - 51180

FÜRS POESIEALBUM
VON NORBERT BANDUR

ERINNERUNGEN AN DEINE HEIMAT

Musst du einmal in die Welt hinaus
weit weg von hier,
vergiss nicht deine Heimat
das wünsch ich dir.

Denk an die Kirche
aus grauem Stein,
an Beselich's Kapelle
im Abendsonnenschein.

Denk an den Wald
der's Dörflein umringt,
der Wiesen Grün
das zum Verweilen zwingt.

Denk an Pferde und Kühe
auf fetter Weide,
an Tauben und Spatzen
im Federkleide.

Denk an die Kinder
die mit dir lachten,
an deine Eltern
die nach dir schmachten.

Bei jedem kleinen Mädchen kommt einmal die Zeit, wo es erwartungsvoll mit einem Poesiealbum unter dem Arm bei Gleichaltrigen, Freunden, Bekannten und Verwandten hausieren geht. Natürlich, wie sollte es anders sein, steht es auch irgendwann einmal vor seinem Vater und bittet um einen Eintrag. Zunächst einmal war ich etwas hilflos und blätterte unsicher das Album nach etwas Verwertbarem durch. Nach intensivem Blättern und langen Überlegungen kam ich dann aber zu dem Entschluss, selbst etwas aus der Feder zu zaubern. In Anlehnung an das Klavierstück von Ludwig van Beethoven nannte ich das Gedichtlein damals „Für Nina". Ich bin mir ganz sicher, keinen Beitrag zur Weltliteratur geleistet zu haben. Doch das war auch nicht meine Absicht. Es sollte ein kleines Gedicht fürs Poesiealbum sein: kurz, in einer einfachen Sprache.

Känn son die Woaret
Von Willi Schoth

Vum Klapperstoasch

Det Fritzje freed det Koalldje,
den e färn Dommkobb hellt:
„Waaßte aach, wii dii klaane
Känn komme off dii Welt?"

„De Klapperstoasch, dee brengt se
un manschmol brengt e zwaa."

„No joo", winkt oab det Fritzje,
„doach wii, wii geht doat daa?"

„Bass oacht-. Aa Kindje kräije
Zwaa, däi noar gään sich huu,
un wänn se sich osch gään huu
daa komme Zwilling uu!"

Det Fritzje kann noar staune
un ess ganz aus em Drett:
„Det Laad, reescht hoste Koalldje!
Aisch doocht da wißt doat net!"

Aich sai e Klaa Maadje vum Westerwald

Aich sai e klaa Maadje vum Westerwald-
Mai Mamme hott määr schuu vill verzallt,
hott alles, woat määr noach net bekannt,
määr baigebroocht un mät Noome genannt...

Un woat det allerschiinste ess,
Däi schwetzt un schennt un beet off Platt,
nennt sich net Käthe, sonnern Katt.

Däi hott maich uu dii Brost gedreckt-
Dremm sai aich aach so gout gegleckt.
Aich kann gout schwetze, hään un säih,
kann emmgiih mät derr Leu, mämm Väih.

groad wii mei mamme lach aich gään;
hunn immer Hetz un doun net frään-
Un ess mool ebbes net so gout,
mei Mamme mecht määr werrer Mout!

Un sollt aich selbst mool Mamme wään,
doun aich mai Känn plattschwetze lään,
däß däi, wii mai gout Mamme Katt,
babbele, schenne un beere off platt!

E Wunner

Mai Enkeldje stellt Froohe,
will wässe wii un woat;
dout sich u alles woohe,
rennt neugiärisch␠mär foat!

Will alles gään begraife:
Wuhii dii Wolke giih,
woaremm dii Veeldjer paife
dii Stänn um Himmel stiih?

Aich waaß selbst net mätunner,
woat fär en Antwoat droff.
Dii Welt ess em e Wunner-,
geht nau␠mär selwer off.

Et strabaziät mai Laune-.
Doach douret schleefrich wänn,
schläißt sich det Kännerstaune
änn sainer Aache änn.

Stell rouht's, u maich geschlunge-.
sai Stämmschje schwebt äm Wänd-.
Wii hott mai Häz geklunge:
„Welch Wunner ess e Känd!"

E REMMGEDREEHT

Dii Känn sai ganz versässe
unn hään demm Lährer zou
unn wolle alles wässe,
se halle sogoar Rouh.

De Mensch, dee hett Orgaane
däi wään fär alles gout,
unn Glirrer, gruße Bäijer,
det alles woarre dout.

Dii Gall wär gehe Aijer,
unn fär dii Loft dii Lung,
dii Lewwer gehe Bäijer,
det Häzz geeb allem Schwung!
Dee Lährer zeehlt en Haafe
Baispille off dennoo:
Dii Fuiß, däi wään roum Laafe,
dii Nous zoum Rische doo!

Det Koalldje dout sich melle:
„Wuvuu ess hai dii Reed?
Bai mainem Opa, gelle,
doo ess et remmgedreeht!

Naut stimmt!", ruift e dezwische,
„aich nenn aa Baispill blouß:
Dii Fuiß doun bai dem Rische
unn laafe dout sai Nous!"

Dii Wett

De Schoasch hatt Spaß um Läije,
hott änn derr Schul gewett,
wär rischtisch schroo ze läije,
de beste Ännfall hett,
unn wär de griißte Liiner wär,
dee kreesch en Grosche doodefär.

De Koall hott mätgeluhe,
geluhe wii gedruckt,
wii wänn e offg' zuhe,
hott sich net emmgeguckt.
Wollt mät Gewalt dee Grosche huu
unnmaant, e hettt gewunnw schuu.

Däi Zwaa säihn net Lährer,
dee pletzlich fär en steht:
„Was hör ich?", ruift de Stärer
unn nimmt se änd Gebeet.
Dee hott solang kuijenät däi Zwii,
bäs däi dii Läijerai gestiih.

„Schämt euch in Nausch und Bogen!
Ein Beispiel nehmt an mir!
Ich hab noch nie gelogen,
so wahr ich stehe hier!"
Det Koalldje grinst; doat woar ze oasch:
„Dee kann's, gebb demm de Grosche, Schoasch!"

Der Kirchturm zu Schupbach

Von Gerhard Eller

Blick auf die Schupbacher Kirche
Wie sich der Ort in den vergangenen 50 Jahren ...

Nach umfangreichen Renovierungsmaßnahmen erstrahlt der alte Kirchturm in neuem Glanz und der romanische Baustiel verrät in etwa das wahre Alter. Mit seinen 28 m Höhe weithin sichtbar, hebt er sich deutlich ab vom angrenzenden Kirchengebäude und gibt so dem Dorf ein besonderes Gepräge. Von ihm schreibt der Altertumsforscher Fritz Adolf Schmidt (Hersfeld) in einem 1923 im „Heimatland" (Nr. 8/1923) erschienenen Bericht: „Sein unscheinbares Äußeres birgt so viel Interessantes, dass sich wohl kaum ein nassauischer Kirchturm in dieser Beziehung mit ihm messen kann. Eine eigenartige Anlage, er gehört zu den befestigten Kirchtürmen, wie sich nur wenige in Nassau finden dürften." Das steinerne Zeugnis einer bewegten Vergangenheit, wie es an einer anderen Stelle beschrieben wird, stellt in Verbindung mit dem gesamten Kirchgebäude ein kulturgeschichtlich interessantes Bauwerk dar. Finden wir doch in ihm drei verschiedene Stilepochen. Darin ist der wuchtige Turm mit seinem starken Bruchsteinmauerwerk der älteste Teil. Er ist romanischen Ursprungs und soll aus dem 11. Jahrhundert stammen. Den seiner Bauweise nach zweiten Abschnitt stellt die Kapelle dar, die aus gotischer Zeit stammt. Es ist anzunehmen, dass der alte Wehrturm keine direkte Verbindung zur früheren Kapelle hatte. Diese Verbindung wurde erst gegen Ende des 17. Jahrhunderts hergestellt und entspricht in seiner jetzigen Form dem Barock. Das neu errichtete Portal aus Schupbacher Marmor trägt die Jahreszahl 1696, es ist das Jahr des Umbaus.

Am Osteingang zum Kirchhof steht die über 300 Jahre alte Linde. Zwar ist das Laubwerk längst nicht mehr so dicht, aber ihr knorriger und verwachsener Stamm gibt ihr noch immer eine gewisse Standfestigkeit. Unter ihr fließt noch immer das Wasser aus dem gusseisernen Brunnen in den langen Trog, an dem einst die Kuh- und Pferdegespanne getränkt wurden.

Früher stand der Brunnen weiter an der Straße, und das überlaufende Wasser floss in einen kleinen Teich, der „Weed" genannt wurde. „Die Weed", so schreibt Otto Schulte 1934, „sind kleine Teiche, denen man bei Bränden das Wasser entnahm und die der Reinigung von Vieh und Wagen dienten". Nach dem Bau der Wasserleitung wurde der Teich zugeschüttet und das abfließende Wasser in den Kanal geleitet. Brunnen und Linde stehen dicht beieinander, genau so, wie es in dem alten Volkslied besungen wird. Mit dem Kirchengebäude runden sie das Ganze ab zu einem anschaulichen Bild, das doch eine besondere Beachtung verdient. Ist es doch alter Kulturboden, auf dem dieses steht.

In einem Weistum der Zent Schupbach vom 16. September 1495 wird schon „unter der lynden" eine Vorgängerin der alten Linde erwähnt, die so genannte Gerichtslinde. Sie war Mittelpunkt des Dorfes und des dörflichen Lebens und auch der Platz, an dem die Feldgeschworenen vereidigt wurden. Dieses Weistum zeugte von einer Zeit, in der Schupbach für die nähere Umgebung noch eine große Bedeutung hatte!

Kirche und Kirchturm bildeten im Mittelalter oft den einzigen Steinbau im Dorf und boten mit ihren festen Mauern den Bewohnern Schutz vor Überfall und sonstiger Gefahr. So wurde der Turm schon von vornherein zum Wehrturm ausgestattet und hat fünf Stockwerke. Die zwei unteren Stockwerke sind heute durch eine Rundbogentür vom Kirchenschiff aus zu betreten. Im unteren Stockwerk fanden die älteren Bewohner Zuflucht, die das 2. Stockwerk nicht erreichen konnten. Die eisenbeschlagene Tür wurde von innen mit schweren Balken verriegelt. Nur nach Westen zeigt eine enge Schießscharte, durch die etwas Licht in den sonst dunklen Raum fällt. Zum 2. Stock musste man früher mit einer Leiter hochsteigen, die dann hochgezogen wurde, wenn alle Bewohner in Sicherheit waren. Von hier aus führte eine Leiter ins 3. und 4. Stockwerk. Einzige Lichtquellen waren die Schießscharten. Das 2. Stockwerk hat auf der Süd- und Nordseite je eine Schießscharte, das 3. Stockwerk eine im Süden und das 4. Stockwerk nach Süden, Westen und Osten je eine Schießscharte. Die Böden waren so geräumig, dass sie in den schlimmsten Fällen die gesamte Bevölkerung von Schupbach aufnehmen konnten, und aus sieben Schießscharten und den acht Schalllöchern des Glockenturms konnten die Angreifer dann von allen Seiten abgewehrt werden. Wie weit und wie oft der Turm jemals in die Verteidigung des Dorfes und seiner Bewohner einbezogen wurde, ist nicht bekannt. Sicherlich hat er unsere Vorfahren gar oft vor noch Schlimmerem bewahrt. Der 30jährge Krieg hat vieles geraubt und zerstört und von den nachfolgenden Jahren gibt es nur unvollständige Berichte. Die gewaltige Epoche eines Jahrtausends hat dieser Kirchturm jedenfalls erlebt und unbeschadet überstanden. Beginnend bei einem Reich Otto des Großen über das Heilige Römische Reich Deutscher Nation über die Reformation und den 30jährigen Krieg, durch das wechselvolle und manchmal schreckliche Geschehen des Mittelalters bis hin in unsere neue Zeit hat der Turm seine einstige Wehranlage bewahrt. Schwere Schicksalsschläge haben Menschen und Dorf geprägt und immer wieder rankt sich die Geschichte des Dorfes und seiner Menschen um den stolzen und massiven Bau unserer Kirche mit ihrem Turm, der zum Sinnbild und zum Wahrzeichen von Schupbach geworden ist.

Blick auf die Schupbacher Kirche 2000
... verändert hat, zeigen diese beiden Fotos.

Praktisch, unschlagbar und clever

Lust auf eine kühle Erfrischung?

Tetra Pak hat für jeden Geschmack das Richtige.

Für den kleinen oder großen Durst.

Verpackungen von Tetra Pak sehen immer wieder anders aus - was drin ist bleibt gleich gut und frisch.

Ob zu Hause oder unterwegs: einfach erfrischend anders.

190 Jahre Orgel in Essershausen

Von Ulrich Finger

Die Schöler-Orgel der evangelischen Kirche Essershausen stammt aus dem Jahre 1810. Das Foto wurde vor 1900 aufgenommen.

Das genaue Alter der evangelischen Kirche in Essershausen lässt sich nicht bestimmen. Möglicherweise sind die ältesten Teile der kleinen Dorfkirche über 1 000 Jahre alt, aber die Quellen aus vorreformatorischer Zeit sind mehr als spärlich; erst nach der Reformation beginnt auch für die Kirche in Esserhausen bruchstückhaft nachvollziehbare Geschichte. Kirchenbücher und Chroniken, Aufzeichnungen der Pfarrer, im Pfarrarchiv oder in anderen Archiven erhaltene Briefwechsel lassen immer wieder lichtblickartig Episoden lebendig werden, machen Geschichte nachvollziehbar.

Dagegen ist die Geschichte der Orgel der Essershäuser Kirche genau datierbar. Am 5. September 1810 nahm der Weilburger Kantor Luja die Orgel ab und bescheinigte ihre vertragsgemäße Ausführung.

Vorausgegangen waren dem Orgelbau mehrere Verhandlungen im Blick auf den Orgelbau. Schließlich unterzeichneten die Gemeinden Essershausen und Bermbach am 15. September 1808 den Vertrag, den der bekannte Orgelbauer Schöler in Bad Ems am 30. September 1808 gegenzeichnete. Vereinbart wurde ein Preis von 522 Gulden, wovon 150 Gulden sofort zu zahlen waren. Der Restbetrag sollte dann nach der Orgelabnahme erfolgen. Der Transport, die Schreiner-, Zimmer- und Schmiedearbeiten sowie Kost und Logis für Schöler und einen Gesellen über vier Wochen gingen zu Lasten der Gemeinde. Weitere vier Gulden als „Trinkgeld für die Gesellen" sind ebenfalls aktenkundig gemacht worden.

Die originale Disposition der Essershäuser Orgel, die 1810 fertiggestellt wurde, umfasste

Gemeinde Villmar

Zentrum des Lahnmarmors im Herzen des Kreises

Die Gemeinde Villmar besteht aus den 1970/71 im Zuge der Gemeindegebietsreform zusammengeschlossenen Ortsteilen Villmar, Aumenau, Seelbach, Falkenbach, Langhecke und Weyer. Einige dieser Orte bildeten bereits vor über 1200 Jahren, im frühen Mittelalter, einen eigenen Verwaltungsbezirk im fränkischen Königreich.

Heute hat die Gemeinde Villmar 7280 Einwohner und erstreckt sich über eine Fläche von ca. 46 qkm.

Bürgermeister der Gemeinde Villmar durch Direktwahl der Bürger ist seit dem 1. Juli 1994 Hermann Hepp.

Villmar an der Lahn und seine Umgebung sind das Zentrum des Lahnmarmors, eines wegen seiner reichen Farbigkeit hochgeschätzten polierfähigen Kalksteins. Entstanden ist der Lahnmarmor vor rund 380 Millionen Jahren. Weite Teile Deutschlands waren zu dieser Zeit von einem Meer bedeckt. Durch Vulkantätigkeit im devonischen Meer wurden Schalsteinsattel ausgebildet, die bis knapp unter die Wasseroberfläche reichten. Darauf entstanden Riffe, die sich hauptsächlich durch Stromatoporen aufbauten, eine zwischen Schwämmen und Korallen angesiedelten, mittlerweile ausgestorbene Art von Meereslebewesen. Aber auch Korallen, Muscheln und Schnecken beteiligten sich am Aufbau der Riffe.

Der Villmarer Unica-Bruch ist ein geologischer Aufschluß, der einen dreidimensionalen Einblick in ein devonisches Stromatoporenriff erlaubt. Der Aufschluß ist aufgrund seiner Qualität von weltweiter Bedeutung. Daher wird der Unica-Bruch bald als Naturdenkmal ausgewiesen.

Der Lahnmarmor fand vielfache Verwendung an „prominenten" Stellen, so z.B. in den berühmten Epitaphien des Mainzer Doms, beim einzigen Apostelgrab nördlich der Alpen in der Abtei. St. Matthias in Trier, im barocken Marmorbad des Weilburger Schlosses, in der Mannheimer Jesuitenkirche, in der Klosterkirche Amorbach, im Berliner und im Würzburger Dom, in der Eremitage in St. Petersburg und im Kreml, in der Eingangshalle des Empire-State-Building in New York, im Wiesbadener Kurhaus und im Palast des Maharadjas von Tagore in Indien.

Aber auch in Villmar und Umgebung ist der Lahnmarmor in vielfältiger Weise verwendet worden. Der Lahn-Marmor-Weg soll dem Besucher die verschiedenen Verwendungen und Verarbeitungsformen zeigen (Informationsbroschüre erhältlich im Rathaus, Peter-Paul-Straße 30, Zimmer 5).

Besondere Sehenswürdigkeiten:
Kath. Pfarrkirche St. Peter und Paul; König-Konrad-Denkmal; Marmorbrücke (errichtet im Jahr 1895 aus Lahnmarmor, unter Denkmalschutz gestellt) mit Statue des hl. Nepomuk; Freiluftausstellung über die Marmorverarbeitung am Lahnufer; Marmorbrunnen und Bronzefigur („Ringel-Hannes") am Rathausplatz.

Öffnungszeiten der Gemeindeverwaltung:

Montag - Freitag	8.00 Uhr bis 12.00 Uhr
Donnerstag	14.00 Uhr bis 18.00 Uhr

Telefon: (0 64 82) 9 12 10
Fax: (0 64 82) 57 82

im Manual neun Register: Principal 4' (im Prospekt), Bourdun-Bass 8' (Holz), Bourdon-Diskant 8' (Metall), Salicional 4' (Metall), Flöte 4' (Holz oder Metall), Quinta 3' (Metall), Octav 2' (Metall), Mixtur 1' (Metall) und Fagott, wobei Letzteres vorerst nicht ausgeführt wurde, vermutlich wegen der Mehrkosten von 100 Gulden.

Das Manual hat 54 Tasten aus Ebenholz beziehungsweise ist mit Elfenbein belegt. Das Pedal hat lediglich 13 Tasten (eine Octav) mit den beiden Registern Gedackt-Bass 8' und Principal-Bass 8' (jeweils in Holz).

Sind die grundlegenden Unterlagen im Hessischen Hauptstaatsarchiv in Wiesbaden erhalten, so werden die Akten und Informationen der kommenden Jahrzehnte nur sporadisch bis zum heutigen Tag erhalten worden sein.

Bekannt ist, dass bereits 1816 an der Orgel eine Reparatur ausgeführt wurde, die Essershäuser Pfarrchronik erwähnt für 1843 den Einbau eines „Flöten-Registers" durch Orgelbauer Raßmann – möglicherweise das Register Flauttravers 8', denn für 1922 ist diese Registerbezeichnung bekannt. Allerdings gab es zu dieser Zeit in der Essershäuser Orgel keine Metallpfeifen mehr. Diese mussten 1917/ 18 zu Kriegszwecken abgeliefert werden. In Vorbereitung der Zwangsablieferung der Orgelpfeifen war das Gewicht der Metallpfeifen auf 23,8 Kilogramm geschätzt worden, so die Meldung der Pfarrei an den königlichen Landrat in Weilburg vom 29. Juni 1917. Für diese Menge Zinn bekam die Kirchengemeinde Essershausen-Bermbach mit Bescheid vom 25. Januar 1918 eine Entschädigung von 189 Mark und 70 Pfennigen zugesprochen.

Der Protest des Essershäuser Pfarrers Gustav Kurtz, der sich auch weigerte, den Kirchenrechner zur Erhebung des zu geringen Betrages anzuweisen, verhallte ungehört in den letzten Kriegsmonaten. Auch die Vorlage der Frachtbriefe für die abgelieferten Orgelpfeifen mit Gewichtsangabe brachten keine Veränderung der Lage, sodass der Entschädigungsbetrag wohl nie in die Kirchenkasse eingegangen sein wird.

Lange Zeit blieb die Essershäuser Kirchenorgel ohne Metallpfeifen. Erst im Zuge einer totalen Renovierung der Kirche Mitte der dreißiger Jahre wurden die Metallregister wieder ergänzt, sodass trotz veränderter Registrierung die Orgel wieder vollständig aussah und auch klingen konnte. Allerdings nur für kurze Zeit, denn auch der Zweite Weltkrieg forderte Metall für Rüstungszwecke ein, darunter auch die neuen Metallpfeifen der Essershäuser Orgel, jedoch im Gegensatz zum Ersten Weltkrieg entschädigungslos.

Nach langjähriger bürokratischer Auseinandersetzung – schließlich waren neben den Orgelpfeifen auch die Glocken der Kirche in Essershausen und Edelsberg zu Kriegszwecken abgeholt worden – kam am 6. November 1959 die abschließende Nachricht durch die Oberfinanzdirektion Frankfurt, dass angesichts von rund 800 Milliarden Reichsmark an Reichsverbindlichkeiten zum Zeitpunkt des Zusammenbruchs keine Entschädigungen möglich seien und deshalb alle Ansprüche gegenüber dem Rechtsnachfolger des Deutschen Reiches als erloschen zu betrachten seien.

Wie nach dem Ersten Weltkrieg, so wurde auch nach dem Zweiten Weltkrieg die Orgel erst mit Holzpfeifen oder minderwertigen Metallpfeifen, dann bestmöglich erneuert. Die heutige Disposition (seit 1977) umfasst im Manual Octave 4' (im Prospekt, 54 Pfeifen), Gedackt-Bass 8' (Holz, 15 Pfeifen), Gedackt-Diskant 8' (Metall, 39 Pfeifen), Salicional 8' (Metall, 54 Pfeifen), Flöten 4' (Holz, 54 Pfeifen), Quinte 2' (Metall, 54 Pfeifen), Octave 2' (Metall, 54 Pfeifen), Mixtur 1 (Metall, 162 Pfeifen). Vakant ist weiterhin das Register Geigenprinzipal 8'.

Im Pedal finden sich in Holz jeweils 13 Pfeifen der Register Prinzipal-Bass 8' und Gedackt-Bass 8'. Beide Register sind noch original seit 190 Jahren im Betrieb.

WALDBRUNN Westerwald
Wo Gewerbe und Fremdenverkehr zusammenpassen

Auskunft erteilt:
Verkehrsamt der Gemeinde Waldbrunn
65620 Waldbrunn/Ww.
Hauser Kirchweg
Tel. (0 64 79) 20 90

Der Fremdenverkehrsschwerpunktort Waldbrunn im Westerwald liegt mit seinen fünf Ortsteilen Ellar, Hausen, Fussingen, Lahr und Hintermeilingen im Feriengebiet „Westerwald-Lahn-Taunus" in einer landschaftlich einmaligen Region am Fuße des südlichen Westerwaldes. Der Ortsteil Fussingen ist mit dem Prädikat „Staatlich anerkannter Luftkurort" ausgezeichnet".

Ab 1. 1. 1971 schlossen sich die Gemeinden Ellar und Hintermeilingen zur neuen Gemeinde Ellar zusammen. Es war dies der erste freiwillige Zusammenschluß von Gemeinden im Landkreis Limburg-Weilburg. Die Gemeinden Hausen, Fussingen und Lahr bildeten ab 1. 1. 1972 die Gemeinde Waldbrunn. Aufgrund der kommunalen Gebietsreform wurden die Gemeinden Ellar und Waldbrunn ab 1. 7. 1974 zu der neuen Gemeinde Waldbrunn/Westerwald im neuen Landkreis Limburg-Weilburg zusammengeschlossen.

Durch diesen Zusammenschluß wurde es möglich, gemeinsam für die Bevölkerung Projekte voranzutreiben, die wahrscheinlich mit den Mitteln der einzelnen Gemeinden nicht realisierbar gewesen wären. So verfügen heute rund 6200 Einwohner über ausgezeichnete Sozial- und Freizeiteinrichtungen. Jeder Ortsteil verfügt über moderne Sport- und Spielplätze, Dorfzentren und Gemeinschaftseinrichtungen. Darüber hinaus gibt es in allen Ortsteilen ausreichende Möglichkeiten zur Teilnahme an kulturellen Veranstaltungen der Ortsvereine.

Rund 90 km lange, gepflegte, bequeme und markierte Wanderwege mit ausreichender Anzahl von Ruhebänken verbinden die Ortsteile miteinander. An den schönsten Stellen sind Grill- und Rastplätze mit Schutzhütten eingerichtet.

Die Gemeinde Waldbrunn verfügt über vier Grundschulen. Weiterführende Schulen befinden sich in Waldernbach, Hadamar, Weilburg und Limburg.

Seit Bestehen der Großgemeinde konnten die örtlichen Wasserversorgung, das Brandschutzwesen, die Abwasserbeseitigung und die Sportanlagen ständig um- und ausgebaut werden, wodurch ein moderner Stand erreicht wurde. Das Trinkwasser wird ausschließlich im Gemeindebereich gefördert.

Durch die Umweltfreundlichkeit seiner Gewerbebetriebe und seiner zentralen reizvollen Lage kann Waldbrunn einen hohen Wohn- und Freizeitwert vorweisen und sich als Wohngemeinde präsentieren.

Die Gemeinde bemüht sich, neue Baugebiete auszuweisen und zu erschließen, um den Bedürfnissen der Bürger und der Nachfrage von außen gerecht zu werden.

Weiterhin werden Anstrengungen forciert, neue Arbeitsplätze zu schaffen. In erster Linie denken die Verantwortlichen daran, umweltfreundliche Gewerbebetriebe anzusiedeln, die sich mit den bereits vorhandenen Unternehmen ergänzen sollen.

Gewerbegelände ist in den Ortsrandanlagen der Ortsteile Ellar, Hausen und Fussingen vorhanden bzw. in Planung.

Strukturell läßt sich über Waldbrunn sagen, daß die Gemeinde viele Auspendler hat. Günstige Verkehrsverbindungen, wie die nahen Bundesstraßen B 49, B 54, B 8 und die Autobahnen Köln-Frankfurt und Siegen-Gießen tragen dazu bei, daß man schnell und problemlos an den Arbeitsplatz und wieder nach Hause gelangen kann.

Die zentrale Lage wird aber auch durch die Entfernung zu den größeren Städten dokumentiert: Zur Kreisstadt Limburg sind es rund 16 km, nach Weilburg/Merenberg rund 11 km, zur Landeshauptstadt Wiesbaden rund 60 km, zum Wirtschafts- und Industrieballungsraum Rhein-Main rund 75 km und Rhein-Ruhr rund 120 km. Abschließend läßt sich wohl feststellen, daß die Kombination einer ausgezeichneten Verkehrslage mit hohem Freizeitwert ein gutes Umfeld für Wohnen, Arbeiten und Freizeit in der Gemeinde Waldbrunn/ Westerwald darstellt.

Johann Alexander Glöckner

Von Wilhelm Hungenberg

Hätte er nicht, wie bisher bekannt, sieben Kirchen in der näheren Umgebung von Weilburg gebaut, man könnte den Namen vergessen. So sollen zuerst einmal die Gotteshäuser genannt werden, die von ihm errichtet wurden, um anschließend auf seine Person einzugehen. Johann Alexander Glöckner war 26 Jahre alt, als er 1727 als Erste die katholische Pfarrkirche zu Hahn am See im Westerwald schuf. Es folgten 1729 die St. Stephanus-Kirche in Allendorf bei Weilburg, 1731/32 die evangelische Kirche zu Selters an der Lahn, 1738 die evangelische Kirche zu Löhnberg, 1740/41 der Neubau des Gemeinderaumes der evangelischen Kirche zu Neunkirchen im Westerwald, 1751/52 die katholische Kirche zu Hasselbach im Taunus und als Letzte 1752/54 die evangelische Kirche Wolfenhausen.

Wie es dazu kam, diese Kirchen ausfindig zu machen, soll kurz geschildert werden. Durch Zufall fiel uns auf, dass die Kirche zu Selters die gleiche Architektur aufweist wie die zu Allendorf; dass das Löhnberger Gotteshaus mit den beiden vorgenannten Häusern neben anderem den mehrfach abgestuften Hubenreiterturm gemeinsam hat. Für alle drei wird in heimatlichen Schriften und Chroniken Alexander Glöckner aus Weilburg als Baumeister genannt.

Im Dezember 1998 erschien im Weilburger Tageblatt im Zusammenhang mit der 800-Jahrfeier des Ortes eine Abbildung der Kirche von Wolfenhausen, die ebenfalls charakteristische Baumerkmale der vorgenannten Kirchen zeigte und die, wie sich herausstellte, auch von Alexander Glöckner erbaut wurde. Von hier erhielten wir Kenntnis von einer Veröffentlichung in der Ausgabe Nr. 7/8 des Evangelischen Kirchboten Runkel aus dem Jahr 1936, in der es heißt: „1752 musste die alte, kleine Kapelle wegen Baufälligkeit abgetragen werden und es wurde eine neue Kirche gebaut. Nach einer Spezifikation vom 2. April 1764 hat unsere Wolfenhäuser Kirche der geschickte, nunmehr verstorbene Baumeister Alexander Glöckner aus Weilburg ausgeführt, welcher vorher die Hahncher, die Schloss-Hasselbacher, Neunkirchener und Allendorfer gebaut hat."

Durch diese Veröffentlichung mit der Nennung weiterer von Glöckner errichteter Kirchen wurde das Interesse am Baumeister und die von ihm erstellten Gotteshäuser erst recht geweckt und weitere Recherchen angestellt. Dabei verdient die Kirche zu Neunkirchen eine besondere Erwähnung, da sie auf den ersten Blick keine Ähnlichkeit mit den übrigen erkennen lässt. Wer sich aber mit der von Kathrin Ellwardt 1996 verfassten Chronik dieser Kirche näher befasst, erfährt daraus, dass nur

Die evangelische Kirche von Wolfenhausen wurde in den Jahren 1752 - 1754 von Johann Alexander Glöckner erbaut.

Die evangelische Kirche zu Neunkirchen im Westerwald vollendete der Baumeister im Jahre 1741.

der Gemeinderaum wegen Baufälligkeit neu erstellt werden musste. Der Baumeister war demnach gezwungen sich der vorhandenen Bausubstanz anzugleichen. Ellwardt vermutet den Landhauptmann und Hofbaumeister zu Weilburg Julius Ludwig Rothweil oder den am Weilburger Fürstenhof als Baufachmann qualifizierten Gärtner Johann Michael Petri aus Sachsen als Erbauer des Gemeinderaumes, die sich aber, wie Ellwardt ausdrücklich betont, als solche nicht nachweisen lassen. Hier kann die Aussage im Evangelischen Kirchboten Runkel, die Alexander Glöckner als Erbauer des Gemeinderaumes nennt, zur Aufklärung herangezogen werden. Die Aussage wird bekräftigt durch Baueigenarten von Glöckner wie die Okuli über dem Portal sowie die Rundbogenwabenfenster. Das Baujahr 1740/41 reiht sich lückenlos in die Folge der von Glöckner erbauten Kirchen ein. Als weitere Erhärtung der Aussage kann ein Gutachten des Zimmermanns Glöckner und Steindeckers Petermann vom 15. Juli 1766 herangezogen werden, in dem der schlechte Zustand des Kirchturms bestätigt wird. Der hier genannte Zimmermann Glöckner ist Johann-Ernst (geb. 1731), ein Sohn von Alexander, der auch für den Bau der Kirche zu Hirschhausen den Bauplan mit Grundriss ausarbeitete (HHSTA Wsbd. Abt. 160 Nr. 1497), die Gemeinde Neunkirchen also auch die nächste Glöckner-Generation in Kirchbauangelegenheiten zu Rate zog.

Wenden wir uns jetzt der Person Johann Alexander Glöckner zu und versuchen, uns in die Zeit hinein zu versetzen, in der Alexander, wie er meist kurz genannt wird, gelebt und tätig gewesen ist. Zu seiner Zeit regierten die nassauischen Fürsten Johann Ernst (1675-1719), Carl-August (1719-1753) und Carl-Christian (1753-1788). Julius Ludwig Rothweil (geb. um 1675, gest. 1750), der Erbauer der Weilburger Schloss- und Stadtkirche (1707-1713) und des Windhofs (1719), stand in Diensten der nassauischen Fürsten. In Preußen regierte Friedrich der Große (geb. 1712, gest. 1786); in Russland herrschte Zar Peter der Große (1689-1725) und in Frankreich saß der Sonnenkönig Ludwig XIV. (geb. 1638, gest. 1715) auf dem Thron.

Wenn gleicher beruflicher Tätigkeit wird eine Bekanntschaft und Zusammenarbeit mit Rothweil wahrscheinlich gewesen sein. Mit dem Fürsten Carl-August, in dessen Regierungszeit die Hauptbautätigkeit Glöckners fiel, und der als Landsherr Pläne, Finanzierung und Bau der Kirchen genehmigen musste, wird Glöckner ebenfalls in Verbindung gestanden haben.

Der erste in Weilburg bekannte Glöckner war der am 1. September 1675 als 19. Bürger zu Weilburg aufgenommene Zimmermann Christoph Glöckner von Gevelingen, der verheiratet war mit Anna Spitz, der Tochter des Müllers der Elkerhauser Mühle. Aus ihrer Ehe stammt der Zimmermann Nicolaus Glöckner, der sich am 23. Juni 1696 mit Christina Eleonora, der Tochter des Schuhmachers Jacob Metzler zu Weilburg, vermählte und kurz danach am 4. Januar 1697 als 116. Bürger zu Weilburg aufgenommen wurde. Er hatte bereits 1703 Planierungsarbeiten auf dem Weilburger Marktplatz durchgeführt. Dieser Ehe entspross Johann Alexander, der spätere Baumeister, der am 22. Januar 1701 ohne Angabe des Geburtstages in Weilburg getauft wurde.

Kindheit und Jugendzeit verbrachte Alexander in einem gut bürgerlichen Elternhaus. Seinem Vater folgend erlernte auch er den Beruf des Zimmermanns. Wegen seiner ausgeprägten Fähigkeiten erwarb er später den Titel eines Baumeisters, dessen Ruf über die Grenzen Weilburgs hinausging. Wie anders lässt es sich erklären, dass ihm so zahlreiche Aufträge zum Bau neuer Kirchen erteilt wurden und er am 2. September 1726 als 305. Bürger in Weilburg aufgenommen wurde.

Nach einer gründlichen beruflichen Ausbildung heiratete er am 26. Februar 1726 (an anderer Stelle am 31. Januar 1726) Maria Barbara, Tochter des Hammerschmieds Dillmann Dopsonder aus Weilburg, die ihm 4 Mädchen und 5 Jungen schenkte. Keine Seltenheit damals zu der Zeit.

Alle neun Kinder kamen in Weilburg zur Welt bzw. wurden dort getauft.

Als angesehener Baumeister konnte Alexander seiner Familie eine sichere existentielle Grundlage schaffen. Und so werden auch seine Kinder wie er selbst in bürgerlicher, religiös geprägter Umgebung aufgewachsen und erzogen worden sein, die Jungen alle einen Beruf erlernt haben und die Mädchen durch Heirat angemessen versorgt gewesen sein. Dass Frauen aus diesen Kreisen nach ihrer Heirat einer gewerblichen Tätigkeit nachgingen, war zu jener Zeit nicht vorstellbar. Johann Alexander starb am 7. Februar 1759 im Alter von 58 Jahren in Weilburg. Näher auf Leben und Lebensgestaltung seiner Familie geht eine Akte vom 23. April 1766 aus dem Historischen Stadtarchiv Weilburg ein, derzufolge Jahre nach seinem Tode seine Witwe bei Bürgermeister und Rath der Hochfürstlich Nassau-Saarbrückschen Residenzstadt Weilburg um die Beglaubigung der Geburt und Herkunft ihres mittlerweile 25-jährigen Sohnes Johann Adam nachsuchte.

Dass diese Beglaubigung von der kommunalen Behörde ausgestellt wurde, lässt erkennen, dass die Familie Glöckner in Weilburg über hohen Einfluss und Bekanntheitsgrad verfügte; denn üblicherweise wurden Geburtsurkunden nur von Kirchenämtern ausgestellt, die allein über diese Daten Auskunft geben konnten. Die heutigen Standesämter bestehen erst seit dem Jahr 1874, in dem die bürgerliche Standesprüfung (Zivilehe) durch Gesetz eingeführt wurde. Vor Ausstellung der Beglaubigung hatte die Behörde sich jedoch beim Kirchenamt über das zu beurkundende Geburtsdatum Gewissheit verschafft, wenn es in der Akte heißt: „Zumal die (Geburt) nicht nur in hiesigen Kirchenbüchern zu befinden, sondern auch uns selbst bewusst ist, „um dann fortzufahren, dass Johann Adam am 8. März 1741" aus einem untadelhaften Ehebette gezeugt und geboren, daraufhin zur Heiligen Taufe befördert und dessen Taufpaten hier auch wohnhaft und verbürgert" sind.

„Die beiden Eheleute nachher mehrerwähnten Sohn zur Gottesfurcht und Ehrbarkeit auf erzogen und endlich (in hiesig Fürstlichem Hofgarten) die Gärtnerei erlernen lassen; die Eltern auch nebst ihrem Sohn sich jederzeit ehrbar und aufrichtig gegen jedermann erwie-

Die St. Stephanus-Kirche zu Allendorf stammt aus dem Jahre 1729.

sen haben, dass ihnen niemand etwas unbilliges nachsagen könne" und dass er „niemand mit Leibeigenschaft oder anderem dergleichen Bürde behaftet, sondern frank und frei mithin zu allen ehrbaren Ämtern, Handwerkerzünften und Innung auf- und angenommen zu werden tüchtig ist."

Welchen Beruf Johann Adam später ausgeübt hat, lässt sich nicht mehr ermitteln. Seine Mutter Maria Barbara starb am 27. September 1771 im Alter von 69 Jahren in Weilburg.

Ein Blick in das aktuelle Telefonbuch von Weilburg 1999/2000 zeigt, dass sich darin noch heute die in dieser Abhandlung genannten Familiennamen Dienstbach, Glöckner, Krombach, Lommel, Medenbach, Metzler und Ritter vorfinden.

Was unter dem öfter zitierten Begriff „Bürger von Weilburg" zu verstehen ist, soll nachstehend näher erläutert werden mit einem Auszug aus einem Artikel von Fritz Adolf Schmidt, Hersfeld 1936, aus den Weilburger-Bürgerbüchern Band 1, Seite 2: Bei der Einbürgerung wurde zwischen Fremden und Bürgersöhnen streng unterschieden. So mussten Fremde neben anderem den Gesellen- und Meisterbrief beibringen und nachweisen, dass sie ein Einzugsgeld von 20 Gulden zahlen – Frauen zahlten die Hälfte –, seit 1748 ein Betriebkapital von 300 Gulden, Frauen 100 Gulden aufbringen und schließlich den Bürgereid schwören.

Bürgersöhne dagegen brauchten nur den Nachweis der Ausübung eines Gewerbes zu erbringen, eine Einschreibegebühr zu entrichten und nur ein Handgelöbnis abzulegen.

Im typischen Baustil des Johann Alexander Glöckner entstand 1751/52 auch die katholische Kirche zu Hasselbach im Taunus.

Caspar Schmid, der Camberger Kirchenbauer

Von Manfred Kunz

Am 29. April 2001 jährt sich zum 200. Mal der Todestag von Caspar Schmid, einem Camberger, der 43 Jahre in seiner Vaterstadt als katholischer Pfarrer wirkte und Akzente im Goldenen Grund setzte. Die Pfarrgemeinden von Bad Camberg und den Stadtteilen Oberselters und Schwickershausen werden seiner besonders gedenken, denn in diesen drei Orten wurden in seiner Amtszeit neue Kirchen erbaut.

Caspar Schmid wurde 1727 in Camberg geboren. Es war die Zeit des ausgehenden Barock mit der Übergangsphase des Rokoko. Schmids größtes Bauwerk, die Pfarrkirche St. Peter und Paul in Bad Camberg, zeigt uns diese Übergangszeit und Stilrichtung an. Als er Ende der 70er Jahre des 18. Jh. dieses Bauwerk mit den Baumeistern, Künstlern und Handwerkern schuf, klang die Zeit des Rokoko aus, der Klassizismus kam auf. Dazwischen entstand der Zopfstil, wie er in der Bad Camberger Pfarrkirche zu sehen ist. Ein heller, farbenfroher Festsaal zur Ehre Gottes.

Camberg, 1727 zweiherrisch wie Jahrhunderte zuvor, gehörte je zur Hälfte zum Kurfürstentum Trier und zum Fürstentum Nassau-Diez, später Nassau-Dillenburg. Wenn die Stadt auch zum Erzbistum Trier gehörte, hatte das Limburger St. Georgs-Stift hier einen wesentlichen Einfluss und darüber hinaus im Goldenen Grund. Jahrhunderte alte Privilegien bestanden in Form von Zehntabgaben an das Stift. Auch die Pfarrer von Camberg wurden vom Stift bis zu dessen Auflösung eingesetzt.

Caspar Schmid war das fünfte von sechs Kindern der Eheleute Johann Schmid und Barbara geb. Göbel. Er wurde am 1. April 1727 in Camberg geboren. Väterlicherseits gehört Caspar Schmid zu den bekanntesten Familien um Camberg. So war sein Urgroßvater Wilhelm Schmid nassauischer Schultheiß in Erbach und dessen Ehefrau stammte aus der Familie Lindenschmidt. Mutter Anna Barbara geb. Göbel war von Lindenholzhausen. Durch verwandtschaftliche Verbindungen zu den Familien Kropp und Dornuff war der junge Schmid berechtigt, Nutzen aus der Frühmessereistiftung in Lindenholzhausen zu haben. Über die Jugendjahre von Caspar Schmid wissen wir nichts. 1748 studierte er Theologie in Trier und lebte dort im Priesterseminar. Am 30. März 1748 erhielt er die Tonsur und die niederen Weihen. Am 20. Dezember 1748 war er Diakon und wurde am 19. September 1750 zum Priester geweiht.

Die Präbende der Frühmesserei in Lindenholzhausen wurde ihm am 22. Juni 1748 schon während des Studiums zuteil, die er dann bis 1757 behielt. Gleich nach seiner Priesterweihe kam er nach Camberg als Kaplan. Seit 1728 wirkte hier Johannes Heinrich Greffrath als Pfarrer, der 1750 erkrankte und Hilfe in der Pfarrei bedurfte. Wahrscheinlich bemühte er sich darum, dass der junge Schmid nach Camberg kam, denn er kannte ihn doch seit seiner Kindheit. 1754 ging Caspar Schmid nach Limburg und wurde am St. Georgs-Stift Kaplan und Chorgeselle.

Pfarrer in Camberg und Förderer des Schulwesens

1758 resignierte Pfarrer Greffrath und Caspar Schmid wurde mit 31 Jahren als Angehöriger des St. Georgs-Stifts Pfarrer in Camberg. Hier konnte er nun 43 Jahre in seiner Pfarrei und Vaterstadt segensreich wirken. Es sollte eine stürmische Zeit werden, die bald heraufzog. Schon ein Jahr vor Schmids Amtsantritt begann der Siebenjährige Krieg, bei dem immer wieder mit durchziehendem Kriegsvolk gerechnet wurde.

Die Bildung der Jugend war Caspar Schmids besonderes Anliegen. Wenn man bedenkt, dass 1741 der Lehrer noch mit dem Schweinehirten gleichgestellt war, ist es nicht verwunderlich, was die Schulchronik zu dem Bildungsstand der Kinder schreibt. Sie berichtet, dass die Kinder in Religion, Lesen und Schönschreiben unterrichtet wurden. Wer Rechnen lernen wollte, musste zu einem Privatlehrer gehen. Wenn der um 1755 tätige Lehrer Geist von Caspar Schmid als ein „grober Franke" bezeichnet wurde, so beurteilte er den 1761 nach Camberg gekommenen Lehrer Johann Korb als den „fleißigsten und treuesten Schulmann". Beide taten in den nächsten Jahren viel, um den Bildungsstand der Camberger Jugend wesentlich zu verbessern.

Der Chronist schreibt auch, dass die Schulkinder vor Korbs Amtsantritt nur das ABC-Buch, den kleinen Katechismus und das neue Testament zur Verfügung hatten. Caspar Schmid ließ in Mainz auf eigene Kosten zwei Bücher im Kupferdruck herstellen und an die Kinder kostenlos verteilen. Es waren dies ein Leitfaden zum Erlernen der deutschen Sprache und ein Rechenbuch.

DER LANDDECHANT

Es war am 7. November 1775, als der Camberger Pfarrer vom Landkapitel Dietkirchen zum Landdechanten gewählt wurde. Dieses Amt behielt er bis zu seinem Tode. Das Landkapitel und den Landdechanten können wir mit unserem heutigen Dekanat und dem Dekan vergleichen. Die alte Ordnung des Absolutismus in der Gesellschaft bestand noch. In Trier residierte seit 1768 Erzbischof Clemens Wenzeslaus von Sachsen. Im gleichen Jahr wurde er auch Bischof von Augsburg. Als Kurfürst des Kurstaates Trier regierte er von Koblenz aus. Das Gebiet umfasste die Flussgebiete von Mosel und Lahn. Für unsere rechtsrheinische Seite war als geistliche Behörde das Offizialat des Niedererzstifts von Koblenz-Ehrenbreitstein zuständig.

Im Sommer des Jahres 1794 begann der Niedergang des alten Kurstaates. Die französische Revolutionsarmee bedrohte den Staat Kurtrier ernsthaft, und der Kurfürst ließ Vorkehrungen treffen, sein Land vor größerem Schaden zu bewahren. Am 5. Oktober 1794 verließ er mit seiner Schwester, der Prinzessin Kunigunde, Koblenz und begab sich nach Montabaur. Von dort setzte er seine Reise nach Augsburg fort, um von seinem Schloss Marktoberdorf aus als Bischof weiterhin der Kirche dienen zu können. Dort starb er am 27. Juli 1812.

Am 24. Oktober 1794 wurde Koblenz von 1 500 Franzosen besetzt. Das Ende des Kurstaates war gekommen. Die linksrheinischen Gebiete standen nun unter französischer Verwaltung. Kirchlicher Verwalter des rechtsrheinischen Teils der Diözese Trier wurde Generalvikar Josef Ludwig Beck. Das Gebiet war in drei Landkapitel eingeteilt: Dietkirchen, Kunostein-Engers und Camp. Das von Dietkirchen umfasste 27 Pfarreien, wozu auch Camberg gehörte.

Josef Ludwig Beck verlegte seine Tätigkeit nach Limburg. Dort bereitete er die Gründung unseres Bistums vor. Doch es dauerte noch bis 1827, ehe das Bistum Limburg entstand und Jakob Brand als erster Bischof die ehemalige Stiftskirche St. Georg als seine Bischofskirche und Dom nutzen konnte.

DER KIRCHENBAUER

In der zweiten Hälfte des 18. Jh. herrschte eine rege Bautätigkeit. Schlösser, Residenzen, Repräsentationsgebäude und Kirchen entstanden überall in Deutschland. Nicht nur in den Städten und den neuen Residenzen herrschte dieser Bauboom, sondern auch auf dem Lande. So war es auch hier. In Oberselters, Camberg und Schwickershausen entstanden neue, großzügig geplante Kapellen und eine Kirche. In Oberselters und Schwickershausen hießen sie Kapellen, denn die Gemeinden gehörten als Filialortschaften zur Pfarrei Camberg. Dort entstand die Pfarrkirche. Es mag für Caspar Schmid keine leich-

Kirche in Oberselters, erbaut 1777

te Aufgabe gewesen sein, innerhalb von 15 Jahren drei Kirchen zu bauen, wobei die Streitigkeiten mit den Amtmännern, dem Limburger Stift und den Bürgern bezüglich der Frondienste zu erheblichen Problemen führten. Es hatte in den Filialorten keine Begeisterung gegeben den Cambergern zu helfen eine neue und so große Kirche zu bauen.

Die neue Kapelle in Oberselters

Über den ersten Kirchenneubau unter Pfarrer Caspar Schmid liegen uns nur spärliche Informationen vor. 1448 wurde in Oberselters eine Kapelle erbaut und dem hl. Leonhard geweiht. Diese Kapelle wurde im Laufe der Zeit baufällig und musste einem Neubau an gleicher Stelle weichen. Doch es war ein schwieriger Weg die neue Kirche zu erbauen und auch zu finanzieren. Die Gemeinde richtete 1775 eine Bittschrift, die auch von den beiden Amtmännern unterstützt wurde, an die nassauische Landesregierung in Dillenburg. Sie berichtete in dem Gesuch, dass ihre Kirche einzustürzen drohe und sie diese abreißen müsste, doch das Kirchenkapital reiche nicht aus und von den Bürgern könne auch nicht mehr verlangt werden, da diese doch hart gedrückt würden. Die Gemeinde bat um finanzielle Unterstützung und um kostenloses Bauholz aus dem Herrenwald bei Camberg. Am 4. Januar 1776 genehmigte die Dillenburger Regierung, dass Oberselters 15 Eichenstämme aus dem Herrenwald bekommen und in den Gemeinden der Nachbarschaft eine Kollekte abhalten dürfe.

Pfarrer Caspar Schmid schrieb an seinen Kurfürsten und Erzbischof in Trier, dass man die alte Kirche abreißen müsse und ein geschickter Baumeister einen neuen Riss (Bauzeichnungen) gefertigt habe. Das Baumaterial sei von der Gemeinde herangeschafft worden und er bat, „mit der gewöhnlichen Zeremonie den ersten Stein legen zu dürfen".

Die Kirche war vollendet und sichtlich mit Freude konnte Schmid an seinen Erzbischof die Bitte richten, das Gotteshaus benedizieren zu dürfen, das heißt eine vorläufige Weihe vorzunehmen. Am 1. Dezember 1777 teilte „Clemens Wenceslaus, von Gottes Gnaden Erzbischof von Trier ......" dem Landdechanten und Pfarrer von Camberg mit, dass er die neu erbaute Filialkirche zur größeren Ehre Gottes und zur Vermehrung der Frömmigkeit nach den vorgeschriebenen Gebeten und Zeremonien vorläufig weihen könne. Das Dekret wurde in Ehrenbreitstein ausgestellt und trägt die Unterschrift und das Siegel des Erzbischofs.

Der Bau selbst wurde im ländlichen Barock ausgeführt. Dem schlichten Saalbau wurde ein viereckiger Dachreiter mit geschweiftem Helm aufgesetzt, der in einen achteckigen übergeht. Ihre erste Inneneinrichtung erhielt die Kirche aus der alten Camberger Kirche, deren Neubau auch schon in die Wege geleitet war.

1891 erfolgte der Anbau einer Sakristei und 1961/62 ein An- und Umbau. Schutzpatron war bei der alten Kirche im Jahre 1526 St. Antonius der Einsiedler. Er blieb es auch bei der neuen Kirche.

Der Camberger Kirchenbau

Die alte Kirche, wahrscheinlich 1472 erbaut, war für die Camberger und ihre Filialorte zu klein geworden. Pfarrer Schmids Engagement ist es zu verdanken, dass ein neues Gotteshaus erbaut wurde. Nach der letzten gründlichen Außen- und Innenrestaurierung, die 1995 mit der Weihe eines neuen Altares abschloss, erstrahlt die Pfarrkirche St. Peter und Paul im alten Glanz. Zopfstil nennt man diesen Übergang zum Klassizismus, den die Künstler hier bei der Innenausschmückung schufen. Es ist eine Augenweide, die feinen bunten Stuckarbeiten und die Deckengemälde des italienischen Kirchen- und Mainzer Hofmalers Guiseppe Appiani zu bewundern. Doch es war für Pfarrer Caspar Schmid ein langer und beschwerlicher Weg, bis das Werk vollendet war.

Es war 1775, als er dem erzbischöflichen Officialat-Kommissariat zu Koblenz den Neubau vortrug. Er begründete dies mit der Baufälligkeit der Kirche und dem „ungemein gewachsenen Pfarrvolk". Die Pfarrei Camberg hatte (damals 840 Gläubige mit 315 Kindern) mit den Filialorten zusammen 2 000 erwachsene Katholiken mit 875 Kindern. Hier begann schon der erste Zwist. Schmid musste die Filialorte zum Bau gewinnen, die mit Frondiensten bereitzustehen hatten. Nur die Dombacher und Schwickershäuser machten mit. Erbach, Oberselters und Würges lehnten es ab, mit Frondiensten am Bau der Kirche zu helfen. Sie verweigerten ihre Unterstützung. Der nassau-oranische Rentmeister Sebastian Dabutz war ein eifriger Verfechter des Neubaus und stellte 1 000 Gulden bereit. Auch der trierische Oberamtmann Benedikt Marian

Pfarrkirche in Bad Camberg, erbaut 1781

Freiherr von Schütz zu Holzhausen war ein Förderer des Kirchenneubaus. Schmid ließ 1775 von dem Mainzer Hofmaurer Dieffendinger einen Entwurf erstellen und Dabutz vom Dillenburger Baumeister Sckell einen zweiten.

Eine Deputation, bestehend aus dem Pfarrer, dem Oberamtmann von Schütz zu Holzhausen, dem Dillenburger Amtmann Pagenstecher und Pfarrangehörigen begab sich nach Limburg und stellte dem Stiftskapitel St. Georg die Pläne vor mit der Bitte um Zustimmung und Mitfinanzierung. Dem Stift standen seit Jahrhunderten die Zehnteinkünfte aus der Pfarrei zu. Daher hatte es auch Verpflichtungen wie die Unterhaltung der Sakristei und des Chorraums der Kirche und anderer kirchlicher Gebäude. Doch das Kapitel hörte sich die Sache nur an und die Camberger konnten abreisen. Ein langer Streit begann. Die Limburger Stiftsherren erkannten die Baupflicht zwar an, wollten sich aber mit einem Pauschalbetrag von 800 Gulden verteilt auf 8 Jahre – und dies nur aus Gefälligkeit – aus der Verpflichtung stehlen.

Es ging hin und her. Sckells Plan wurde dem Kurfürsten vorgestellt. Hier wurde entschieden, dass das Limburger Stift ohne Widerrede den Chor und die Sakristei zu bauen hätte. Für Erbach und Würges kam die Enttäuschung, als Oberselters aus dem Lager der Gegner in das der Mithelfenden wechselte. Sie waren nun auch bereit, Frondienste beim Bau zu leisten. Ausgerechnet die protestantische Mitherrschaft von Nassau-Oranien zwang die Erbacher und Würgeser, nun auch zu ihrer Pflicht zu stehen, und wies diese an, Frondienste zu leisten.

Das Officialat in Koblenz setzte in Camberg einen Lokaltermin an, an dem auch die Limburger teilnahmen. Der Koblenzer Architekt Lauxen wurde mit einem neuen Entwurf beauftragt. Dieser Plan sah einen barocken Zwiebelturm vor, der später aber von Koblenz abgelehnt wurde. Nun legte der Dillenburger Baumeister Sckell noch einen Entwurf vor, nach dem auch gebaut wurde. Mit erzbischöflichem Decret wurde am 29. September 1777 angeordnet, die Camberger Pfarrkirche neu zu erbauen. Auch habe das St. Georgs-Stift von Limburg die Pflicht, den Chor und die Sakristei zu errichten, und die „dissidentischen Filialen" Erbach und Würges, wie Fischer sie in seiner Amtsbeschreibung nennt, mussten mithelfen.

Pfarrer Schmid reagierte schnell. Nach dem Decret vom 29. September 1777 ließ er einen Tag später in einer feierlichen Prozession „das hochwürdigste Gut" unter dem Geläut aller Glocken und dem Krachen der Böller in die Hohenfeldkapelle bringen. Am nächsten Tag wurde die Kirche ausgeräumt und mit dem Abbruch des Langhauses begonnen. Hier halfen die drei zustimmenden Orte mit, Erbach und Würges blieben noch fern. Der Glockenturm aus dem Jahre 1581 blieb ohne Veränderung stehen.

Am 13. Oktober 1777 legte der Oberamtmann den „allerersten Stein" zum Langhaus. Erst im Frühjahr 1778 begannen der Abbruch des alten Chores und die Fundamentarbeiten zum neuen. Im Langhaus ging es schneller weiter. Zimmermeister Schwan aus Oberselters konnte am 6. Oktober 1778 den Richtspruch sprechen. Da ein milder Winter war und am Dach gearbeitet werden konnte, waren die Schieferdecker am 6. März 1779 mit ihrer Arbeit fertig. In diesen Märztagen begannen erst die Maurerarbeiten am Chor. Hier schlug der Zimmermeister Schmidt von

Limburg das Dach auf und sprach am 31. Mai den Richtspruch.

Am 6. Mai 1779 legte Pfarrer Schmid den Grundstein für seine Kirche. Er tat dies mit der Erlaubnis des Kurfürsten. Der Stein aus rotem Sandstein liegt im Chorraum hinter dem Hochaltar. Mit dabei waren der trierische Minister Christoph Philipp Willibald Freiherr von Hohenfeld, Oberamtmann Benedikt Marian Freiherr von Schütz zu Holzhausen und Amtmann Ernst Cornelius Pagenstecher.

Nun wurde auch an der Sakristei gearbeitet. Doch das ganze Jahr über ging es „so schläfrig zu", wie Philipp Peter Lauer schreibt. Im Sommer bekam Meister Rieff von Mainz den Auftrag im Langhaus die Stuckarbeiten auszuführen. Schon stand für den Pfarrer der nächste Ärger ins Haus. Selbstverständlich wollte man die Stuckarbeiten aus dem Langhaus in den Chor fortsetzen. Das Stift glaubte aber, „nur schuldig zu seyn, das Chor in das weiß zu stellen", wie uns Lauer berichtet. Schmid ließ sich nicht beirren, vielleicht hatte er auch vom Streit genug und vergab die Stuckarbeiten im Auftrag der Pfarrgenossenschaft. 1780 malte der Mainzer Hofmaler Appiani die Bilder der Decke und ein Jahr später ein Kreuzigungsbild hinter dem Hochaltar. Drei Altäre wurden aufgeschlagen, die von den freiherrschaftlichen Familien von Hohenfeld, von Schütz und von Guttenberg gestiftet wurden.

Es war geschafft! Am 14. Juli 1781 kam der Trierer Weihbischof Johann Maria von Herbain in die Stadt und logierte beim Oberamtmann. Tags darauf weihte der Bischof die neue Kirche zu Ehren der Apostelfürsten Petrus und Paulus. Am Nachmittag kamen die Filialorte in Prozessionen mit Kreuz und Fahnen zur neuen Mutterkirche. In einer weiteren Prozession wurde das Allerheiligste dann von der Hohenfeldkapelle in die neue Kirche gebracht. Wieder läuteten alle Glocken und die „Katzenköpfe" krachten. Mit dem Te Deum endete ein großer Tag in der Amtszeit von Pfarrer Caspar Schmid und einer für die Stadt.

DIE NEUE KAPELLE IN SCHWICKERSHAUSEN

1337 wird erstmals eine Kapelle am Ort erwähnt. In dieser Zeit verpflichtete sich der Zehntherr Siegfried von Rheinberg, jährlich 11 Malter Korn an den Camberger Pfarrer zu liefern, wofür er die Gemeinde zu betreuen hatte. 1376 ging der Zehnt an das St. Georgs-Stift in Limburg über.

Die alte Kapelle, dem hl. Georg geweiht, stand neben der heutigen Kirche. Es war ein kleines Bauwerk von 9 mal 4 Meter. Auf der Epistelseite waren zwei kleine Fenster von 45 cm Höhe, ein weiteres von 30 cm Höhe hinter dem Altar. Von außen gelangte man über 4 Stufen in den tiefer gelegenen Kirchenraum. Auf einem Felsvorsprung steht die neue Kirche, die der Dombach vom Ort trennt. Als eine romantische Lage bezeichnet man den Platz. Der spätere Pfarrer Dr. Franz Alfred Muth wurde hier an diesem Ort zu vielen seiner Gedichte und Lieder inspiriert. So wahrscheinlich zu seinem Gedicht „Marienkirchlein" oder, wenn er auf dem Waldweg von seinem Wohnort Dombach nach Schwickershausen ging, zu den Versen „Sonntagsfriede - Sonntag ists, In allen Wipfeln rauschet es der dunkle Wald....".

1788 hatte Schwickershausen 130 Familien. Wie in Oberselters war Caspar Schmid auch

Die Kirche zu Schwickershausen, erbaut 1790

hier der zuständige Pfarrer. Die Gläubigen mussten an den Sonn- und Feiertagen nach Camberg zur Messe kommen. Schon zur Bauzeit der Camberger Kirche befasste man sich hier mit einem Neubau, denn Baumeister Sckell hatte auch einen Entwurf für eine neue Kirche gezeichnet und bekam dafür fünf Gulden. Wie überall war die Kirche zu klein und drohte zu zerfallen. Das erzbischöfliche Officialat von Koblenz bewilligte 1787 den Bau einer neuen Kirche mit der Auflage, dass von den 2 400 Gulden Kirchenvermögen nur 1 600 Gulden dafür verwendet werden durften. Auch sei das Dorf zu Frondiensten für den Kirchenbau verpflichtet. Zum Neubau schenkte die Gemeinde Camberg sieben Eichenstämme aus ihren Waldungen.

1788 musste die Gemeinde nochmals 600 Gulden aus der Kirchenkasse zum Bau verwenden, sodass die Baukosten wahrscheinlich bei 2 200 Gulden lagen.

1790 war der Bau vollendet und Caspar Schmid trug seinem Erzbischof die Bitte vor das Gotteshaus benedizieren zu dürfen. Am 4. Juni 1790 teilte Clemens Wenceslaus von Koblenz aus seinem Landdechanten mit, dass er die vorläufige Weihe vornehmen könne.

Bei dem Neubau handelt es sich um einen dreiseitig schließenden Saalbau mit einer angebauten Sakristei und einem quadratischen Dachreiter, der in einen achteckigen übergeht. Die Kirche hat starke Ähnlichkeit mit der 13 Jahre älteren in Oberselters. Das Innere mit der eingezogenen Spiegeldecke wurde mehrfach verändert und nach dem Anbau von 1965 vollständig erneuert.

Die Verwandten

Caspar Schmids Verdienste wurden schon 1778 von seinem Kurfürst und Erzbischof mit der Ernennung zum Geistlichen Rat gewürdigt. 43 Jahre wirkte er in Camberg und stand seinen Pfarrangehörigen in guten und schlechten Zeiten zur Seite. Versehen mit den Sterbesakramenten verstarb er am 29. April 1801 im Alter von 74 Jahren. Zwei Tage später wurde er in der Camberger Pfarrkirche mitten im Chor begraben.

Von Caspar Schmids fünf Geschwistern ist nur die Heirat der älteren Schwester Anna Eva bekannt. 1736 heiratete sie den aus Wernborn bei Usingen stammenden Nikolaus Vogelgesang. Aus dieser Ehe gingen zehn Kinder hervor. Drei von ihnen, die Neffen Johannes und Franz Vogelgesang und die Nichte Caroline Halm geborene Vogelgesang errichteten Schmid ein Epitaph in der Camberger Pfarrkirche.

Johannes Vogelgesang war mit Katharina Kraft verheiratet und lebte in Camberg. In der Strackgasse hatte die Familie ein Haus, das seine Tochter Maria Klara und ihr Mann Florian Korb übernahmen. Von diesem Familienzweig leben noch heute Nachfahren (Müller, Schmitt) in Bad Camberg. Florian Korb war ein Sohn des Lehrers Johann Korb, mit dem Caspar Schmid das Schulwesen in Camberg voranbrachte und den er als den fleißigsten und treuesten Schulmann nannte. So wurden hier familiäre Bande geknüpft, denn Florians Frau Maria Klara war eine Großnichte von Caspar Schmid.

Das Epitaph für Caspar Schmid in der Pfarrkirche St. Peter und Paul, von den Neffen und der Nichte errichtet, erinnert an einen rührigen Pfarrer. Es wurde neben dem Sakristeieingang an der Chorwand angebracht. Verziert ist der Marmorstein mit einem umgrenzten goldenen Kelch. Der lateinische Text beginnt mit den Worten:

„Bleibe stehen, der du hier vorbeigehst, lies und betrauere den wahrhaft hochberühmten Mann, der in der Mitte des Chores vor dem Altar ruht ….."

Epitaph von Caspar Schmid in der Pfarrkirche St. Peter und Paul, Bad Camberg
(Foto: H. Schmitt-Köln)

Friedrich Ludwig von Sckell
Der Begründer des englischen Landschaftsgartens in Deutschland
Von Helga Reucker

Die Mosburg liegt im Nordteil des von Sckell gestalteten Schlossparks in Biebrich.
Foto: Dr. Bernd Modrow

Das Jahr 2000 ist für die Stadt Weilburg gleich der dreifache Anlass herausragender Persönlichkeiten zu gedenken, deren Geburt- oder Todestag sich zum 250. Male jährt:
Am 23. März 1750 starb in Bad Pyrmont Julius Ludwig Rothweil, nach dessen Plänen unter der Herrschaft des Grafen Johann Ernst (1675-1719) die Gestaltung Weilburgs zur barocken Residenz erfolgte.
Am 22. Dezember 1750 starb in Weilburg Georg Friedrich Christian Seekatz der Ältere, der – ebenfalls von Graf Johann Ernst nach Weilburg geholt – der Schöpfer der Malereien im Schloss, in der Schlosskirche, im Windhof und in der Oberen Orangerie mit den einmaligen Kachelimitaten war.
Am 13. September 1750 wurde Clarus Friedericus Ludwig Sckell in Weilburg geboren und niemand ahnte damals, welche Bedeutung er auf diesem Gebiet der Gartenkunst in Deutschland erlangen würde.

Den Mitteilungen über die Persönlichkeit des Friedrich Ludwig von Sckell und seinen Werken möchte ich eine kurze Betrachtung über den Landschaftsgarten, seine charakteristischen Merkmale und seine Entwicklung voranstellen. In seinem Buch „Beiträge zur bildenden Gartenkunst für angehende Gartenkünstler und Gartenliebhaber" hat von Sckell uns einen umfassenden Einblick sowohl in seine Gedanken zur Gartenkunst als auch Anleitungen zu ihrer praktischen Durchführung gegeben.
Der Grundriss des französischen Barockgartens war das klar begrenzte Rechteck. Gerade Wege und Alleen zerlegten das Areal in rechteckige oder quadratische Flächen, die wiederum von geraden Liniensystemen, Diagonalen oder Sternen durchzogen wurden. War in der Architektur, Plastik und Malerei ein malerischer Stil beherrschend und bis zur letzten Konsequenz entwickelt, zeigte sich die

Gartenkunst in den beschriebenen strengen, linearen Formen.

Die politische und kulturelle Vormachtsstellung Frankreichs um 1700, begünstigt durch den damals bestehenden Nachahmungstrieb, griff auch nach Deutschland und England über. Dort erwuchsen jedoch zuerst die Bemühungen dieser Herrschaft der Formen zu begegnen.

Man entdeckte die Schönheit der naturbelassenen Landschaft und was in freier Natur an Bäumen und Pflanzen angetroffen wurde, sollte auch im Garten gedeihen dürfen. Der Landschaftsgarten trat an die Stelle der strengen Formen des französischen Barockgartens und wieder erlebte man in der Gartenkunst einen Gegensatz zu den bildenden Künsten. Während in der Zeit des Klassizismus diese zum Linearen tendierten, wurde der Gartenstil malerisch und sich auflösend in seinen Formen.

Die Geschichte der Familie Sckell, die aus Schweden stammt, weist seit der Mitte des 17. Jh. in allen Generationen den Gärtnerberuf auf. Ein Zweig der Familie lebte und wirkte in Thüringen. Ein vom Thüringischen Hauptstaatsarchiv Weimar herausgegebener Familiennachlass vermittelt hierzu umfassende Auskunft.

Der Vater Friedrich Ludwigs, Johann Wilhelm Sckell (1722-1792), war seit 1749 als Haingärtner in nassau-weilburgischen Diensten unter dem damals regierenden Fürsten Karl-August (1719-53) in Weilburg tätig, ebenso wie sein jüngerer Bruder Johann Friedrich. Nach seinen Plänen entstanden in der Vorstadt das Zuchthaus, später zur katholischen Kirche umgebaut, und die steinerne Lahnbrücke. Im Weilburger Kirchenbuch findet man folgenden Eintrag: „Den 13. September morgens 8 Uhr ist H. Johann Wilhelm Skell, Hayn Gärtnern, und Anna Magdalena ein Sohn geboren und d. 15. getauft worden. Gevatterleute sind H: Carl Friedrich Jaster, Hoffrath und hiesiger Müntzdirektor, H. Johann Ludwig Weinrich, Regierungs-Aßeßor; Johann Friederich Sckell, Gärtner zu NeuSaarwerden; Frau Sophia Clara, d. Herrn Georg Friedrich von Scheid, des Hochfürstl. Haußes Nassau Saarbrücken Cantzlers Eheliebste und Maria Juliana, H. Wilhelm Ludwig Kölners, Hoffgärtners zu Kirchheim, Ehefrau. Der Name Clarus Friedericus Ludwig."

Den Vornamen Clarus findet man später nicht, auch sucht man ihn vergeblich auf dem Titel seines Buches. Der Familienname erscheint immer in der Schreibweise „Sckell". Seine Mutter Magdalene war die Tochter des Weilburger Schreiners und Bildhauers Philipp Christian Schüler. Ihre Schwester Juliane, auch als Patin benannt, heiratete den Gärtner Ludwig Wilhelm Köllner, der ebenso wie Johann Wilhelm Sckell zeitweise in Schwetzingen tätig war. In die Jahre 1750 - 1760 fällt die Gestaltung der Schwetzinger Gartenanlagen im französischen Stil. Wann genau Johann Wilhelm Sckell mit seiner Familie nach dort übersiedelte, ist heute nicht mehr feststellbar. Fest steht aber, dass die Sckells 1753 noch in Weilburg waren, denn im Kirchenbuch ist unter dem 31. Okt. 1753 die Geburt einer Tochter Magdalena Philippina vermerkt. Johann Wilhelm selbst schreibt 1784, dass er 27 Jahre in kurpfälzischen Diensten stände. Das ergäbe für seinen Dienstantritt in Schwetzingen das Jahr 1757. Friedrich Ludwig lernte bei seinem Vater. Bis zu seinem 20. Lebensjahr blieb er in Schwetzingen und aus dieser Zeit resultiert seine Wertschätzung für den französischen Stil der Gartenkunst, dem er immer eine gewisse Anerkennung bewahrte. Es folgten Lehrjahre in Bruchsal und Zweibrücken. Zur Erweiterung seiner Kenntnisse hielt er sich in Frankreich auf, beschäftigte sich mit dem Studium der Kräuterlehre und Pflanzenkultur sowie mit dem Bau von Treibhäusern. Beeindruckt von dem fleißigen Studenten, sandte Kurfürst Karl Theodor von Mainz ihn 1773 nach England, damit er sich dort in der neuen landschaftlichen Gartenkunst weiterbilden sollte. Hier begegnete er nicht nur den damals führenden Gartenkünstlern Lancelot Brown und Wilhelm Chambers, sondern hatte auch Gelegenheit u.a. Blenheim, Stowe und Kew Gardens zu besichtigen. Sckell fertigte Pläne und Zeichnungen von diesen Gärten an – leider ist davon nichts mehr erhalten – und schickte sie seinem Landesherrn mit dem Erfolg, dass Karl Theodor ihn bereits 1775, noch während seines Aufenthalts in England, zum Unterhofgärtner mit einem jährlichen Gehalt von 180 fl ernannte. Unmittelbar nach seiner Rückkehr aus England 1776 erhielt er den Auftrag die Nordwestecke des Schwetzinger Parks im Stil des englischen Landschaftsgartens zu gestalten. Seine Arbeit fand den ungeteilten Beifall des Kurfürsten und 1777 übertrug man ihm die Anwartschaft auf die Stelle eines Hoflustgärtners, die er ab 1792 nach dem Tode seines

Vaters bekleidete. Fünfzehn Jahre sollte er noch eng mit Schwetzingen verbunden bleiben.

Inzwischen waren auch andere Fürsten und benachbarte Souveräne aufmerksam geworden und bemühten sich, das junge Talent für ihre Gartenpläne zu gewinnen.

Als nach dem Tode des Kurfürsten Karl Theodor 1799 Max IV. Joseph von Birkenfeld-Zweibrücken (1756 - 1825) sein Nachfolger wurde, ernannte er Sckell noch im gleichen Jahr zum Gartenbaudirektor für die Rheinpfalz und ganz Bayern. Sckell, der bereits bei der Gründung des Englischen Gartens 1789 in München zu Rate gezogen worden war, weilte nun öfter dort.

Mit dem Ausbruch der Französischen Revolution und den Koalitionskriegen fielen vor allem auf linksrheinischem Gebiet viele Gärten den Kämpfen zum Opfer, Schwetzingen jedoch blieb verschont und als Zeugnis von Sckells erster Schaffensperiode erhalten.

Im Rahmen verschiedener Verwaltungsformen in Bayern beschloss man 1804 die Einrichtung einer Hofgarten-Intendantur, der sämtliche Gärten des königlichen Hauses unterstellt und deren Leiter Sckell werden sollte. Geboten wurde ihm eine Besoldung von 2 000 fl, mit einer lebenslänglichen Zulage von 1 000 fl eine Pension für seine Witwe, eine Zusage für die Anstellung seines älteren Sohnes, 800 fl Umzugskosten sowie das Herzogsschlössl als Wohnsitz. Vergeblich versuchte der Kurfürst von Baden Sckell zum Bleiben zu bewegen, doch im Hinblick auf seine Familie folgte er dem Ruf nach München.

In diesem Zusammenhang einige Bemerkungen zu seinen familiären Verhältnissen, denen Mitteilungen der Münchner Hofgarten-Intendantur von 1811 zu Grunde liegen. Demnach war Friedrich Ludwig von Sckell zweimal verheiratet und hatte sechs Kinder. Seine erste Frau Maria Clara Hussberg, geb. 1763, starb schon 1789. In zweiter Ehe war er verheiratet mit Josepha Rottmann, die aus Handschuhsheim bei Heidelberg stammte. Sowohl die beiden Söhne Wilhelm und Karl als auch die vier Töchter Jospha, Therese, Friederica und Louise waren katholisch, Sckell selbst evangelisch.

Im Mai 1804 trat Sckell seine neue Position an, die er bis zu seinem Tod bekleidete. Der Englische Garten und der Nymphenburger Park sind wohl als die Höhepunkte in Sckells künstlerischem Schaffen im Bereich des deutschen Landschaftsgartens zu werten. Gleichzeitig gebührt im das Verdienst der Schöpfer des „Volksparks" in Europa zu sein, der zu jeder Zeit allen Bürgern offen stand, im Gegensatz zu den nur zeitweise zugänglichen Gartenanlagen der Residenzen.

1809 erfolgte die Anlage des Botanischen Gartens n München, in dem für Sckells ältesten Sohn Wilhelm gemäß dem Anstellungsvertrags seines Vaters eine Stelle in der Verwaltung vorgesehen wurde. Wilhelm Sckell starb jedoch schon 1814 an einem Lungenleiden. 1817, im Alter von 67 Jahren, begann von Sckell als letzte größere Arbeit mit der Umgestaltung des im französischen Stil angelegten Schlossparks von Biebrich im Auftrag Herzog Wilhelms von Nassau, der ein Jahr zuvor seine Residenz von Weilburg dorthin verlegt hatte. Zahlreich waren die Anerkennungen, mit denen man Sckells Arbeiten würdigte. Bereits 1808 zeichnete ihn der König durch die Verleihung des Zivil-Verdienstordens der Bayerischen Krone aus, womit der persönliche Adel verbunden war. Von Sckell wurde Mitglied der Königlichen Baukommission und Außerordentliches Mitglied der Akademie der Wissenschaften. Ab 1822 ernannte ihn der Hortcultural Society in London zum korrespondierenden Mitglied, auch gehörte er zu den ständigen Begleitern des Königs. Auf einer Reise erkrankte er plötzlich am Tegernsee und starb am 24. Februar 1823 im Alter von 72 Jahren. Er fand in der Grabstätte der Familie Sckell auf dem alten Münchner Südfriedhof seine letz-

Sckells Grabmal befindet sich auf dem Münchner Südfriedhof.

Erleben Sie Weilburg an der Lahn

- Barocke Schloß- und Gartenanlage
- Bergbau- und Stadtmuseum mit Schaustollenanlage
- Kristallhöhle (höchste deutsche Schauhöhle)
- Wildpark Tiergarten
- Einziger Schiffstunnel Deutschlands
- Schiffstouristik, Kanu-, Boots- und Fahrradverleih
- Ballonfahrten
- und vieles mehr

Wir schicken Ihnen gerne ausführliches Material und weitere Informationen:
Tourist-Information, Mauerstr. 6-8, 35781 Weilburg
Tel. 06471-19433, Fax 7675, e-mail: kvv@weilburg.de

Kulturelle Veranstaltungen, Märkte und Feste in der barocken nassauischen Residenz Weilburg an der Lahn

Die Stadt Weilburg bietet eine Vielzahl sehens- und erlebenswerter kultureller Veranstaltungen, die durch das historische Stadtbild besonderes Flair vermitteln.

Die lange Reihe der jährlich wiederkehrenden Veranstaltungen beginnt immer zwei Wochen vor Ostern mit dem Ostermarkt in der Stadthalle. Thema ist das Kunsthandwerk rund um das Ei und österliche Gebräuche.

Weiter geht es im Mai/Juni mit dem Bergmanns- und dem Museumsfest in jährlichem Wechsel auf dem Marktplatz, dem Schloßplatz sowie im Bergbau- und Stadtmuseum und in der barocken Schloß- und Gartenanlage.

Zur Tradition geworden ist das Weinfest im Juni. Bei musikalischer Unterhaltung können Weine, Sekte, Edelbrände und Liköre aus verschiedenen Anbaugebieten sowie Speise-Spezialitäten aus der Region gekostet werden.

Juli und August ist die Zeit des international bekannten Musikfestival der „Weilburger Schloßkonzerte".

Am zweiten Augustwochenende steht Weilburg mit dem Ballonfestival ganz im Zeichen des Heißluftballons. Das große Rahmenprogramm umschließt den Start eines historischen Heißluftballons vom Marktplatz, mehrerer Ballonstarts vom Jagdschloß-Windhof. Den Abschluß des Festivals bildet das Gartenfest mit Höhenfeuerwerk und Ballon-Night-Show.

Die Weilburger Kirchweih am letzten Augustwochenende verbindet Tradition und Gemeinsamkeit. Ausgerichtet durch die Weilburger Bürgergarde ist dieses das älteste nassauische Fest.

Zum traditionellen Residenzmarkt im Oktober füllen Direktvermarkter der Region den historischen Marktplatz der barocken Residenz Weilburg. Auf dem Schloßplatz haben Kunsthandwerker ihre Stände aufgeschlagen und bieten ihre Ware zum Verkauf an. Das kulturelle Angebot wird von mehreren Musik- und Tanzgruppen gestaltet. Außerdem lädt das Schloß zu einem Besuch bei Kerzenschein ein und auch das Bergbaumuseum freut sich auf Ihren Besuch.

Den Abschluß der kulturellen Veranstaltungsreihe bildet im Dezember der Weihnachtsmarkt, der am 3. und 4. Adventswochenende eines jeden Jahres vor der einzigartigen Kulisse der Altstadt und des beleuchteten Marktplatzes stattfindet. An den Verkaufsständen kann man weihnachtstypische Glasbläser und Kerzendreher bei ihrem Handwerk beobachten und die Produkte auch käuflich erwerben. Natürlich gibt es auch Speisen und Getränke verschiedenster Art.

Neben den erwähnten Märkten, Festen und Veranstaltungen können Sie eine Vielzahl attraktiver Angebote erleben, ob Oberselters-Jazz-Tage auf den Burgen und Schlössern, Theaterreihen in der Stadthalle oder Open-Air-Konzerte oder ... oder ...

Der jährliche Veranstaltungskalender informiert Sie über alle Aktivitäten.

te Ruhestätte. Der bayerische König ehrte ihn durch ein Denkmal im Englischen Garten. Eine von dem Bildhauer Ernst von Bandel geschaffene Säule trägt neben den Geburts- und Sterbedaten die Inschrift:

> Dem sinnigen Meister
> Schoener Gartenkunst,
> Der sein volles Verdienst
> Um der Erde reinsten Genuß
> Durch diese Anlagen kroente,
> Hiess diesen Denkstein sezzen
> Sein Koenig Max Joseph.
> MDCCCXXIV

An den Seiten des Sockels steht:

> Auch du Lustwandler
> Ehre das Anderken
> Des Biedermannes.
> Der Staub vergeht,
> Der Geist vergeht.

ÜBERSICHT ÜBER DIE VON FRIEDRICH LUDWIG VON SCKELL GESTALTETEN PARKS UND GÄRTEN:

1776/77	Beginn der Neu- und Umgestaltung des Schlossgartens Schwetzingen
1780	Park v. Schloss Karlsberg (östl.v.Homburg,Hzt.Pfalz-Zeibrücken)
1780/85	Schöntal b. Aschaffenburg
	Schönbusch b. Aschaffenburg
1783	Dürkheim - Schlossgarten
	Grünstadt - Schlossgarten
1784	Neckarhausen - Schlossgarten
1784	Landshut - Herzogsgarten
1785/88	Mainz - Favorite
	Diez - Schlosspark Oranienstein
	Dietrichingen - Hofgut Monbijou
1787	Birkenau/Odenwald - Schlossgarten Wambolt
	Wörrstadt/Rheinhessen - Schlossgarten
	Niederwürzbach - Annahof u. Monplaisir
	Rohrbach b. Heidelberg - Rohrbacher Garten
1789	Saarbrücken - Ludwigsburg
1789	Mannheim - Das Festungsgelände (Entfestigung)
	- Der Schlossgarten
	- Der Militärgarten
	- Das Friedhofsprojekt
1788/92	Worms - Herrnsheimer Schlossgarten
ab 1789	München - Englischer Garten
	- Schlossgarten Nymphenburg
	- Botanischer Garten
	- Anlage Biederstein, Garten des Grafen Montgelas
	- Stadtanlage - Generalplan II
	Berg am Starnberger See - Schlossgarten
	Tegernsee - Garten des ehemaligen Klosters
1790	Dirmstein - Der Sturmfedersche Kellergarten
	Der Koeth-Wandscheidsche Schlossgarten
	Heidelberg - Schlossgarten
1792	Rilchingen - Schlossgarten
1795	Weinheim - Schlosspark
	Trippstadt - Karlstal
1803	Amorbach - Seegarten
1805	Innsbruck - Hofgarten
	Salzburg - Mirabell-Garten
1817	Wiesbaden-Biebrich - Schlosspark

MARKTFLECKEN WEILMÜNSTER

Der Marktflecken Weilmünster wurde mit Beginn des Jahres 1971 Großgemeinde und hat heute bei etwa 9500 Einwohnern insgesamt zwölf Ortsteile (Audenschmiede war bereits 1950 eingemeindet worden).

Mit den in der Kerngemeinde Weilmünster zentral gelegenen Schulen (Grundschule, Gesamtschule) sowie der neuen Grundschule im Ortsteil Laubuseschbach verfügt die Großgemeinde über ein ausgezeichnetes Schulwesen. Den Schulen sind neuzeitliche Sportanlagen angeschlossen. Zwei moderne und beheizbare Freischwimmbäder bieten sich den Bürgern in den warmen Sommermonaten. Aber auch an die kleinsten Mitbürger ist gedacht worden, ihnen stehen 6 modern eingerichtete Kindergärten zur Verfügung. Der Freizeitgestaltung, dem Fremdenverkehr und besonders der Erholung dienend ist in den letzten Jahren die "Erholungsanlage Wald und Wasser Möttau" beim gleichnamigen Ortsteil entstanden. Ausgebaute Wanderwege, geschützt angelegte Grillplätze, herrlich gelegene Wiesen und ein reichlich besetzter Fischteich bieten Sport, Spiel und Entspannung. Hier zeigt sich eine Entwicklung, die besonders auf den Naherholungsverkehr aus dem Raum Rhein-Main-Gebiet ausgerichtet ist.

Insgesamt bieten sich den Erholungssuchenden in der Großgemeinde Weilmünster rund 3164 ha Gemeindewald, 437 ha Staatswald und 94 ha Privatwald mit einer überdurchschnittlichen Rotwilddichte. Hervorragend ausgebaute Feld- und Waldwege stehen als Wanderwege und Radwege zur Verfügung.

Die Erwerbsstruktur ist im Marktflecken durch Handwerks-, kleine und mittlere Industriebetriebe gekennzeichnet. Doch muß auch ein Teil der Einwohnerschaft seinem Broterwerb in dem etwa 40 km entfernt gelegenen Ballungsgebiet "Frankfurter Raum" nachgehen. Hierfür wie auch für den Naherholungsverkehr, wozu sich die in der lieblichen Taunuslandschaft eingebettete Großgemeinde Weilmünster vorzüglich eignet, erscheint eine Verbesserung des Öffentlichen Personennahverkehrs (ÖPNV) von Süden nach Norden wesentlich. Wirtschaftlich gesehen sei noch zu ergänzen, daß auch der erwähnte Waldbestand auf lange Sicht eine wichtige Ertragsquelle für den Gemeindehaushalt darstellt. Bedeutung hat ebenfalls die heimische Landwirtschaft. Mit relativ wenigen Vollbetrieben wird die Feldgemarkung im guten Bewirtschaftungs- und Pflegezustand gehalten.

Der Wohnwert, der sich der hier niedergelassenen Bevölkerung anbietet, kann als relativ hoch bezeichnet werden. Dies beweist der schon seit vielen Jahren zu beobachtende starke Zustrom von Bürgern aus dem Rhein-Main-Ballungsgebiet, die nicht zuletzt aufgrund günstiger Baulandpreise in der umweltfreundlichen Landschaft der Großgemeinde Weilmünster seßhaft geworden sind. Sicherlich trägt auch das vielfältige Vereinsleben, das sich besonders in den traditionellen Heimatfesten zeigt, mit dazu bei, die neu zugezogenen Bürger heimisch werden zu lassen.

Das Ziel der Großgemeinde Weilmünster, sich zu einem regionalen, wichtigen Unterzentrum zu entwickeln, ist langfristig angelegt und wird mit Energie und Ausdauer von den Gemeindekörperschaften verfolgt.

So ist die Erschließung weiterer Gewerbegebiete in den Ortsteilen Weilmünster und Laubuseschbach inzwischen abgeschlossen und die Grundstücke stehen den Interessenten zur Verfügung. Weiterhin ist beabsichtigt, durch die Ausweisung neuer Baugebiete der steigenden Nachfrage nach Bauland für Eigenheime gerecht zu werden.

Durch die Inbetriebnahme der Kläranlage Weilmünster im Jahre 1992 konnte ein wichtiger Beitrag zur Reinhaltung unserer Gewässer geleistet werden.

Das Bürgerhaus Weilmünster mit seinem Saal für ca. 500 Personen sowie einer Gaststätte mit Doppelkegelbahn ist zu einem kulturellen Anziehungspunkt für alle Bevöl-

Der Aussichtsturm auf dem Kirberg bei Weilmünster

kerungsteile im Marktflecken Weilmünster herangewachsen.

Die Großgemeinde Weilmünster besteht aus folgenden, bis zum 31.12.1970 selbständigen Ortsteilen: Weilmünster einschl. Audenschmiede, Laubuseschbach, Wolfenhausen, Aulenhausen, Dietenhausen, Ernsthausen, Laimbach, Langenbach, Lützendorf, Möttau und Rohnstadt. Am 31.12.1971 kam noch der Ortsteil Essershausen hinzu.

Marktplatz in der Kerngemeinde Weilmünster

GEDENKTAFEL WÜRDIGT OSKAR SCHINDLERS VERDIENSTE

Von Franz Krotzky

Die Initiative ging von Villmar aus. Franz Krotzky und Bildhauer W. Schmidt stellen die Gedenktafel vor.

Zunehmend beschäftigt sich die Öffentlichkeit mit dem Sudetendeutschen Oskar Schindler aus Zwittau/Svitavy in der Tschechischen Republik (CR), der 1 200 Juden vor dem sicheren Tod gerettet hat. In Israel kennt ihn jeder, wie man bei Besuchen dort feststellen kann. In Deutschland wurde er auf breiterer Basis durch den Film von Steven Spielberg „Schindlers Liste" nach dem gleichnamigen Buch bekannt. Verschiedene Gedenkstätten würdigen inzwischen seine Person.

Weniger bekannt dürfte sein, dass bereits 1993, lange vor den anderen Gedenken, kurz nach der Wende in der CR, von der Sudetendeutschen Landsmannschaft im Bund der Vertriebenen (BdV) und der Ackermann-Gemeinde des Landkreises Limburg-Weilburg ausgehend in Zwittau eine Gedenktafel für Oskar Schindler am Europa-Haus am Marktplatz unter großer Beteiligung der Bevölkerung und von hochrangigen Gästen wie der Legationsrätin Michaela Küchler von der Deutschen Botschaft in Prag angebracht wurde. Die internationale Presse berichtete davon. Die Inschrift der Tafel lautet in deutsch und tschechisch:

Oskar Schindler dem unvergessenen Lebensretter 1 200 verfolgter Juden.
* 28. 04. 1908 Svitavy/Zwittau
† 09. 10. 1974 Hildesheim
Ackermann Gemeinde
Kreisverband Limburg-Weilburg
Diözese Limburg

Die Bedeutung dieses Werkes zur Verständigung der Völker unterstrich ein Grußtelegramm des Bürgermeisters von Jerusalem Teddy Kollek, wie Franz Krotzky bei der Übergabe feststellte. Die Tafel selbst wurde von dem Bildhauer Walter Schmidt in der Firma E. Müller in Villmar geschaffen und die Mittel von der Ackermann-Gemeinde und durch Spenden aus dem Landkreis aufgebracht. Ebenso darf nicht unerwähnt bleiben, dass Georg Piroh aus Villmar durch seine Hilfe als Dolmetscher dazu beigetragen hat, dass die Anbringung der Tafel von dem dortigen Bürgermeister Jiri Brydl genehmigt wurde. Ein Zeichen deutsch-tschechisch-jüdischer Verständigung.

Anzeige

Religionsgemeinschaft der Zeugen Jehovas
Von Werner Rudtke

Seit 20 Jahren ist die Religionsgemeischaft der Zeugen Jehovas mit ihrer Zentrale und einer modernen Druckerei in Selters/Ts. ansässig.

Dieses Institution, die zuvor einige Jahrzehnte in Wiesbaden ihre Niederlassung hatte, mußte sich – dem ständig wachsenden Bedarf an Bibeln und bibelerklärender Literatur entsprechend – einige Male vergrößern und wurde deshalb von der hessischen Landeshauptstadt in den Landkreis Limburg-Weilburg verlegt.

Jehovas Zeugen sind seit über 100 Jahren in Deutschland tätig. Der Hauptsitz der Religionsgemeischaft war zuerst in Elberfeld (1902), wurde dann nach Barmen (1909) und schließlich nach Magdeburg (1923) verlegt. 1933 begann unter dem NS-Regime eine bittere Verfolgung der Zeugen Jehovas, in deren Folge über 10.000 von ihnen inhaftiert wurden. Über 2500 wurden ins KZ gebracht, wo etwa 250 durch grausame Gewalt den Tod fanden. Nach der Befreiung nahmen Jehovas Zeugen ihre Predigttätigkeit wieder auf und benutzten als Verwaltungszentrale ihre Gebäude in Magdeburg, die ihnen von der russischen Besatzungsmacht zurückgegeben worden waren. Indes beschlagnahmte die DDR-Regierung dieses Eigentum erneut und verbot, so wie seinerzeit das Hitlerregime, die religiöse Tätigkeit dieser Glaubensgemeinschaft. Mit dem Fall des „Eisernen Vorhangs" 1989 gewährte nicht nur die damalige DDR, sondern auch die meisten anderen osteuropäischen Staaten ihren Bürgern Religionsfreiheit. Dies machte es für Jehovas Zeugen erforderlich, eine weitere Vergrößerung der Anlagen in Selters in Betracht zu ziehen. Bis 1994 wurde in harmonischer Zusammenarbeit mit den Orts- und Kreisbehörden das gesamte Anwesen verdoppelt, so daß jetzt ca. 1200 Ordensangehörige dort ihrer gottesdienstlichen Tätigkeit nachgehen.

Neben der Wachtturm Bibel- und Traktat-Gesellschaft, e. V. mit Sitz in Selters/Ts., bedienen sich Jehovas Zeugen auch der Religionsgemeinschaft der Zeugen Jehovas in Deutschland e. V. mit Sitz in Berlin, um den umfangreichen gottesdienstlichen Aufgaben auf nationaler und internationaler Ebene nachkommen zu können.

Jehovas Zeugen laden Sie herzlich ein

- zur Besichtigung der Verwaltungs-, Druckerei- und Wohngebäude der Wachtturm-Gesellschaft, Tel. (0 64 83) 4 10
  Besichtigungszeiten: Mo. bis Fr. 8 - 11 Uhr, 13 - 16 Uhr; Sa. 8 - 11 Uhr

- und zum Besuch der wöchentlichen Zusammenkünfte, Versammlung Selters/Taunus, Am Steinfels
  Zusammenkunftszeiten: Donnerstag, 19 Uhr; Sonntag 9.30 Uhr

Im Führerhauptquartier „Wolfsschanze"

Attentat auf Hitler am 20. Juli 1944
aus der Perspektive eines Elzer Fernmeldetechnikers

Von Erhard Weimer

Über das Attentat auf Hitler am 22. Juli 1944 im Führerhauptquartier haben in- und ausländische Historiker ausführlich geschrieben, analysiert, nach Ursachen und Wirkungen gesucht, obwohl sie bei dem Ereignis nicht anwesend waren. Bekannt wurde dabei unter den Neuerscheinungen Joachim Fests Buch Staatastreich.

Die hochrangigen Zeitzeugen von damals, die beim Attentat anwesenden Generäle und Offiziere, haben es – soweit sie überlebten – nach dem Krieg meist vorgezogen, der interessierten Öffentlichkeit gegenüber zu schweigen. Doch gab es beim Attentat in der Wolfsschanze auch einige Zeitzeugen von der Basis. Sie waren zwar nur für den alltäglichen technischen Betrieb zuständig, konnten aber doch aus ihrer äußeren Perspektive heraus die damaligen Ereignisse wenigstens teilweise verfolgen und damit einen kleinen Beitrag zum Gesamtbild des 20. Juli liefern.

Zu diesen Zeitzeugen zählt auch der aus Elz stammende Josef Schneider. Im 2. Weltkrieg wurde der aus einer alteingesessenen Elzer Familie stammende und wie mancher seiner Verwandten bei der Post tätige Fernmeldespezialist eingezogen. Beim schnellen Wechsel der Fronten und Ereignisse wurden im Führerhauptquartier immer mehr Spezialisten für rasche und reibungslose Kommunikation als auch qualifizierte Bautechniker von der Organisation Todt gesucht.

Im Dezember 1942 weilte Josef Schneider auf Heimaturlaub zu Hause. Dabei erhielt er Besuch von einem früheren Kriegskameraden, einem hochrangigen Fernmeldespezialisten, der ihn mit der geplanten Versetzung in den Fernmeldebereich des Führerhauptquartiers überraschte. Aus dem Urlaub zurückgekehrt, fand er bei seinem Bataillon dann die offizielle Versetzung vor und kam dann nach längerer Fahrt am Silvesterabend in der Wolfsschanze bei Rastenburg in Ostpreußen an. Sein erster Eindruck:

Die so genannte „Anlage" bestand aus Bunkern mit einer Wandstärke von 1,50 m und aus Baracken. Im Sommer 1944 wurden die Bunker auf eine Wandstärke von 4,5 m verstärkt und die meisten Baracken splittersicher umgebaut. Die Bauten waren geschickt in den Baumbestand eingeordnet und somit aus der Luft kaum zu erkennen. Durch die dreifache Absperrung war es praktisch unmöglich, in die Anlage zu gelangen.

Die Bunker selbst waren – außer dem Nachrichtenbunker – alle gleicher Bauart. Im Führerbunker selbst war, außer den Wohn- und Schlafräumen, das so genannte „Lagezimmer" von größerem Ausmaß. In ihm stand ein großer Kartentisch, der Schreibtisch Hitlers und ein Bücherschrank. Rechts der hinteren Ausgangstür, die zu einem verglasten Anbau führte, noch ein kleiner Schrank mit Plattenspieler und einem für die damalige Zeit großartigen Bestand an Schallplatten. Links an der Wand war eine große Generalstabskarte befestigt, auf der mit Fähnchen die jeweilige Frontlage abgesteckt war. Über dem großen Kartentisch war an einem Scherenarm das Telefon aufgebaut, darüber ein Leitungs- und Rundfunkverstärker. An der Tischplatte waren außerdem Steckbuchsen angebaut, um bei Bedarf Kopfhörer anzuschalten.

Zu den Aufgaben Josef Schneiders im Nachrichtenbunker zählte das damals noch umständliche Herstellen von Verbindungen im Telefon- und Fernschreibebereich zwischen Führerhauptquartier in der Wolfsschanze und Führungskräften im In- und Ausland. Dazu kam als wichtigste Aufgabe um 10 Uhr die Kontrolle aller Fernsprechapparate im Führerbunker. Als der rumänische Staatschef Antonescu, König Boris III. von Bulgarien und Italiens Duce Mussolini zu Besuch kamen, mussten für die Besucher auch Verbindungen zwischen ihren Salonwagen und ihren Hauptstädten hergestellt werden.

Im Frühjahr 1944 hielt sich Hitler kurzzeitig auf dem Berghof in Berchtesgaden auf, begleitet von seinem technischen Mitarbeiterstab, der dabei alle Fernsprech- und Fernschreibumleitungen vom Osten in den Süden zu schalten hatte. Wenn der auch nur vorübergehende

Aufenthalt in Berchtesgaden und der Festspielbesuch Hitlers in Salzburg selbst für die Mitarbeiter etwas Entspannung und Erholung bot, so war dagegen das Leben im Führerhauptquartier in Ostpreußen sehr streng.
Die persönliche Freiheit jedoch war für jeden von uns, der in der Wolfsschanze seinen Dienst versah, äußerst beschränkt. Ob Reichsleiter, General oder kleiner Landser, alle lebten hier hinter dem mit dreifachem Stacheldraht und durch Minenfelder gesicherten Gelände wie in einem Kz.
Nach Kriegsende schrieb Josef Schneider, der weder Mitglied noch Sympathisant der NSDAP war, nachstehende Beobachtung in der Wolfsschanze nieder.

20. Juli 1944

Donnerstag, den 20. Juli 1944. Ein warmer Sommertag liegt über Ostpreußen. Diesig und drückend liegt die Luft über dem Gelände. Die Stille um die Mittagszeit ist direkt bedrückend. Hans Ament und ich sind im Wählerraum. Wir machen uns Sorgen, wie wir die gesamte technische Einrichtung in den kurzen Nachtstunden in den nun fertiggestellten Nachrichtenbunker ohne betriebliche Einschränkungen einbauen können.
Wegen der Hitze hatte ich die Fenster im Wählerraum geöffnet. Da zerreißt eine heftige Detonation die Luft. Im Augenblick glauben wir, es sei, wie schon öfter, eine Mine hochgegangen. Dann sagen wir uns, das war ja in unmittelbarer Nähe. Wir eilen zum Südausgang und sehen sofort aus dem Fenster der ungefähr 50 - 60 m entfernten „Lagebaracke" dicke Rauchwolken aufsteigen. Die Wachen rennen umher, da erst hören wir, in dem Lageraum ist eine Bombe explodiert. Wir können es kaum fassen.
Nun erst erkennen wir, dass sich einige um außerhalb der Baracke liegende Personen bemühen. Sie waren von dem Luftdruck durch die Fenster geschleudert worden. Dann kommt ein Trupp Menschen aus dem Gebäude. Sie sind alle von dem erst vor wenigen Minuten erlebten Ereignis gekennzeichnet. Die Gesichter geschwärzt, die Uniformen zerrissen, Schreck in den Augen, so kommen sie die leichte Anhöhe herunter.
Ich erkenne Hitler und Keitel. Kurz vor dem Führerbunker bleibt Hitler plötzlich stehen, reißt impulsiv die Arme hoch und ruft für uns alle, die wir vor dem Nachrichtenbunker stehen, laut und deutlich vernehmbar: „Gott sei Dank, ich lebe noch." Darauf begibt er sich mit seinem Begleiter in den Bunker. Ich begebe mich dann sofort in den Wählerraum. In der Handvermittlung sitzen nur noch zwei oder drei Mann an ihren Plätzen. Alle anderen stehen vor dem Bunker.
Da betritt plötzlich General Feldgiebel die Vermittlung. Ich will ihm Meldung erstatten, er winkt mir aber ab und befiehlt mir, alle Leitungen nach außen zu sperren. Ich führe den Befehl aus. Der General geht aufgeregt mehrere Male in dem Raum auf und ab. In der Hand trägt er eine Aktentasche. Dann verlässt er durch den Südausgang die Vermittlung.
Kurze Zeit später kommt durch den Haupteingang der Adjutant des Führers Oberleutnant Engel gestürzt. Mit dem Taschentuch versucht er das Blut an einer Schnittwunde an der rechten Halsseite zu stillen. Er schreit uns an: „Sofort eine Verbindung nach Berlin!" Ich springe zum Hauptverteiler und entsperre die auf Befehl des Generals (Feldgiebel) gesperrten Leitungen; Wolfsschanze antwortet wieder.
Ich gehe wieder einmal vor den Bunker. SS-Einheiten eilen im Laufschritt durch die Anlage und lösen die durch die Wehrmacht gestellten Wachen ab. Die O.T.-Leute (Mitglieder der Organisation Fritz Todt) haben ihre Arbeit eingestellt und stehen und sitzen hinter den Absperrzäunen.

Attentäter

Nun hören wir die ersten Gerüchte: Die Bombe ist durch O.T.-Leute eingebaut worden. Dann höre ich, dass man mich zuerst verdächtigt hat. Die Bombe sei in dem Moment ausgelöst worden, da einer der Herren den Handapparat von dem über dem Kartentisch auf einem Scherenarm stehenden Fernsprechapparat abgehoben habe. Linge (1. Kammerdiener Hitlers) hat mich gleich in Schutz genommen und erklärt, dass ich am Montag den Raum zum letzten Mal betreten hätte. Dann wird Feldgiebel verhaftet. Erst Stunden später erfahren wir, dass er zu dem Kreis der Verschwörer gehörte. Er hatte den Auftrag, die Vermittlung zu stören. Die Bombe trug er in der von mir geschilderten Aktentasche. Warum er sein Vorhaben nicht ausführte? Hatte er gesehen, dass Hitler noch lebte; war ich ihm im Wählersaal im Wege? Er ist tot. Tote sprechen nicht mehr.
Um 13.30 Uhr fährt Hitler zum Bahnhof, um Mussolini abzuholen. Wir sehen ihn beim ver-

lassen des Bunkers. Anscheinend ist seine rechte Hand verletzt. Er grüßt mit der Linken. Am Nachmittag macht Hitler mit großem Gefolge einen Gang durch die Anlage. Er spricht mit den noch hinter den Absperrungen wartenden O.T.-Leuten. Auf dem Rückweg kommen sie direkt am Nachrichtenbunker vorbei. Hitler trägt einen schwarzen Umhang. Er unterhält sich mit Bormann und Himmler. Sein Gesicht ist ernst. In der hinteren Reihe sehen wir Mussolini. Er spricht mit keinem der ihn umgebenden Begleitung. Sie betreten den Sperrkreis 1a und verschwinden im Führerbunker.

Hitler begibt sich zum Teehaus. Um 18 Uhr dürfen wir den Nachrichtenbunker verlassen und in die Unterkünfte gehen. Unsere Offiziere werden jedoch alle festgehalten. Da unser höchster Nachrichtenführer mit zu den nun bereits bekannten Verschwörern zählte, waren wir alle mehr oder weniger mitverdächtigt.

Kurz vor 19 Uhr erteilt mir Major Wolf fernmündlich den Befehl, Punkt 20 Uhr im Führerbunker zu sein. „Dort bringen sie an alle Apparate einen zweiten Hörer an!" Um die angegebene Zeit betrete ich durch den Westeingang den Bunker. Zuvor hatte ich mit einem von der Wache, einem neu gebackenen Untersturmführer, eine heftige Auseinandersetzung, da ich den Nordeingang benutzen wollte. Ich sagte ihm unverblümt, dass ich einen Befehl auszuführen hätte und ich mich an meinen Befehl zu halten habe. Darauf schreit er mich an: „Ich bringe Sie hin, wo Sie hingehören." Mir schien, auch ihm waren die Nerven durchgegangen. Er war der zweite Kammerdiener Hitlers.

Linge zeigte mir die Räume des Führers und wollte mich dann bei meiner Tätigkeit allein lassen. Ich machte ihn auf die gleich nach dem Attentat (gegen mich) gerichtete Verdächtigung aufmerksam und bat ihn, einen der Reichssicherheitsdienst-Männer zu meiner Sicherheit während meiner Anwesenheit in den Räumen dabei zu lassen.

Zuerst betrat ich Hitlers Arbeitsraum. Er war mit einem Schreibtisch, Bücherschrank, einem kleinen runden Tisch und einigen Sesseln ausgestattet.

Links der Tür stand ein Büffet. Es stand voller Arzneimittel. Zu meinem Erstaunen sehe ich noch zwei große Kohlensäureflaschen; der Leibarzt, Professor Morell, musste Hitler hier behandelt haben. Auch der Schlaf- und Wohnraum waren einfach und nüchtern ausgestaltet. Zuletzt musste ich noch an zwei Apparaten im Vorraum Diafonhörer anbringen.

An dem einen spricht Bormann mit Berlin. Ich höre ihn während seiner Arbeit jeden durchgesagten Namen wiederholen. Er hat schon mehrere voll beschriebene Blätter vor sich auf dem Tisch liegen. Plötzlich blickt er zu mir auf und sagt: „Was, Schneider, da staunen Sie?" Ich antworte „Jawohl, Herr Reichsleiter." Ich war ja mehr als erschrocken, dass er meinen Namen wusste.

Durch die offene Tür sehe ich Hitler und Mussolini beim Abendbrot. Ich höre hin und wieder Hitler sprechen, kann aber von der Unterhaltung nichts verstehen. Die Anwesenden verhalten sich ruhig.

Ich bin froh nach beendeter Arbeit den Bunker verlassen zu können. In der Vermittlung bestürmt man mich mit Fragen, war ich doch der einzige Mann außer Hitlers Bediensteten, der jemals die eingerichteten und bewohnten Räume betreten hatte.

STAUFFENBERG

Stauffenberg ist nach seiner Ankunft in Berlin verhaftet und hingerichtet worden. Einer unserer Unteroffiziere hatte an dem Tage in der Lagebaracke Dienst. Es waren auf dem Flur zwei Fernsprechzellen aufgestellt, von denen aus auch während der Besprechung Gespräche geführt werden konnten. Adam, so hieß der Unteroffizier, hatte beobachtet, dass von Stauffenberg als einziger von allen, die zur Lagebesprechung befohlen worden waren, eine Aktentasche mitgebracht hatte. Stauffenberg ist Sekunden später aus dem Raum, in dem die Bombe explodierte, mit dem Ruf „Ein Attentat auf den Führer" gestürzt und an ihm vorbei zum Ausgang geeilt. Außerhalb der Sperrzone 1a ist er in sein wartendes Fahrzeug gestiegen und gelangte, nachdem er ungehindert die Wache Ost passiert hatte, zum Flugplatz Rastenburg. Adam wurde (wegen der Meldung seiner Beobachtungen) zum Wachtmeister befördert und erhielt von Hitler 10 000 Mark Belohnung.

AUSWIRKUNG DER EXPLOSION

Ein großes Rätselraten machte nun den Herren, die die ganze Durchsuchung über Hergang und Wirkung der Explosion durchzuführen hatten, die geringe Auswirkung. Die

Unsere Träume

Unsere Naspa

Naspa Die verstehen mich

Die **1.** Küchen-Adresse in Limburg.

Kompetenz • Qualität • Service

Schiede 20 • 65549 Limburg
Tel. 06431/6327 + 22409

poggen pohl

Die Küche Ihres Lebens.

Küchenplanung per Computer
Frontansichten-Grundriss
und 3D-Perspektivzeichnungen
Installationspläne

 im Hof

Ihr Küchenpartner

Lagerhölzer für den Fußboden waren auf in nur 2 m voneinander entfernten, aus Ziegelsteinen errichteten Postamenten aufgelegt. Auf dem Fußboden war noch ein dicker Teppich aufgelegt. Durch den Hohlraum unter dem Fußboden war der Explosion im Voraus schon jegliche Sprengwirkung genommen. Wäre das Attentat im Lageraum des Führerbunkers ausgeführt worden, wäre meiner Ansicht nach keiner der Anwesenden mit dem Leben davongekommen!

In der nächsten Zeit wird nun wieder fieberhaft an den Bunkern weitergearbeitet. Hitler ist vor allem an der Fertigstellung des Führerbunkers und besonders des Nachrichtenbunkers interessiert. Eines Tages steht er plötzlich unerwartet in dem neuen Wählerraum. Sonderführer Schwenk erstattet ihm Meldung. Er grüßt den Führer durch Handanlegen der rechten Hand an die Kopfbedeckung, so wie er es als Soldat im Ersten Weltkrieg gelernt hatte. Hitler scheint darüber erbost zu sein. Am gleichen Tag ergeht ein Befehl, dass ab sofort für alle Offiziere und Mannschaften nur der Deutsche Gruß auszuführen sei. Dieser Befehl erregte in den Kreisen der Offiziere großen Unwillen.

Nach dem Attentat

Am Tage nach dem Attentat hatte General Thiele die Nachfolge von Feldgiebel angetreten. Er hielt der Kompanie eine zündende Ansprache und ermahnte uns, dem Führer unbedingt Gehorsam zu leisten und für ihn weiterhin unsere Pflicht zu tun. Einige Stunden später wurde auch er verhaftet. Ein Augenzeuge hat mir berichtet, wie man den Mann zugerichtet habe, bevor man ihn ohne Verhör und Kriegsgericht erschoss. Wörtlich sagte der RSD-Mann: „Es war grauenhaft, ich konnte es nicht mehr ansehen."

Es waren schon schlimme Tage für uns alle und manch einer wünschte sich lieber an die Front. Man hatte das Gefühl, immer beobachtet zu sein, keiner traute mehr dem anderen, selbst den besten Freunden nicht. In zwei Nächten schafften wir es dann doch, die gesamte Wähleinrichtung aus dem Anbau in den endlich fertig gestellten Nachrichtenbunker zu verlagern.

Ortswechsel

Die Front im Osten rückt bedrohlich näher. Man versucht Hitler zu bewegen nach Berlin zu gehen. Er lehnt es aber vorläufig noch ab. Da die Russen aber mittlerweile in Ostpreußen die Grenze überschritten haben, bleibt ihm und der gesamten Heeresführung keine andere Wahl.

Adolf Hitler geht nach Berlin. Er wohnt in der Reichskanzlei.

Während der Ardennenoffensive hält sich Hitler vorübergehend im 1939 gebauten Führerhauptquartier „Felsennest" bei Ziegenberg zwischen Usingen und Bad Nauheim auf.

Am 18. Januar 1945 spricht Hitler vom „Felsennest" zum letzten Mal über alle deutschen Sender. Wir hören erstaunt immer noch die Worte vom Endsieg, sind uns aber selbst unserer hoffnungslosen Lage bewusst.

Dann kehrt er nach Berlin zurück und ich muss nach Berchtesgaden, wohin Hitler später zu gehen plante.

Der Tod Hitlers

30. April 1945: Kurz nach 18 Uhr kommt über Fernschreiben die Nachricht vom Tod Hitlers. Draußen auf dem Vorplatz des Hotels verbrennt ein Offizier Papiere. Da fliegt im großen Bogen durch das geöffnete Fenster ein Bild Hitlers. Das Glas zersplittert auf den Steinfliesen. Der Offizier wirft das Bild ins Feuer. Geschieht das zu gleicher Zeit mit der Leiche Hitlers in Berlin? Ein Augenzeuge, der kleine Gefreite Bischof, hat mir diese so oft bestrittene Tatsache nach dem Kriege bestätigt.

Anzeige

DORNBURG
eine Gemeinde mit Herz

Ferienort im Westerwald

Dornburg, die dynamische Gemeinde im Westerwald, ist ein Hort der Ruhe und Entspannung, so recht geeignet für »Ferien vom Ich«. Schon mancher, der sich auf großer Fahrt befand und den Westerwald kreuzte, wurde gefangengenommen von den vielfältigen Reizen der Dornburger Landschaften.
Inzwischen ist Dornburg mehr und mehr ein Ferienort der Familien, der Ruhe und des Erlebens geworden; eine Gemeinde, die zum Ausruhen, Verweilen, zur Muse und zum Kraftholen einlädt. Das geographische Bild der Landschaft wird von Wäldern und Mittelgebirgen, von Tälern und Höhen bestimmt. Überall findet der Gast – jeder auf seine Weise – ein lohnendes Ziel: Wandern, Schwimmen, Segelfliegen, Fußball, Tennis, Kegeln, Fotomotive u.a.m. Dornburg ist mit seinen idyllischen Ortsteilen ein Ferienland der stillen Art. Gerade darum wird es jedem, der dieses Fleckchen Erde erobern will, zum Herzen sprechen. Das gilt vor allem für jene, die sich in der Unrast unserer Zeit noch den Sinn für das »erholsame Schöne« bewahrt haben.

Blick auf Dornburg-Frickhofen

Es war ein weiter Weg, von der keltischen Dornburgstadt bis zur heutigen modernen Gemeinde, die das Alte bewahrt und darüber das Moderne nicht vergißt. Von der Kultur des Keltenstammes auf der Dornburg (LaTène-Zeit) zeugen nur noch spärliche Funde und der Rest einer gewaltigen Ringwallanlage, die als Verteidigungsgürtel die stadtähnliche Anlage umschloß. Sagen und Mythen umranken die vergangene, einst blühende Stadt, in der Handel und Wandel herrschte. Sie erzählen vom Auf- und Niedergang eines Gemeinwesens, das durch den Verrat der Tochter des Bürgermeisters, Hilde, in einem schauerlichen Inferno von Brand und Raub, Blut und Tränen unterging.
Der Dornburg gegenüber erhebt sich der Blasiusberg, dessen Gipfel die tausendjährige Blasiuskapelle, einst Pfarrkirche des Kirchspiels und Gericht »Bleseberg«, krönt. Hier wurden jahrhundertelang Gottesdienste abgehalten, Recht gesprochen und die Toten bestattet. Noch heute genießt das einsame Kirchlein auf dem Berg hohe Verehrung und dient bis in die Gegenwart als Wallfahrtskapelle.
Eine Attraktion für die Gäste ist das »Ewige Eis« am Fuße der Dornburg. Dieses Naturphänomen ist seit über hundert Jahren beliebtes Studienobjekt für den Naturwissenschaftler. Selbst in der

heißesten Sommerzeit ist in zwei Erdstollen das Eis zu sehen, während im Winter Warmluft aus dem Stollen strömt.

Aus den fünf ehemals selbständigen Gemeinden Frickhofen (2698 Einw.), Dorndorf (1681 Einw.), Wilsenroth (1449 Einw.), Thalheim (1307 Einw.) und Langendernbach (1620 Einw.) entstand in den Jahren 1971 bis 1974 in freiwilligem Zusammenschluß die Großgemeinde Dornburg, deren Name von der historischen Dornburg entlehnt wurde. Am 30. 6. 1998 zählt sie 8758 Einwohner + 337 Nebenwohnung = 9095. Durch die Koordinierung aller Kräfte des großen, neuen Gemeindewesens, begann die strukturelle und wirtschaftliche Aufrüstung der Gemeinde. Bei der baulichen Entwicklung wurden der Landschaft und den topographischen Gegebenheiten Rechnung getragen. Der Gast findet weder Hochhäuser noch ihre Umgebung erdrückende Betonklötze. Überlegt und behutsam wurden die Ortsteile weiterentwickelt.

Blasius-Kapelle

Das Angebot der Westerwälder Feriengemeinde gleicht einer farbenfrohen Palette. Sie finden freundliche Pensionszimmer ebenso, wie gutbürgerliche Gasthäuser, Cafés und Hotels. Auch zahlreiche Vereine präsentieren ein vielgestaltiges Angebot, sei es musischer oder sportlicher Natur. Vorträge, Konzerte, Tanz, Festlichkeiten und Lichtspieltheater, große und kleine Ausflugsfahrten bieten Ihnen Unterhaltung und Zerstreuung. Wer in Dornburg verweilt, wird nicht nur Gastlichkeit verspüren, sondern auch einer Aufgeschlossenheit begegnen, die bemerkenswert ist. Das macht unsere Gemeinde liebenswert und gibt ihr eine besondere Note. Sie werden dankbar empfinden, daß es in Zeiten von Hektik und Hast noch Oasen der Ruhe und Erholung gibt und feststellen:
»Dornburg, eine Gemeinde mit Herz«

♪ Mutter-Kind-Kurse, Rhythmik, Musikalische Früherziehung Musikalische Grundausbildung, Orientierungsjahr, Harmonielehre und Gehörbildung, Gesang, alle Instrumente.

♪ Streichernachwuchsorchester, Jugendsinfonieorchester, Junges Bläserorchester, Limburger Jugendbläserorchester, Folkloregruppe, Popgruppe, Gitarrenspielkreise, Blockflötenspielkreise, Bläserquintett, Blechbläserensembles.

♪ Musik mit Behinderten, Musicalprojekte an allgemeinbildenden Schulen, Mithilfe beim Aufbau von Schülerensembles, spezielle Angebote zur Unterstützung von Musikvereinen.

...und natürlich jede Menge Spaß!

Infos & Anmeldung

Kreismusikschule
Limburg e.V.-VdM
Gartenstr., Goetheschule
65549 Limburg
Tel: 0 64 31 - 4 31 20
Fax: 0 64 31 - 4 73 74

**Wir organisieren Ihren Vereinsausflug.
Kompetente Partner
für einen Urlaub von Anfang an.**

Entdecken Sie mit uns neue Welten.

REISEBÜRO

BUSREISEN

Limburger Str. 106
65611 Brechen
Tel. 06438/921711 od. -12
Fax 06438/921713

Öffnungszeiten:
Montag bis Freitag
09:00 bis 12:00 und 14:00 bis 18:00
Samstag
09:00 bis 13:00

**Rufen Sie uns unverbindlich an oder
besuchen Sie uns in unserem Reisebüro**

Blick über den Kirchturm von Ennerich zur Brückenbaustelle der Schnellbahn an der Autobahn, auf Dom und Krankenhaus von Limburg

Foto: Werner Eisenkopf

Ein schwarzer Tag für Lindenholzhausen

Von Bernhard Haßler

11. August 1801. Die Nacht hat sich auf das Land herabgesenkt. In tiefem Frieden liegt das nassauische Dörfchen Lindenholzhausen. Nach den Mühen des Tages liegen die Menschen ruhig im Schlummer. Bleich steht der Mond am Himmel. Er scheint auf die engen Straßen, auf die strohgedeckten Häuser, die im blassen Mondlicht grünlich schimmern. Der Nordwind jagt Wolkenfetzen über den nächtlichen Himmel. Laut hallen die schweren Schritte des Nachtwächters durch die Stille. Die Hellebarde in der einen, die Laterne in der anderen Hand macht er seinen Rundgang durch das Dorf. Eben hat er die elfte Stunde angerufen und nun biegt er in die Kirchgasse ein. Der Mondschein spiegelt sich im Metall des Hornes, das er um die Hüfte trägt. – Doch was ist das? – Brennt es irgendwo? – Es riecht so sonderbar nach Rauch! – Wahrhaftig! Dort aus dem Scheunendach steigt Rauch auf! Und kleine Flämmchen züngeln bereits über das Strohdach! O Gott! Er reißt das Horn von der Seite und stößt hinein. Schaurig hallt es über das schlafende Dorf. „Feurio - Feurio", schreit er und rennt so schnell ihn seine steifen Beine tragen zur Kirche. Wild zerrt er an den Glockensträngen! Entsetzt und nur notwendig bekleidet kommen die Leute aus den Häusern, Eimer und Leitern werden herangeschleppt. Eine lange Kette bildet sich vom Brandherd zum Born. Von Hand zu Hand wandern die gefüllten Eimer der Brandstätte zu – die leeren Eimer zum Brunnen zurück. Doch nur wenig hilft das Wasser gegen die sehr gierig fressenden Flammen. Die trockenen Strohdächer brennen lichterloh, und die „Isseln" fliegen vom aufkommenden Wind getragen auf die Nachbardächer. Schon stehen alle Häuser und Scheunen in der Kirchgasse in Flammen, nun brennt es auch in der Wendelinusstraße, das ganze Dorf brennt! Mittendrin steht noch unversehrt die Kirche. In den Ställen brüllt angstvoll das Vieh. Die Menschen laufen schreiend durcheinander und versuchen ihr Habe zu retten. In ihrer Kopflosigkeit bergen sie unnützes Zeug. Hoch schlagen die Flammen, die nun auch den Kirchturm ergriffen haben, zum nächtlichen Himmel. Es ist keine Rettung! Niemand kann dem fesselnden Element Einhalt gebieten. Was war das? Ein dumpfer Schlag, hochauf stiemen die Funken dort, wo eben noch der Kirchturm in den Flammen zu sehen war. Er ist eingestürzt, zerschellt sind die Glocken.

Die furchtbare Nacht vergeht. Die aufgehende Sonne bescheint ein Bild des Grauens. 65 Häuser mit den dazugehörigen Scheunen und Ställen, die Hälfte des Dorfes Lindenholzhausen, sind dem Brand zum Opfer gefallen.

Uss alt Linneholleser Kersch
Von Bernhard P. Heun

Schie woar se, usser goad alt Kersch vuu auße unn änne;

stunn imm se rimm aach vill Gelärsch uss Kersch stunn mättedränne.

De Toarm suu huuch, kann hierern goabs, unn owwe dränn drai Gloacke;
unn änn de Kersch de Huuchaldoar droff Ingelscher doare hoacke.

Meer ginge immer gään zoar Kersch doo goabs suu vill se gucke. Woarn
meer nit broav, dem Sendeschöff Jersch sei Hand zoam Schlu`doat Jucke.

Meer Bouwe länks; die Weibsleut reechts, seitlich die alte Weese;
unn owwe, hänne, länks un reechts do woarn die Minner gewese.

Zoam Baaschte gings alle poar Wuche do änn de Baaschtstoul nänn;
äm Buch doat me sei Sinne suche- stunn doo alles dränn!?

Uum Jokkebsdoach uum Kerschpatruu, voll woars bess hänne wirre
de Kerschechor saong die Leut woarn fruh, unn drauße doats meist schirre.

Noo Weuhrauch roachs suu schie un suiß uu Weihnoachte, Ustern, Pingste,
so stunn me sich än de Leib die Fujß suu voll woars- un meer woarn d e jingste.

Meer Meßdeiner horre noach vill se douh; stramm stieh, se kneie, se schelle,
det Buch rim truh, et goab kaa Rouh- unn Ladeinisch kunnte meer alles, gelle!

Suu schie woars immer en de Kersch, wuu iss doatt noor gebliwwe?
Wuufeer die Kersch, suu heeßts heut fräsch. Dinkt noo!-
Dofeer hunn eichs geschriwwe!!

So klein und schon perfekt.

Sie möchten einen Heizkessel, der sich dezent und harmonisch in den Wohnbereich integrieren läßt? Dann ist der kompakte Buderus Logamax plus GB112 die richtige Wahl. Denn dieser Brennwert-Wandheizkessel ist äußerst sparsam im Platz- wie im Energiebedarf. Und besonders kompakt als Kombigerät GB122-K. Äußerst reichhaltig dagegen seine Ausstattung: Wegweisende Brennwerttechnologie, modulierender Brenner, auf Wunsch hoher Warmwasserkomfort und der Logamatic Raum-Controller ERC erfüllen rundum höchste Ansprüche.

Brennwert-Wandheizkessel Logamax plus GB112

IHR HEIZUNGSFACHBETRIEB BERÄT SIE GERNE

Brennwertkessel für die Wand
Leistungsspektrum jetzt bis 60 kW

Der Trend zu wandhängenden Heizkesseln in ungebrochen. Diese Entwicklung hat Buderus, in Europa Marktführer bei wandhängender Brennwerttechnik, nachhaltig unterstützt. Die bereits umfangreiche Produkt-Familie an Brennwertkesseln wird jetzt um zwei weitere Mitglieder ergänzt: den Logamax plus GB 112-60 sowie den Logamax plus GB 112-19 (Linea).

Der Logomax plus GB 112-60 stellt mit seiner Leistungsgröße von 60 kW eine wichtige Erweiterung der Baureihe Logamax plus dar, die jetzt Geräte von 11 bis 60 kW Leistung umfaßt. Damit sind nun auch größere Mehrfamilienhäuser mit einem Wandgerät beheizbar. Der Normnutzungsgrad des neuen Brennwert-Wandkessels beträgt bis zu 109 Prozent - besonders energiesparendes Heizen ist damit gewährleistet. Und der Logamax plus GB 112-60 erreicht dank eines modulierenden Vormischbrenners auch geringe Emissionen weit unterhalb der Grenzwerte des „Blauen Engel" und des Hamburger Förderprogrammes. Der Modulationsbereich des Brenners liegt bei 39 bis 100 Prozent. Flexibel arbeitet auch die Umwälzpumpe, die ihre Leistung in Abhängigkeit von der Gerätebelastung zwischen 60 und 100 Prozent Volumenstrom moduliert.

Neuer Wandheizkessel mit 19 kW

Ein besonders günstiges Preis-Leistungs-Verhältnis bietet der neue Logamax plus GB 112-19 (Linea). Die Basis dieses Wandheizkessesl mit einer Nennwärmeleistung von 9,6 bis 19,1 kW bei einer Systemtemperaturspreizung von 40/30 ° C ist bewährte Buderus-Brennwerttechnik: ein hoch vormischender Keramikbrenner für wirtschaftlichen, leisen und emissionsarmen Betrieb, der Wärmetauscher aus einer korrosionsbeständigen Aluminium-Silizium-Legierung sowie der universelle Brennerautomat UBA.

Hohe Wirtschaftlichkeit

Mit dieser Technik ausgerüstet, erreicht der Logamax plus GB112-19 (Linea) einen hohen Normnutzungsgrad von bis zu 108 Prozent. Energiesparend wirken sich auch die modulierende Arbeitsweise von Brenner und Gebläse sowie die Nutzung einer Regelung aus, die das Gesamtsystem optimal steuert. Und auch die Umweltanforderungen werden bestens erfüllt. Dank des modernen Keramikbrenners unterschreitet der Buderus-Wandkessel die aktuellen Werte des „Blauen Engel".

Ebenso wie die anderen Buderus Wandgeräte ist auch der neue Logamax plus GB112-19 besonders kompakt. Dank der kleinen Abmessungen findet er unter dem Dach ebenso Platz wie im Abstellraum, Hobbyraum, Keller oder in einer Nische. Der Heizungskeller lässt sich somit anderweitig nutzen. Oft kann auf den kostspieligen Keller sogar ganz verzichtet werden.

Interessant für den Heizungsfachmann: Mit seiner kompletten Ausstattung lässt sich der Logamax plus GB112-19 schnell und einfach montieren. Werkseitig sind im Gerät bereits Sicherheitsventil, 3-Wege-Umschaltventil sowie Überströmventil vorgesehen. Als Zubehör lässt sich ein Druckausdehnungsgefäß integrieren.

Warmwasserkomfort

Beide neuen Buderus Wandgeräte ermöglichen nicht nur ein energiesparendes Heizen, sondern auch einen hohen Warmwasserkomfort. Für den Logamax plus GB112-19 (Linea) stehen zur Trinkwassererwärmung der Wandspeicher HT 75 mit 75 Liter Inhalt, der Unterstellspeicher Logalux S120 mit 120 Liter Inhalt sowie der nebenstehende Speicher Logalux SU160 mit 160 Liter Inhalt zur Verfügung. Damit kann praktisch jeder Komfortwunsch im Ein- und Zweifamilienhaus erfüllt werden. Der im größeren Leistungsbereich zum Einsatz kommende Logano plus GB112-60 kann mit nebenstehenden Speicher-Wassererwärmern der Baureihen Logalux SU und Logalux ST mit 200 bis 550 Liter Inhalt kombiniert werden. So kann auch der Warmwasserbedarf im Mehrfamilienhaus sicher gedeckt werden.

Für die Steuerung der neuen Brennwertkessel ist eine umfassende Regelelektronik zuständig. Mit der Bedien- und Regeleinheit ERC kann die Heizung bequem vom Wohnzimmer aus geführt werden. Mit ihr können beispielsweise automatische Nachttemperaturabsenkung oder Party- und Ferienfunktion programmiert werden. Der Brennerautomat UBA steuert den Brennermodulationsbetrieb. Außerdem regelt er den Trinkwasserbetrieb und überwacht die Schornsteinfegerfunktion. Und der UBA ermöglicht spezielle Vorteile bei Wartung und Service. Beim Logamax plus GB112-60 sorgt schließlich das Regelgerät Logamatic HW4201 für weitere Programmiermöglichkeiten. Bei Anlagen mit mehreren Heizkreisen kann u.a. durch die automatische Nachtabschaltung eine weitere Energieeinsparung und Umweltentlastung erreicht werden.

Darüber hinaus ist die spezielle Luft-Abgasführung der Wandgeräte von Buderus erwähnenswert. Die Varianten reichen hier von der Dachlösung über die Kaminausführung bis hin zur Ableitung entlang der Außenwand. Dazu gibt es noch die Wahl zwischen raumluftabhängiger und raumluftunabhängiger Abgasführung. Damit kann für jede spezielle Anwendung die optimale und kostengünstigste Lösung gefunden werden.

Hundert Jahre Steuern und Abgaben in Münster

Von Horst Fink

Wenn es darum ging, Steuern oder andere Abgaben zu erfinden, dann waren die Herrschenden immer sehr einfallsreich. An der Art oder den Namen dieser Abgaben kann man aber auch etwas über das Leben unserer Vorfahren ablesen, zum Beispiel, welche Steuern Kriege mit sich brachten, wann Kartoffelkäfer, Ratten- oder Müllabfuhrgebühren eingeführt wurden.

Die Familie Richard Weil in Münster besitzt ein Abgabenbuch, das mit Eintragungen aus dem Jahr 1861 beginnt und mit einer Aufstellung vom 7. 3. 1968 endet.
Es ist von vorne und hinten beschrieben.
Auf dem Deckel steht: Quittungsbuch für Ad. Steinhauer 4. in 164 Münster.
Adam Steinhauer lebte von 1838 bis 1909. Außer ihm werden als Einzahler noch genannt seine Frau Sophie geb. Petri (1842 - 1865), seine Tochter Sophie (1861 - 1930), verheiratet mit Jacob Weil IV. (1855 - 1919, Bürgermeister von 1891 bis 1919), der Enkel August Weil (1885 - 1933) und die Urenkel Gertrud (1921) und Richard (1919) sowie vereinzelt einige andere Personen, die z.T. nicht verwandt sind.

Die erste Eintragung

3tes Sempel Staatssteuer pro 1861,
15 1/2 (vermutlich Kreuzer)
u. Friedrich Schuster 5 1/4 .
2tes Sempel desgleichen 20 1/2
pro 1861 für Sophie Petri 1f 1/2
3tes Sempel desgleichen u. derselbe 1f 1/2
2tes Sempel Gemeindesteuern von ihm,
20 1/2
1tes (?) 2tes Sempel Gemeindesteuer für
Sophie Petri, 2f 1, Sa 4f 43
vier Gulden 43 (x) empfangen am 22 September 1861
(Unterschrift) Schliffer

1 1/8 (?) Sempel Kirchensteuer pro 1861 mit
1 f8 Kr erhalten
Münster den 17ten Oktober 1861
(Unterschrift) Acker
Robert Acker war von 1877 bis 1885 Lehrer in Münster.

Auf der zweiten Seite finden sich u. a. die Eintragungen:

5te Staatssteuer pro 1861,	*1f 21 1/4*
3/4 Sempel Gemeindesteuer,	*1f 1/4*
2tes Halbjahr Zehnte	*3. 21*
von Friedrich Schuster Zehnte	*35*
von Jacob Cäsar 2.	*17*
Holzfällerlohn 1862,	*15*
Ab- und Zuschreibgebühr 1861	*12*
	7f 2 1/2

Sieben Gulden 2 1/2 Kr (?)
am 23 Dezember 1861
(Unterschrift) Schliffer

Am anderen Ende des Buches finden sich die folgenden Eintragungen:

Zahlt 6 Nachten Pferch vom Jahr 1861
mit gfl 5 am 1ten Dezember 1861
Schliffer
Drei Nachte Pferg für Herrn Pfarrer Mügge pro
1862 2fl 40Kr pro 1862 ernalten zu haben
bescheinigt B Acker.
Wenn der Schäfer seinen Schafspferch auf einen Acker oder eine Wiese stellte, musste der Besitzer für den Schafsmist bezahlen und dem Schäfer dreimal am Tag Essen stellen.

Kirchensteuer pro 1861 mit 14 Kr
desgl. pro 1862 20 Kr 3 d
für Sophie Petri pro 1862 1f 2 d

1f 35Kr 5d

Einen Gulden 35 Kr erhalten
B. Acker
Münster den 30. Februar 1862

Für das Jahr 1861 ergeben sich daraus folgende Abgaben:

Staatssteuer in fünf Teilen (Sempel)	
	3f 18 1/2 Kr
Gemeindesteuer	*3f 2 1/4 Kr*
Zehnt (für ein Halbjahr)	*3f 21 Kr*
Kirchensteuer	*1f 22 Kr*

A. Späth
GmbH & Co. KG

35799 Merenberg
Gewerbegebiet
Tel. (0 64 71) 51 90 00
Fax (0 64 71) 5 19 00 10

Ihr Full-Service-Druckzentrum

*Mit einem umfangreichen
Leistungsspektrum sind wir
in jedem Fall der richtige Partner
für Ihre Druckaufträge.*

Wetzlardruck GmbH · Elsa-Brandström-Str. 18 · 35578 Wetzlar · Tel. 0 64 41 / 9 59-0 · Fax 7 56 87

für den Pferch	5f
Ab- und Zuschreibegebühr	12 Kr
zusammen sind das	
16 Gulden 15 3/4 Kreuzer.	

FÜR DAS DARAUF FOLGENDE JAHR SIND ÄHNLICHE AUFGEBÜHREN

Die Staatssteuer

betrug allerdings	5f 45 3/4 Kr
der Zehnte	7f 34 Kr

Das Pferchgeld von 2f 40 Kr wurde an den Pfarrer Ernst Mügge (1859 - 1871) bezahlt.
Neu hierzu kamen:

Wachtgeld	16 Kr
Sprunghafer	29 Kr
Holzfällerlohn	15 Kr

Die gesamten Abgaben beliefen sich auf 21 Gulden 2 1/4 Kreuzer und 5 Pfennige.

ZUM VERGLEICH SEIEN EINIGE JAHRESENTLOHNUNGEN ANGEFÜHRT:

Ein Nachtwächter erhielt im Jahr 6 Gulden, eine Hebamme 4 Gulden 40 Kreuzer und ein Maulwurfsfänger 4 Gulden 15 Kreuzer.
Ein Gulden hatte 60 Kreuzer oder 192 Pfennig.
Die Abkürzung für Gulden ist meist f oder fl für Florentiner Silbergulden, die Benennung für Kreuzer war Kr oder unterblieb sehr häufig ganz, die Abkürzung für Pfennig ist ein deutsches d. In der Amtssprache wurde bis in die zweite Hälfte des 20. Jahrhunderts dieses Zeichen benutzt. Es war eigentlich seit der Zeit Karls des Großen das Zeichen für Dinar.
Ab 1868, also zwei Jahre nach dem Ende des Herzogtums Nassau, tauchen die Bezeichnungen Thaler, Groschen und Pfennig auf, ab 1880 Mark und Pfennig.
1 Thaler hatte 30 Silbergroschen, ein Silbergroschen 12 Pfennige.
1864 wird zum ersten Mal ein Beitrag für die „Viehasselkoranz", später die Viehseuchenkasse, genannt.
Der Jahresbeitrag betrug 1 Gulden 33 Kreuzer, 1865 wurde 3f 3Kr bezahlt, 1866 wurde zunächst 48 Kreuzer und dann noch einmal 3f 51Kr aufgeführt, 1868 wurde für die zweite Jahreshälfte 26 Groschen und 7 Pfennige bezahlt, für das erste Halbjahr 1867 2f 25 1/2 Kr, 1869 im ersten Halbjahr 1 Thaler 1 Groschen 6 Pfennige, im zweiten Halbjahr 1 Thaler 4 Groschen und 1870 sogar 2 Thaler 7 Groschen und 6 Pfennige für ein halbes Jahr.
Im Jahre 1878 waren nur noch 20 Pfennige, 1879 8 Pfennige, 1880 und 1881 jeweils 40 Pfennige „Viehgeld" zu bezahlen.
1926 betrug der Beitrag zur „Landesviehkasse" 7,40M.
1946 wurde für den „Viehseuchenfond" 21 Mark, 1948 21M und 1949 für die „Tierseuchenkasse" 10,80M bezahlt.

ZUM VERGLEICH DIE HEUTIGEN BEITRÄGE FÜR DIE TIERSEUCHENKASSE

für Einhufer (Pferde, Ponys, Esel)	je Tier 10,00 Mark
für Rinder	je Tier 7,40 Mark
für Schafe	je Tier 4,70 Mark
für Schweine	je Tier 4,60 Mark

1865 zahlte Adam Steinhauer „abschlaglich auf gesteigtes Holz im Distrikt Gauchwald 9f 25" am 23. 4. und am 28. 7. 1865 den Rest von 9f „bach".
Nach dem Übergang zu Preußen tauchen einige Neuheiten auf. Nunmehr gibt es neben der Gemeindesteuer, der Kirchensteuer, dem Wachtgeld und dem Pferchgeld die Klassensteuer, manchmal auch „Classensteuer" geschrieben. Sie betrug 1867 für vier Monate je 7 1/2 Groschen = 1 Thaler. Da der Schuldner vermutlich noch kein neues Geld besaß, rechnete der Gemeinderechner den Betrag um in die alte Währung: 1f 45 (1Thaler = 1 3/4 Gulden).
Neu ist auch die Bezeichnung „Grundsteuer"; sie betrug für 1867 1f 8 3/4 und noch einmal 15 Kreuzer, im darauf folgenden Jahr 2Th 1Pf. Einmal taucht auch die Bezeichnung Syber auf. Es könnte sich dabei um einen Stüber (= 1/2 Silbergroschen) handeln.
Weiterhin in der alten Währung wurde der Zehnte bezahlt.
1872 wird für den Zehnten (die erste Hälfte) 4f 2Kr berechnet. Der Gemeinderechner rechnet das um in 2Th 9Sgr 2Pf.
Zum ersten Mal wird 1867 Schulgeld für ein Halbjahr bezahlt. Ab 1868 wurden pro Halbjahr 4 Silbergroschen 4 Pfennig berechnet und für 1873 und 1874 je Halbjahr 7 Silbergroschen 6 Pfennig.
1868 betrug der Zehnte für ein Halbjahr 4f 13 1/2 Kr, die Kirchensteuer 1Th 10Kr (!), die Gemeindesteuer für ein Halbjahr 1Th 18Gr 3Pf, das Schulgeld 4Sg 4Pf, das Wachtgeld 4Sg 7Pf, das Pferchgeld 3Th 2Sg 1Pf und die Viehkasse 1Th 2Sg 1Pf. Mit knapp 13 Thalern

Identifizierungssysteme

Die intelligente Lösung – mit Sicherheit

Das berührungslose Identifikationssystem gilt durch die Erkennung „im Vorübergehen" als eine der modernsten und sichersten Lösungen in der Identifizierungstechnik. FEIG ELECTRONIC hat diese Entwicklung mit Erfahrung und Know How von Anfang an mitgeprägt.

Eingesetzt wird OBID® in den Bereichen Sicherheit, Freizeit und Parking. Egal ob als Zutrittskontrolle oder Zeiterfassung, Güteridentifizierung oder elektronische Schließanlagen – OBID® ist immer die intelligente Lösung.

FEIG ELECTRONIC GmbH
Lange Straße 4 · D-35781 Weilburg-Waldhausen
Telefon: 06471/3109-0 · Telefax: 06471/3109-99
Internet: http://www.feig.de · E-Mail: OBID@feig.de

EINRICHTUNG FÜR MENSCHEN MIT GEISTIGER BEHINDERUNG

Verwaltung:
Gerhard-von-Dietz-Str. 7 · 65597 Hünfelden-Kirberg
Telefon 06438-6205 · Fax 06438-2710

Haus IRIS ist eine private Einrichtung und bietet Platz für 57 Bewohner.
Eine Heimunterbringung erfolgt aufgrund privater oder behördlicher Anfrage. Ansprechpartner ist die Heimleiterin, Frau Iris Lau.
Je nach den Gegebenheiten sind die Unterbringungskosten privat zu entrichten oder werden von staatlicher Stelle (z. B. Landeswohlfahrtsverband, Sozialamt) übernommen.
Bei uns finden geistig behinderte Erwachsene mit z. T. schwersten unterschiedlichen Mehrfachbehinderungen, welche einer ganztägigen, intensiven heilpädagogischen Betreuung bedürfen, ein Zuhause bis zu ihrem Lebensende. Eine Verlegung wegen erhöhter oder altersbedingter Pflegebedürftigkeit erfolgt nicht.
Wir haben es uns zur Aufgabe gemacht, jedem Heimbewohner eine - seiner Behinderung entsprechende - qualifizierte, ganzheitliche Betreuung mit spezifischer Beaufsichtigung, Anleitung, Unterstützung und therapeutischer Förderung zu geben.
Der therapeutische Bereich umfaßt daher sowohl eine Beschäftigungstherapie als auch eine Fördergruppe für schwerstbehinderte Bewohner.
Daneben finden tagesstrukturierende Maßnahmen auf den Wohngruppen sowie therapeutisches Reiten, Sportstunden und Einzelfördermaßnahmen statt.

entspricht dieser Betrag noch in etwa dem von 1862.
Dabei machte das Pferchgeld in diesem Jahr fast ein Viertel der gesamten Zahlung aus. Allerdings schwankte seine Höhe beträchtlich. 1870 betrug es 6Th 16Sg, 1872 1Th 15Sg 6Pf.
1870 wird erstmals die Höhe der Kirchensteuer in Prozenten angegeben. Sie betrug 20 %. Mit 1Th 2Sg 8Pf entspricht das dem Betrag von 1868, der noch gemischt angegeben wurde.
1877 betrug der Satz 33 1/3 %, 1878 wurde er wieder herabgesetzt auf 20 %, 1879 ging er hoch auf 25 %, und 1897/98 schnellte er auf 50 %, das waren 19 Mark und 28 Pfennig.
1890 und 1891 hatte man die Kirche renoviert. Diese Arbeiten waren erheblich teurer geworden als erwartet und es gab trotz zahlreicher Spenden große Schwierigkeiten mit der Bezahlung. Bei diesem Umbau waren auch noch so schwere Fehler gemacht worden, dass das ganze Kirchenschiff 70 Jahre später ganz abgetragen und wieder neu aufgebaut werden musste, was die Kirche noch einmal viele tausend Mark kostete.
1870 war auch eine zwanzigprozentige Kriegssteuer zu entrichten.
1875 musste der Gemeinderechner wieder umlernen. Mit dem Gesetz vom 3. 6. 1873 hatte der Reichstag die einheitliche Einführung der neuen dezimalen Währung mit Mark und Pfennig beschlossen. Sie sollte offiziell ab dem 1. 1. 1876 gelten. Aber schon 1875 werden die Gemeindesteuern mit 6M 52Pf berechnet. Für einen Thaler wurden demnach etwa 3 Mark gerechnet. Aber erst 1886 hatte sich der Gemeinderechner an die neue Währung so gewöhnt, dass er Mark und Pfennige mit einem Komma trennte.
1877 bezahlte Adam Steinhauer für drei Stämmchen im Gauchwald 11M 50 und 10 Stangen im Rothlepp 3M 3.
1878 wird die Höhe der Gemeindesteuer mit 30 % angegeben, 1879 aber mit 60 %, 1883/84 mit 25 %.
In diesem Jahr taucht zum ersten Mal die Bezeichnung „Viehgeld" auf. Dafür waren 20Pf zu entrichten, 1879 80Pf.
Für die Hausnummer waren 15 Pf zu entrichten.
1878 war erstmals eine „Gebäudesteuer" zu bezahlen: vom Gebäude fürs ganze Jahr 1878 4M 32Pf., 1880 63 Pfennig „Gebäudesteuer".

1883 kosteten 50 Wellen im Rothlepp 2M 50.
1884 waren ein „Pferdegeld" von 30Pf und eine „Strafe" von 1M sowie 50 Wellen zu bezahlen.
1886 kosteten Bäumchen und Setzerlohn 13,93M.
Bis 1888 betrug der Zehnte für Adam Steinhauer und Sophie Petri im Halbjahr 13,76M.
1889 kam ein „Beischlag" von etwas über 19 % hinzu, sodass jetzt 16M 39 zu bezahlen waren.
Für Jacob Weil II. waren an Zehnten 41M 2 und für eine Gülte 6M 36 zu zahlen. Dazu kam der „Beischlag" von 8M 81.
Danach gibt es keine Eintagung mehr über den Zehnten oder Gemeindesteuer bis 1924. Nur noch die Kirchensteuerzahlungen sind quittiert und 1906 eine „Zugangssteuer" in Höhe von 4 Mark.
Die Kirchensteuer betrug 1868 1Th 1Sg 10Pf, 1870 1Th 2Sg 8Pf, 1874 1Th 4Sg 10Pf und 1875 2M 20Pf. Danach stieg sie von 1878 an auf knapp 5 Mark. 1896 auf 6M 49, 1897 auf 8M 94 und fiel dann wieder auf 7M 36. Dieser Betrag ist für den Adam Steinhauer am 16. 10 1910 zum letzten Mal quittiert.
Danach wird als Schuldner Jacob Weil 4. genannt (Bürgermeister in Münster von 1881 bis 1919). Er bezahlt auch für Jacob Ebel und Jacob Weil II. sowie für seinen Sohn August Weil (für diesen zunächst 6Pf) insgesamt 37,13 M. Dieser Betrag stieg langsam bis 1917 auf 48,17M, 1919 auf 64,23M, 1921 dann rapide auf 326,90M und sank dann am 6. 1. 1924 für 1923 auf 25M.
Von nun an wird für die „Jacob Weil 4. Witwe" 3M bezahlt, obwohl der Jacob Weil bereits 1919 gestorben war.
Die Kirchensteuer blieb ungefähr auf dieser Höhe bis in die fünfziger Jahre. Dann stieg sie wieder an.
Die anderen Abgaben sind vom 9. 12. 1923 an wieder aufgeführt. An diesem Tag wurden bezahlt:

Für staatliche Grundsteuer 4,620 Milliarden
für die Unfallversicherung

Nacherhebung	*19 400*
für Haftpflicht	*18 000*
für Wassergeld	*10*
an Deckgeld	*175*
an Hundsteuer	*750*
für 14 Zentner Kohlen	*460*
zusammen	*4,658811 Milliarden*

Hohenfeld-Kliniken Pitzer GmbH & Co. KG Bad Camberg

HOHENFELDSTRASSE 12 – 14
65520 BAD CAMBERG/TS.,
POSTFACH 1141, 65516 BAD CAMBERG/TS.,
TEL. (0 64 34) 29-0, FAX (0 64 34) 2 98 94

Im Jahre 1974 wurde die Hohenfeld-Klinik Pitzer GmbH & Co. KG als Vertragsklinik der BfA zur stationären Durchführung allgemeiner und internistischer Heilmaßnahmen eröffnet. Sie liegt im Kurgebiet von Bad Camberg, einem 1281 gegründeten Städtchen in klimatisch bevorzugter Lage am Westrand des Taunus, das eine lange Tradition als Kneipp-Kurort aufweist und 1981, kurz nach der 700-Jahr-Feier, die Bezeichnung „Bad" verliehen bekam.

Nach modernsten Erkenntnissen erbaut und ständig den gestiegenen Anforderungen und dem strukturellen Wandel entsprechend in baulicher, apparativer und personeller Ausstattung adäquat ergänzt, hat sich die Klinik inzwischen nach den **Hauptindikationsschwerpunkten zu einem Verbund dreier fachlich eigenständiger, aber interdisziplinär eng zusammenarbeitender** Abteilungen bzw. Kliniken entwickelt.

- **Klinik für Psychosomatik:** 166 Betten
Chefarzt: Dr. med. Hermann Schultz, Arzt für Psychiatrie und Neurologie, Psychoanalyse/Psychotherapie
- **Klinik für Innere Medizin und Orthopädie:**
- **Innere Medizin:** 120 Betten
Chefarzt: Dr. med David Rassi, Arzt für Innere Medizin, Sozialmedizin, Nuklearmedizin
- **Orthopädie:** 87 Betten mit 40 Betten für orthopädische Anschlußheilbehandlungen.
Chefarzt: Prof. Dr. med. Peter Steil, Arzt für Orthopädie, Chirotherapie, Sportmedizin.

Den Patienten stehen freundlich und komfortabel eingerichtete Einzelzimmer mit Balkon, Dusche, WC, Telefon und Kabelfernsehen zur Verfügung. Die Zimmer für Patienten der Orthopädischen Abteilung sowie alle Therapie- und Aufenthaltseinrichtungen der Gesamtklinik sind behinderten- und rollstuhlgerecht ausgestattet. Die Klinik ist eine Vertragsklinik der Bundesversicherungsanstalt für Angestellte (BfA), Berlin. Es werden auch Heilmaßnahmen für andere Kostenträger (Krankenkassen etc.) sowie für Privat- und Pauschalpatienten durchgeführt. Hierzu folgende technische Hinweise: Die Kliniken haben einen Versorgungsvertrag nach § 111 Abs. 3 SGB V (alle gesetzlichen Krankenkassen der BRD) und sind als Reha- und Vorsorgeeinrichtungen nach § 107 Abs. 2 SGB V anerkannt.

Merenberg – Das Tor zum Westerwald

Die Gemeinde Merenberg kann auf eine lange geschichtliche Vergangenheit zurückblicken. Urkundliche Erwähnung fand Merenberg bereits als Rittersitz im Jahr 1129. 1290 wurden Merenberg sogar die Stadtrechte verliehen, die jedoch Anfang des 19. Jahrhunderts wieder aberkannt wurden.

Der Name Merenberg aber lebt weiter, auch als Familienname. Grafen von Merenberg gingen aus der 1868 geschlossenen Ehe des Prinzen Nikolaus von Nassau (1832 – 1905) und der Tochter des Russischen Dichters Alexander Puschkin, Natalie (1836 – 1913) hervor. In dieser Namensgebung, mit der sich ein Nassauer Fürst an die ältesten Ursprünge seines Hauses erinnerte, manifestiert sich die ureigene Ausdruckskraft der alten Burgruine, mit der die Geschichte Merenbergs untrennbar verbunden ist.

Heute ist fast die ganze frühere Grafschaft Merenberg zu einer modernen Großgemeinde, die im Zuge der Gebietsreform 1970/71 entstanden ist, zusammengewachsen. Unsere Gemeinde gehört zum Landkreis Limburg/Weilburg.

Viele Einrichtungen der neuzeitlichen kommunalen Daseinsfürsorge – Dorfgemeinschaftshäuser, Sporthalle, Kindergärten, Sportstätten, Tennisplätze, Freizeitanlagen etc. – sind vorhanden. Es bestehen gute Verkehrsverbindungen in den Raum Wetzlar-Gießen und in das Rhein-Main-Gebiet. Die Autobahn-Anschlüsse Frankfurt/Köln und Frankfurt/Dortmund sind bequem zu erreichen.

Baugebiete in landschaftlich schöner Lage bieten auch in Zukunft die Möglichkeit zur Ansiedlung. Umweltfreundliche Industrie- und Gewerbegebiete mit direktem Anschluß an die B 49 sind vorhanden. Die umfangreichen Gewerbeansiedlungen und weiträumigen Wohnbaugebiete haben es mit beeinflußt, daß die Einwohnerzahl der Gemeinde von 1975 bis 1999 von 2.313 auf 3.445 angestiegen ist.

Am 21. 2. 1923 wurden noch einmal für Unfall, Haftpflicht und Grundsteuer 32,860 Milliarden bezahlt.

Am 18. 2. 1924 betrug der Betrag für Grundsteuer und Wassergeld wieder 23,84M (Rentenmark).

Die Rentenmark wurde zwar schon durch ein Gesetz vom 13. 10. 1923 eingeführt (eine Rentenmark galt so viel wie eine Billionen alter Mark), es dauerte aber offenbar bis zum Jahresende oder sogar bis Ende Januar, bis die Umstellung gelang. Durch das Gesetz vom 30. 8. 1924 wurde der Umlauf von Rentenmark-Zahlungsmitteln eingeschränkt; an ihre Stelle trat die Reichswährung.

Am 24. 1. 1924 sind noch einmal hohe Beträge für die Grundsteuer aufgeführt, allerdings sparte sich der Gemeinderechner die Benennung, sodass man nicht genau erkennen kann, was gemeint ist.

Am 23. 5. 1924 ist wieder einmal ein Prozentsatz für die Gemeindesteuer angegeben, und zwar 150 % = 8,37RM.

Das Wassergeld betrug nun für zwei Monate 7,11M, das Deckgeld 10M und der Beitrag für die Landwirtschaftskasse 7,15M, für „Steinfahren" wurden 19,50M erstattet. Auch am 3. 8. 1924 wurden für „Steinfahren" 12,40; und für „Holzanfahren" 2M erstattet, ebenso am 28. 9. und am 5. 12. 1924 und am 21. 6. 1925 für das Fahren von Pflastersteinen 6M.

Für die Pflege des Bullen wurden ab 1924 pro Monat 33,33M von der Gemeinde bezahlt, dazu noch verschiedene andere Kosten für den Bullen, die durch Rechnung nachgewiesen wurden. Vom Mai 1928 an wurden 41,66M bezahlt, danach für zwei Monate 85,00M. Am 21. 6. 1928 kamen zur Bullenpflege für das „Führen" noch 38M dazu und am 3. 7. 1929 für „Reisekosten Ankunft 1 Bulle" 5 Mark. Ab 22. 9. 1929 kamen dazu noch „Lebensmittel für Heßler" oder „Naturalien für Heßler" und mehrmals „Rechnung Heßler" immer zwischen 35 und 45 Mark. Am 20. 12. 1932 werden für einen gekörten Bullen 250 Mark in Rechnung gestellt. 1934 und 1936 und 1937 fielen Kosten für „Ganggebühr Runkel 1 Bullenkauf" in Höhe von 1,50 und danach immer 3,00 Mark an, ebenso 1935 in Höhe von 3,00 Mark für einen „Eberkauf". Auch 1940 wurden für den Ankauf eines Ebers 2,10M erstattet. 1941 musste für „Viehuntersuchung" 5,40M bezahlt werden.

1943 musste ein Tierluftschutzkasten für 19M angeschafft werden.

Am 9. 12. 1923 erscheint zum ersten Mal ein Betrag von 7,50M für Hundsteuer, später von 6M für ein Halbjahr.

Am 27. 2. 1927 wurden 2,40M für „Unkosten bei der Klauenseuche" verrechnet.

Ab 1926 erscheint jährlich ein Betrag von 2M fürs „Nassauer Land".

1930 gab es einen zehnprozentigen Zuschlag zur Grundsteuer.

Am 11. 11. 1928 wurde der Gemeinde ein Betrag von 6,00M in Rechnung gestellt für „Abfahren 1 Ziegenbock".

Am 29. 12. 1931 taucht neben der Grund- und Gemeindesteuer zum ersten Mal die Bezeichnung „Bürgersteuer" auf. Die erste Rate betrug 6,75 Mark.

Am 2.9.1935 wurden für das Anfahren von Holz, Schottersteinen und Wasser in der Vordergasse und am Dreschplatz 125,83M von der Gemeinde in Rechnung gestellt.

1934 und 1935 fielen Kosten an für „Gewanne aufmessen" (23,50 und 5,50).

Am 25. 4. 1939 mussten für die „1. Umlage Kartoffelspritzen 9,45" bezahlt werden. Am 28. 3. 1940 wurde dieses Geld jedoch wieder erstattet („Kartoffelkäfer zurück").

Nachdem am 2. 4. 1943 schon ein Tierluftschutzkasten gekauft worden war, musste am 27. 12. 1943 auch eine Spritze für 13,50 angeschafft werden.

Am 31. 1. 1947 wurde eine Speicherspritzung (gegen Kornkäfer) mit 10,92M bezahlt. Der Beitrag für den Viehseuchenfond betrug für 1946 21RM, das Wassergeld betrug für ein Vierteljahr immer noch 8,50RM.

Am 15. 12. 1948 musste zum ersten Mal für die Rattenbekämpfung 3RM bezahlt werden, am 15. 6. 1948 für die Obstbaumspritzung 16,10RM.

Am 5. 11. 1948 wurden 2,30 RM für Ätznatron bezahlt.

Mit Ätznatron wurden die Lappen getränkt, an denen man sich wegen der Maul- und Klauenseuche die Schuhe und Stiefel beim betreten oder verlassen der Ställe reinigen musste.

1949 taucht ein Betrag von 2,40 für die „Landwirtschafts-Kammer" auf.

Am 12. 1. 1952 kosteten die „Dreschmotor Anschlussgebühr 52" 19,98M.

Am 5. 5. 1956 taucht erstmals ein Betrag für „Kanalgebühr" auf; sie betrug pro Monat 50 Pfennig.

Von 1958 wurden Landesausgleichsbeträge bzw. Umlegungsbeträge und Obstbaumausgleichsbeträge fällig (bis 1967).

RUNKEL/LAHN

Die Stadt Runkel liegt in einem Talkessel zu beiden Seiten der Lahn, welche die natürliche Grenze zwischen Taunus und Westerwald bildet. Runkel, im Jahre 1159 erstmals erwähnt, hat viele Sehenswürdigkeiten wie die Burg mit Museum, die steinerne Lahnbrücke aus dem 14. Jahrhundert, Reste der Stadtmauer, Fachwerkhäuser.

Auskünfte erteilt:
Stadtverwaltung Runkel, Burgstraße 4
65549 Runkel
Tel. (0 64 82) 9 16 10 · Fax (0 64 82) 16 50

gemeinder GMBH

GEMEINDER GMBH
FRIEDHOFSTRASSE 8
65 556 LIMBURG-STAFFEL

TELEFON 0 64 31 / 60 04
         0 64 31 / 60 05
TELEFAX 0 64 31 / 60 16

GESCHÄFTSFÜHRER:
J. GEMEINDER · H.A. BRÖTZ

HEIZUNG
SANITÄR
WÄRMETECHNIK
VERTRIEB
HANDEL
MONTAGE

MEISTERBETRIEB

1959 wurde für den ersten Mülleimer 14 Mark und für die ersten Müllgebühren von Mai bis Oktober 1959 2,40 Mark bezahlt.

Die letzte Eintragung stammt vom 7. März 1968 und lautet:

Grundsteuer f. Juli - Dezember 67	116,-
Kanalgebühr f. Juli - Dezember 67	18,-
Wassergeld März - April 67	93,-
Hundesteuer März - April 67	6,-
Müllabf. Geb. Juli - Dezember 67	4,80
Deckgeld 1967	92,-
Umleg. Geb. April/67	49,10
Viehseuchenbeitrag 1968	62,50
7. 3. 1968	441,40 DM
Ebel	

Die Bezeichnung für die Abgaben haben sich im Laufe der über 100 Jahre mehrfach geändert, manchmal sind sie nicht eindeutig.

Die ältesten Abgaben waren Staatssteuer, Gemeindesteuer, Zehnt und Kirchensteuer. Nur die Letztere hielt sich bis heute.

Die Bezeichnung Staatssteuer taucht ab 1861, die Gemeindesteuer ab 1938 nicht mehr auf, von da an bis 1948 ist nur von Steuer die Rede. Daneben gab es aber von 1931 bis 1942 noch die Bezeichnung Bürgersteuer.

Die Bezeichnung Staatl. Grundsteuer gibt es von 1923 bis 1933, einfach Grundsteuer heißt es von 1948 bis 1968.

Am 29. 1. 1879 heißt es einmal „vom Gebäude fürs ganze Jahr 1878 Gemeinde und Kirchensteuer 4M 32" und am 12. 9. 1880 „Gebäudesteuer 63Pf".

Das Pferchgeld wurde bis 1883 bezahlt, das Wachtgeld (für Nachtwächter) bis 1884, Sprunghafer von 1862 bis 1884, Deckgeld von 1940 bis 1968.

Löhnberg –
Die (er)lebenswerte Gemeinde an der Lahn

Die Laneburg, ein Wahrzeichen von Löhnberg.

Löhnberg, die Heimat des Mineralwassers, lädt ein.

Noch heute sprudeln aus dem Boden die Mineralquellen, die den Namen des Löhnberger Ortsteiles Selters zum nationalen und internationalen Synonym für Mineralwasser gemacht haben.

Im Kallenbachtal liegen die Orte Niedershausen und Obershausen, die gemeinsam mit Selters und Löhnberg die nahezu 5000 Einwohner zählende Großgemeinde bilden.

Auch Freunden der Gastronomie bietet das Dorf zwischen Taunus und Westerwald eine breite Angebotspalette. Von gut bürgerlich bis gehoben reicht das Sortiment an Speisen und Getränken in der Kerngemeinde und den Ortsteilen.

Kanufahren auf der Lahn, Radwandern – auch in das herrliche Kallenbachtal – oder Golf sind nur drei Beispiele für die vielfältigen Möglichkeiten, die Löhnberg seinen Gästen bietet. Den Einwohnern wird eine ausgewogene Infrastruktur mit modernen kommunalen Einrichtungen, wie Volkshalle, Dorfgemeinschaftshäuser, Kindergärten, Jugendräume, Sportstätten, Freizeitanlagen, Tennisplätze, Minigolf, Trimmpfad usw., geboten.

Durch die guten Verkehrsverbindungen in den Raum Wetzlar/Gießen, den Raum Limburg mit dem zukünftigen ICE-Haltepunkt Frankfurt-Köln, in das Rhein-Main-Gebiet mit Autobahnanschlüssen Frankfurt-Köln und Frankfurt-Dortmund und einen Bahnanschluß an der Linie Koblenz/Gießen ist Löhnberg auch für kleine und mittlere Betriebe ein attraktiver Standort.

Historisches

Löhnberg mit seinen Ortsteilen Löhnberg, Niedershausen, Obershausen und Selters hat eine wechselvolle Geschichte.

Die Vorgängerin von Löhnberg – das Amt Heimau – fällt ungefähr mit den Grenzen der früheren fränkischen Waldhäuser Mark zusammen, die erstmals 881 urkundlich genannt wird, wie auch die Ortsteile Löhnberg 1254, Selters 1257, Niedershausen 1296, Obershausen 1310. Dem Grafen Johann zu Nassau-Dillenburg wurden am 18. Februar 1321 von König Friedrich dem Schönen zu Colmar/Elsaß für sein Dorf Heimau die Stadtrechte verliehen. Dieselben sind bei der nassauischen Verwaltungsreform Anfang des 19. Jahrhunderts verlorengegangen. Seitdem ist Löhnberg „Marktflecken".

Im Zuge der Verwaltungsreform haben sich die früheren Gemeinden Löhnberg, Niedershausen und Obershausen mit Rechtswirkung vom 31. Dezember 1970 zu der neuen Gemeinde Löhnberg zusammengeschlossen. Die Gemeinde Selters wurde ab 1. Juli 1974 eingegliedert.

Blick von der Lahn auf die evangelische Kirche in Löhnberg.

Zwischen 1321 und 1324 wurde das Wahrzeichen der Gemeinde, die „Laneburg", von dem Grafen Johann zu Nassau-Dillenburg erbaut. Es war eine Schutzburg auf dem Felsen über der Lahn. In der Mitte des 16. Jahrhunderts wurde dieselbe zu einem Wohnschloß erweitert und war zeitweilig Residenz der Nassau-Dillenburger.

Das Schloß brannte am 5. September 1900 aus und wurde nicht wieder aufgebaut. Auch als Ruine macht der Bau, eine Zweiflügelanlage mit je einem Turmfragment an der Nord- und Ostecke, noch immer einen imposanten Eindruck. Um sie vor dem Verfall zu schützen, wurden umfangreiche Konservierungsmaßnahmen vorgenommen.

Die Löhnberger Schleuse.

Ortsansicht von Niedershausen.

Heute steht die Ruine mit restaurierten Gewölbekellern der Öffentlichkeit für viele private und kulturelle Veranstaltungen offen.

Ein Kleinod ist die nach zweijähriger Restaurierung im Jahr 1998 neu eingeweihte evangelische Pfarrkirche – eine ehemalige Hof- und Schloßkirche – mit gotischem Chor und sehr schönen Decken- und Brüstungsmalereien.

Das Kirchdorf Niedershausen – früher Niederolshausen – gehörte bis 1492 zur Grafschaft Solms, kam dann an Nassau-Beilstein und 1621 an Nassau-Diez. Der Ort Obershausen – zuerst als Oberrulshusen – hat eine alte Kirche, die weithin sichtbar über dem Dorf steht. Ein im Kern romanisches Schiff mit schmalerem Chor, darüber Dachreiter.

Der kleinste Ortsteil Selters ist durch die berühmten Mineralquellen weltbekannt.

Nähere Informationen erhalten Sie bei der Gemeindeverwaltung Löhnberg, Obertorstraße 5, 35792 Löhnberg, Tel. (0 64 71) 98 66-0.

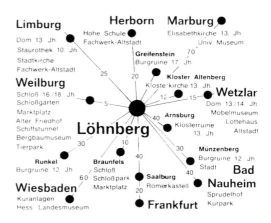

Gemeinde Weinbach

Die in günstiger Lage zwischen den Flüssen Lahn und Weil gelegene Gemeinde Weinbach stellt mit ihren fast 50 % Wald- und Wiesenflächen einen optimalen Erholungsort dar.

Das Nebeneinander von Tradition und Moderne in Leben und Arbeit der ca. 5000 Einwohner der Gemeinde Weinbach bietet dem Besucher einen lebhaften Einblick in den Alltag einer ländlich geprägten aber trotzdem den Ansprüchen des neuen Jahrtausends gerecht werdenden Gemeinde.

Ein solarbeheiztes Schwimmbad, Spielplätze, zahlreiche Rad- und Wanderwege, Wassersportmöglichkeiten „an und auf der Lahn" sowie die Nähe zu einer Vielzahl berühmter und sehenswerter Ausflugsziele in der Umgebung machen die Gemeinde Weinbach zu einem hervorragenden Ausgangspunkt vieler Unternehmungen.

Desweiteren ist das Wasserschloss in Elkerhausen mit einem Museum für zeitgenössische Kunst und die Burgruine Freienfels in jedem Fall einen Ausflug wert. Die Freienfelser Ritterspiele, die schon weit über die Landesgrenzen hinaus bekannt und die größten ihrer Art in ganz Deutschland sind, ziehen alljährlich hunderte Besucher in ihren Bann.

Für weitere Auskünfte stehen wir Ihnen gerne und jederzeit zur Verfügung:
Gemeindeverwaltung Weinbach, Elkerhäuser Straße 17, 35796 Weinbach,
Tel. 0 64 71 / 9 43 00, Fax 0 64 71 / 94 30 23
e-mail: GemeindeWeinbach@t-online.de, Homepage: www.weinbach.de

---

**Sorgfalt und Qualität
sind für uns selbstverständlich.**

Ob Auftragsfertigung oder Dienstleistung, wir sind für Sie da und

- montieren, fräsen, drehen und schweißen Metalle
- sortieren, kartonieren und verpacken (auch größere Einheiten)
- stellen in unserer Schreinerei Spielgeräte und Holzarbeiten her
- setzen Fahrräder instand
- übernehmen Garten- und Landschaftspflege

wie immer – zuverlässig und schnell.

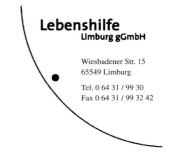

Lebenshilfe
Limburg gGmbH

Wiesbadener Str. 15
65549 Limburg

Tel. 0 64 31 / 99 30
Fax 0 64 31 / 99 32 42

BLICK AUF DIE PFARRKIRCHE VON NIEDERBRECHEN

Foto: Walter Kurz

Wir helfen Ihnen weiter!

Caritasverband für den Bezirk Limburg e. V.
Schiede 73 · 65549 Limburg
Telefon 0 64 31 / 20 05-0

Sozialstationen für ambulante Pflege- und Hilfsdienste
- **Bad Camberg, Selters**
  Am Kindergarten 7, 65520 Bad Camberg-Erbach, Tel. 0 64 34 / 60 43
- **Limburg, einschl. Ortsteile**
  Westerwaldstraße 1, 65549 Limburg, Tel. 0 64 31 / 2 21 51
- **Hadamar – Elz – Beselich**
  Auerweg 10a, 65614 Beselich-Obertiefenbach, Tel. 0 64 84 / 89 14 30
- **Waldbrunn – Dornburg – Elbtal – Mengerskirchen**
  Bitzl, 35794 Waldernbach, Tel. 0 64 76 / 41 01 70

Seniorenzentren (Dauerpflege, Tagespflege, Kurzzeitpflege, Betreutes Wohnen)
- Caritas Altenzentrum St. Josefshaus, 65604 Elz, Gräbenstraße 22, Tel. 0 64 31 / 98 66-0
- Seniorenzentrum Mutter Teresa Haus, Langhecker Str. 39, Tel. 0 64 38 / 91 33-0
- Seniorenzentrum Maria Hilf, Auer Weg 10a, 65614 Beselich,
  Tel. 0 64 84 / 9 11-0

Beratungsdienste im Ferdinand-Dirichs-Haus, Schiede 73, 65549 Limburg
- Beratungsstelle für Eltern, Kinder und Jugendliche, Tel. 0 64 31 / 20 05-30
  Nebenstelle Weilburg, Tel. 0 64 71 / 92 38 95
- Beratungsstelle für Ehe-, Familien- und Lebensfragen, Tel. 0 64 31 / 20 05-20
- Allgemeine Lebens- und Existenzsicherungsberatung, Tel. 0 64 31 / 20 05-0
- Beratungsstelle für Aussiedler, Flüchtlinge und Ausländer, Tel. 0 64 31 / 20 05-32
- Beratungsstelle für Frauen in Konfliktsituationen, Tel. 0 64 31 / 20 05-27
- Kur- und Erholungshilfen, Tel. 0 64 31 / 20 06-46
- Pflegekinderfachdienst, Tel. 0 64 31 / 20 05-28
- Gehörlosensozialdienst, Tel. 0 64 31 / 20 05-22

- **Treffpunkt Blumenrod,** Stützpunkt für Gemeinwesenarbeit, Bodelschwinghstr. 12, Limburg, Tel. 0 64 31 / 94 60 03
- **Stadtteilarbeit Limburg Nord,** In der Schwarzerde 13, 65549 Limburg,
  Tel. 0 64 31 / 28 44 35
- **Walter-Adloch-Haus** – Hilfen für Wohnungslose, Eisenbahnstr. 3, 65549 Limburg,
  Tel. 0 64 31 / 94 82-0

Befreiung von einer schweren Bürde
Zehntablösungsgesetz im Herzogtum Nassau vom 24. Dezember 1848
Von Walter Rudersdorf

Die Belastung mit der Abgabe des Zehnten ist sehr alt. Schon im 5. und 6. Jahrhundert hatte sich hier und da der Laien- und Kirchenzehnte entwickelt, den die Kirche von den Gläubigen beanspruchte. Man berief sich dabei auf das Alte Testament:
„Alle Zehnten des Landes, sowohl vom Ertrag des Bodens als von den Früchten der Bäume, gehören dem Herrn, sind dem Herrn geweiht." (2. Buch Mose, 30)
Es handelte sich dabei um eine Vermögensabgabe der Laien an die Bischöfe für den Unterhalt der Geistlichen.

Doch erst Kaiser Karl der Große (768 - 814) führte auf dem Reichstag von Düren im Jahre 779 mit Zustimmung der Stände in seinem Reiche die Abgabe des Zehnten allgemein ein. Er bürdete damit den Bauern eine schwere Last auf, die sie über tausend Jahre lang bedrückt hat. Durch dieses staatliche Zehntgebot wurden auch die kirchlichen Bestrebungen gestützt. So waren im späteren Nassauer Land schon im 9. und 10. Jahrhundert die Kirchen allgemein im Besitze von Zehntrechten.

Die Zehntherren

Neben den Landesherrschaften, die sich vom 10. Jahrhundert an entwickelten, waren es vor allem die Gutsherren, die Lehensherren, die Vogteiherrschaften, aber auch die Klöster und die Kirche, die Zehntrechte besaßen.

Die Zehnten

Man unterschied den Großen Zehnten vom Getreide, vom Heu und vom Wein, jede zehnte Garbe war in die Zehntscheune zu fahren und abzuliefern; den Kleinen Zehnten von den anderen Gewächsen wie Früchten, Bohnen, Erbsen und Gemüsen; den Blutzehnten vom Vieh, das aufwuchs, und von den Tiererzeugnissen wie Milch, Butter, Eier und Honig; den Rodzehnten („Neuroth", „Neubruchzehnte") von allem neu urbar gemachten (gerodeten) Boden.

Die Ablieferung der Zehnten

Im Laufe der Jahrhunderte regelten viele Verordnungen diese Abgaben. Die Zehntknechte mussten einen Kerbstock haben, auf dem jede zehnte Garbe eingeschnitten wurde, die sie bei dem jeweiligen Bauern auf dem Feld ausgezählt hatten. Oft war der Pfarrer, der Schultheiß oder der Heimberger (= Herrschaftsbürgermeister) dabei. Diese ausgesonderten Garben waren in die Zehntscheune abzuliefern. Hier zählte einer der Knechte die Garben bzw. die Fuder oder schnitt die Zahl auf einem neuen Kerbstock ein, damit genau verglichen werden konnte, was bei der Ernte verzehntet worden war und was tatsächlich in die Scheune gebracht wurde.
Grundlage für die Berechnung waren (nach HStAW Abt. 172 Nr. 3100, Bd. I.):
1 Fuder Korn (Roggen) = 2 Malter oder 24 Mesten
1 Fuder Hafer = 3 Malter oder 36 Mesten
1 Fuder Gerste = 2 1/2 Malter oder 30 Mesten
1 Fuder Erbsen = 1 Malter oder 12 Mesten
Wer seinen Pflichten nicht genau nachkam und überführt wurde, hatte mit harter Bestrafung zu rechnen. Zehntknechte kamen bei Unregelmäßigkeiten ins „Verbrecher-Register".

Die „Bauernbefreiung"

Die Bestrebungen zur Befreiung der Bauern von den vielen Lasten, Abgaben und Diensten wurden besonders im 18. und 19. Jahrhundert immer stärker. Die Betroffenen sollten frei sein von der praktischen Versklavung durch die Leibeigenschaft und den damit verbundenen Frondiensten für den Herrn, von der Erbuntertänigkeit, von den weiteren Fron-, Hand- und Spanndiensten, von den Abgaben an den Grundherrn, von der grund- und gutsherrlichen Gerichtsbarkeit und von den Zehntabgaben.

Die von den Bauern bewirtschafteten, aber einem Herrn gehörigen Höfe sollten in das Eigentum der Bauern übergehen. Die Allmende – die Gemeinschaftsweiden – sollten aufgeteilt und der Flurzwang aufgehoben werden. Diese umfangreichen Reformen waren nicht kurzfristig zu verwirklichen, aber sie waren zwingend geboten. Für die Ablösung

Hermann Wahl

Nah- und Fernumzüge · Haushaltauflösungen
Abfuhr von Sperrmüll

65549 Limburg a. d. Lahn, Frankfurter Straße 89
Telefon (0 64 31) 4 12 40, Telefax (0 64 31) 47 77 20

ALFRED ZELL
und Sohn · Inh. Arno Zell
Fliesenlegermeister
Fliesenfachgeschäft
Platten · Mosaik
Glasbausteine

65552 Limburg 7 - Eschhofen
Burgstraße 6a · Tel. (0 64 31) 97 37 85 · Fax 9 73 78-7

Die Buchhandlung in Limburgs Altstadt

- großes Lager
- schnelle Besorgung
- fachkundige Beratung
- Spezialist für Heimatliteratur

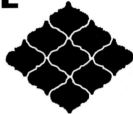

Kommen Sie doch einfach mal in Ruhe stöbern...

65549 Limburg • Plötze 5
Tel. (0 64 31) 66 44 • Fax 28 49 66

---

wieder gut HÖREN

mit modernster Technologie und funktionalem Design.
Wir beraten Sie:

Ihr Meisterbetrieb fürs zweite Gehör
HÖRAKUSTIK GEBHART
Limburg, Diezer Straße 4, Tel. (0 64 31) 2 58 50 · 56457 Westerburg, Neustraße 23

sollten die Bauern eine Entschädigung zahlen, dann aber frei sein.

DIE ZEHNTABLÖSUNG IM HERZOGTUM NASSAU

Die Ablösung aller Zehnten geschah im Herzogtum Nassau verhältnismäßig spät. Im übrigen Deutschland setzte sie schon ab 1809 ein und war um 1830 in etwa abgeschlossen. Doch Herzog Wilhelm zu Nassau (1816 - 1838) war in diesem Punkt kaum zugänglich. Nach seinem plötzlichen Tod trat dessen Sohn Adolph mit 22 Jahren die Regierung an. Schon am 29. Januar 1840 erließ er ein Edikt, in dem eine Zehntablösungskommission eingesetzt und eine Landes-Credit-Casse (ab 1849 Nassauische Landesbank, später Nassauische Sparkasse) geschaffen wurde. Umsichtige Beamte hatten dieses Vorhaben schon Jahre lang durchdacht und vorbereitet, mussten ihre Entwürfe aber in der Schublade ruhen lassen, bis Adolph (1839 - 1866) das Herzogsamt angetreten hatte. Die Landes-Credit-Casse sollte das Kapital beschaffen und als Kredite bei der Ablösung zur Verfügung stellen. Seit 1840 bestand die Möglichkeit, den Zehnten in einer freiwilligen Vereinbarung durch eine einmalige Zahlung abzulösen.

Der nassauische Geschichtsschreiber und Dekan in Kirberg Christian Daniel Vogel (1789 - 1852) schrieb in seiner „Beschreibung des Herzogthums Nassau":

„Bis Ende 1843 sind von den vorhandenen 586 000 Metermorgen (= 146 000 ha) zehntpflichtiger Ländereien ungefähr 386 000 Metermorgen (= 96 500 ha) durch freiwillige Ablösung von den darauf ruhenden Zehntlasten befreit worden." Das waren etwa zwei Drittel der betroffenen Fläche. Man hatte in der Regel einen 25fachen Jahresertrag zu Grunde gelegt.

Im Revolutionsjahr 1848 forderten die Bauern eine entschädigungslose Aufhebung der Zehntverpflichtungen. Damit konnten sie allerdings nicht durchdringen. Nach einigen Verhandlungen wurden durch das Gesetz vom 24. Dezember 1848 die restlichen Zehnten im Herzogtum Nassau aufgehoben. Die Entschädigung setzte man auf den 16fachen mittleren Reinertrag oder Jahresbetrag fest, wovon der Bauer 14, der Staat zwei Teile zu tragen hatte. Das war in etwa der Restsatz, der von den schon 1840 mit dem 25fachen Jahresbetrag abgelösten Zehnten noch übrig war. Die Landes-Credit-Casse streckte den Bauern das erforderliche Kapital als Darlehen vor. Für die Tilgung hatten sie mehrere Jahrzehnte Zeit. 1897 wurden die letzten Raten überwiesen. Danach waren die Bauern frei von diesen Lasten.

NEU in Limburg

Pianos Flügel neu/gebr.
D-Pianos Keyboards
Werkstatt Stimmungen
Konzertservice Transporte
Leihinstrumente Mietkauf
Finanzierungen ab 0,9% eff.

www.demmer-piano.de

Sie finden in unserer Ausstellung sowohl Einsteigerpianos für Ihren Nachwuchs als auch Spitzeninstrumente für professionelle Ansprüche.

Wir bieten auch eine Auswahl überholter 2nd Hand Klaviere, die in eigener Werkstatt überholt und mit einer 5-Jahres-Garantie ausgestattet werden.

DEMMER
Pianos & Flügel

Direkt an der A3 Abfahrt Nord
Industriegebiet Am Fleckenberg 21
65549 LM-Offheim Com 06431.8770

*„Wir kümmern uns
um Ihren Abfall"*

**Über 50 % der Abfälle aus dem Landkreis Limburg-Weilburg
wurden 1999 verwertet.**

Das Aufkommen der Abfälle aus den Haushalten lag 1999 im Durchschnitt bei 475 kg je Einwohner und Jahr, und somit um 9 kg unter dem Landesdurchschnitt. 230 kg davon fielen auf den Haus- und Sperrmüll, der Rest auf die getrennt gesammelten Wertstoffe..

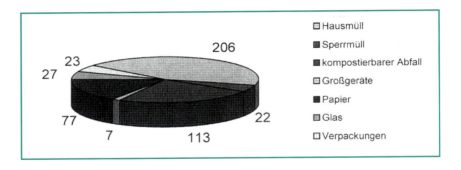

*Unser
Leistungsangebot:*

- **Sammlung, Beseitigung und Verwertung von Abfällen**
- **Abfallberatung für Haushalte und Gewerbe**
- **Vorhalten von Entsorgungsanlagen**
- **Deponiebesichtigungen Vorträge, Schulungen**

Wir helfen Ihnen weiter:

Abfallberatung des AWB
Tel. 0 64 84 / 91 72 - 0 06 oder -0 07
Fax 0 64 84 / 91 72 - 9 99
e-mail: awb@awb-lm.de

Anzeige

Sperrmüllabfuhr 2001
Per Telefon und mit festen Terminen

Aufgrund der seit Januar 1999 mit dem Abrufsystem für Sperrmüll gewonnen Erfahrungen und auf Anregung des Ersten Kreisbeigeordneten Manfred Michel wird der Abfallwirtschaftbetrieb das bestehende Abrufsystem optimieren. Ab dem Jahr 2001 werden für jede Stadt und Gemeinde im Landkreis sechs feste Abholtermine für Sperrmüll im jeweiligen Abfuhrkalender ausgewiesen. Hierdurch ist für die Bürgerinnen und Bürger zum Jahresbeginn eine bessere Planung der Sperrmüllabholung gegeben. Jeder Haushalt kann sich seine Wunschtermine aussuchen und entweder einmalig bis zu 4 Kubikmeter oder an zwei dieser sechs Termine jeweils 2 Kubikmeter Sperrmüll abholen lassen.

Sperrmülltelefon: 06471 / 5169200

Zur Vereinfachung der Anmeldung ist ab dem nächsten Jahr auch eine telefonische Anmeldung beim Entsorgungsunternehmen möglich. Die Abrufkarten können selbstverständlich weiterhin für die Anmeldung der Sperrmüllabholung genutzt werden. Eine Anmeldung ist bis zu 10 Tage vor dem gewünschten Termin möglich.

Was ist Sperrmüll?

Einfach gesagt zählen zum Sperrmüll sperrige Abfälle, die man bei einem Umzug nicht mitnehmen würde und die auch nach einer zumutbaren Zerkleinerung nicht in die Restabfalltonne passen. Ausgenommen hiervon sind jedoch die Abfälle, für die anderen Entsorgungswege vorgegeben sind, wie zum Beispiel die Haushaltsgroßgeräte.
Zum beachten ist zudem, dass die sperrigen Einzelteile nicht länger als 2 m und nicht schwerer als 50 kg sein dürfen.

INITIATIVE FÖRDERN...
WIRTSCHAFTSFÖRDERUNG LIMBURG-WEILBURG-DIEZ GMBH

In der 1994 gegründeten Gesellschaft haben sich der Landkreis Limburg-Weilburg, Städte und Gemeinden des Landkreises Limburg-Weilburg, die Stadt und die Verbandsgemeinde Diez, Kreditinstitute der Region, die Industrie- und Handelskammer Limburg und die Kreishandwerkerschaft Limburg-Weilburg mit dem Ziel zu-

sammengefunden, die Wirtschaftsstruktur in der Region zu verbessern. Wir sind Ansprechpartner für Unternehmen und Institutionen unter anderem in folgenden Bereichen:

Standortsuche, Standortberatung und Standortmarketing

Wir unterstützen Sie, wenn Sie • einen neuen Standort für Ihr Unternehmen suchen und ein geeignetes Grundstück brauchen, • Probleme am bestehenden Standort etwa aufgrund von Anliegerbeschwerden haben, • Schwierigkeiten bei der Umsetzung Ihres Vorhabens und bei Genehmigungsfragen haben, • ungenutzte Flächen oder leerstehende Hallen besitzen und einen Käufer oder Mieter suchen oder • einen Standort entwickeln und vermarkten wollen.

Existenzgründung

Sprechen Sie uns an, wenn Sie • eine selbständige Existenz aufbauen möchten und folglich Beratungsbedarf haben oder • nach geeigneten Fort- und Weiterbildungsmöglichkeiten suchen.

Fördermöglichkeiten

Unterstützung und unbürokratische Hilfestellung bieten wir Ihnen, wenn Sie • Ihren Betrieb erweitern wollen oder eine Neuansiedlung planen und wissen möchten, welche öffentlichen Förderprogramme in Frage kommen oder • einen Förderantrag stellen möchten.

Betriebliche Beratung

Auch wenn Sie technologische oder betriebswirtschaftliche Problemlösungen suchen, sind wir für Sie da. Über die bestehende Kooperation mit der Steinbeis-Stiftung für Wirtschaftsförderung steht Ihnen ein Netzwerk von über 3500 Mitarbeitern mit einem vielfältigen Dienstleistungsangebot zur Verfügung.

Wenden Sie sich an die
Wirtschaftsförderung Limburg-Weilburg-Diez GmbH

Dr.-Wolff-Straße 4 · 65549 Limburg/Lahn
Telefon (0 64 31) 91 79-0
Telefax (0 64 31) 91 79-20
www.wfg-limburg-weilburg-diez.de

DAS TAGESGESCHÄFT DER WFG
– 7 BEISPIELE AUS DER PRAXIS

- **Sie suchen einen neuen Standort.**

Das Standortinformationssystem der WFG bietet einen schnellen Überblick. Geeignete Standorte für Ihr Unternehmen in der Region Limburg-Weilburg-Diez sind schnell ermittelt.

- **Sie haben ungenutzte Flächen oder leerstehende Hallen.**

Die WFG nimmt Verkaufs- oder Vermietungsangebote für gewerbliche Flächen oder Räume in ihr Standortinformationssystem auf und verbessert damit Ihre Vermarktungschancen.

- **Sie haben Fragen zu öffentlichen Fördermitteln.**

In Zusammenarbeit mit den regionalen Kreditinstituten informieren wir Sie über kostengünstige Finanzierungen. Wir prüfen, ob Landes-, Bundes- oder EU-Programme in Frage kommen, stellen Kontakte her und begleiten Sie bei der Antragstellung.

- **Sie haben ein neues Produkt, ein innovatives Verfahren oder eine neuartige, interessante Dienstleistung.**

Wir unterstützen bei der Markteinführung und beraten z. B. beim Aufbau eines Vertriebssystems oder suchen geeignete Kooperationspartner.

- **Sie haben ein technisches Problem.**

Neue Verfahren – neue Probleme. Verschärfte gesetzliche Bestimmungen erfordern Veränderungen im Produktionsablauf, Abfallmengen sind zu verringern. Wir versuchen, auch komplexe Probleme gemeinsam mit Ihnen zu lösen.

- **Sie haben Beratungsbedarf.**

DIN EN ISO 9000, EG-Öko-Audit-Verordnung, CE-Kennzeichnung, Multimedia. Was verbirgt sich dahinter? Ist es wichtig für mein Unternehmen? Wo finde ich einen Experten, der bei der Umsetzung hilft?
Die WFG hilft dabei.

- **Sie wollen sich selbständig machen.**

In Zusammenarbeit mit den Kammern unterstützen wir Sie bei dem Weg in die erfolgreiche Selbständigkeit und helfen, Fehler zu vermeiden.

Die Bilanz der WFG kann sich sehen lassen. 986 intensive Beratungen in den Unternehmen der Region.

Beratungsschwerpunkte waren neben der Standortberatung, der allgemeinen betrieblichen Beratung und der Fördermittelrecherche vor allem die Existenzgründungsberatung.

Die WFG berät in all diesen Fragen und stärkt so die Wettbewerbsfähigkeit der Unternehmen und der Region gleichermaßen. Dazu gehört auch eine aktive Bestandspflege und -entwicklung, denn nur wettbewerbsfähige Unternehmen sichern und schaffen Arbeitsplätze.

...WACHSTUM SICHERN

Elektro- Buschmann

Installationen · Kundendienst
Elektrotechnische Anlagen

65549 Limburg/Lahn · Königsberger Str. 2 · Telefon (0 64 31) 4 11 28
Telefax (0 64 31) 4 44 97

Lorenz Niemeyer Nachf. Rolf Dienst

Lufttechnische Anlagen ·
Ventilatoren und
Apparatebau · Schlosserei

Telefon:
Wohnung: 0 64 71 - 48 92
Werkstatt: 0 64 71 - 48 60
Telefax: 0 64 71 - 4 21 59

35796 Weinbach

Werkstatt:
Gräveneck/Lahn

SENIOREN-WOHN- UND PFLEGEANLAGE
„Lahnblick"

Familie Zimmerschied · Zum Lahnblick 4 · 65606 Villmar · Telefon (0 64 82) 29 10 30 · Fax (0 64 76) 9 10 45

In gemütlich eingerichteten Ein- und Zweibettzimmern finden Sie hier eine für Ihre Bedürfnisse und Wünsche ausgerichtete Pflege und Betreuung. In großzügigen Aufenthalts- und Eßräumen werden Sie sich wohl fühlen. Durchdachte und erprobte Gruppenaktivitäten lassen den Tag nicht lang werden. Gerne vereinbaren wir einen Besichtigungs- und Informationstermin unter der Telefonnummer
(0 64 76) 9 10 44
Auf Ihren Besuch freut sich **Familie Zimmerschied**

AMBULANTE KRANKENPFLEGE H. MONSCHAUER

Geben Sie Ihre Pflege nur in gute Hände.

Sie bekommen folgende Leistungen:
★ Zusammenarbeit mit Ihrem behandelnden Arzt ★
★ Individuelle Schwerstbehindertenbetreuung ★
★ Kurzzeitpflege bzw. Urlaubsbetreuung ★
★ Ambulante Alten- und Krankenpflege ★
★ Hauswirtschaftliche Versorgung ★
★ Mobile soziale Hilfsdienste ★
★ Beratung und Information ★

Herbert Monschauer · Im Pfefferstück 13 · 35799 Merenberg
Telefon (0 64 71) 5 12 69 · Auto-Telefon (01 71) 8 50 80 92
Fax (0 64 71) 5 13 45

Hockey-Bundestrainer Paul Lissek – Ein Fleissiger Zauberer

Von Robin Klöppel

Wenn Paul Georg Lissek junior in Pakistan oder Indien über die Straßen geht, sind ihm bewundernde Blicke der Menschen sicher. Denn für die Fans aus dem fernen Asien, wo Hockey populär wie in Deutschland Fußball ist, zählt der deutsche Herren-Bundestrainer zu den absoluten Superstars im Weltsport. In seiner Heimatstadt Limburg dagegen kann sich der 52-Jährige völlig unbehelligt bewegen. In Deutschland ist und bleibt Hockey eben leider nur Randsportart. Aus dem Schatten von Fußball, Tennis oder Formel 1 kann Lisseks Nationalelf nur hin und wieder für ein paar Stündchen treten, wenn dem heimischen „Goldschmied" mal wieder ein internationaler Titelgewinn gelungen ist. So wie 1992, als Lissek in Barcelona der Olympiasieg glückte. Fünf EM-Titel und drei Champions-Trophy-Siege sollten für den heimischen Erfolgstrainer folgen, der seine Elf damit zum erfolgreichsten deutschen Ballsportteam der 90er Jahre machte. Erfolg war dem Perfektionisten Paul Lissek immer schon wichtiger als Geld, sodass er in den letzten Jahren mehrfach hochdotierte Auslandsangebote ablehnte, um im Jahre 2000 mit Deutschland bei der Olympiade noch einmal auf dem obersten Treppchen zu stehen. Doch das Ergebnis ist bekannt: Im Gefühl des sicheren Halbfinaleinzuges patzte Deutschland mit 1:2 gegen den krassen Außenseiter Großbritannien und lief in Sydney „nur" auf Platz fünf ein.

In gespannter Pose: Hockey-Bundestrainer Paul Lissek — Foto: Klöppel

Weilburger Reise-Dienst

**OMNIBUSBETRIEB
FAHRSCHULE
SHELL-TANKSTELLE**

Limburger Straße 38
35781 Weilburg/Lahn
Tel. 0 64 71 / 9 27 70
Fax 0 64 71 / 92 77-20

FAHRSCHULE
ALLER KLASSEN
(PKW, Motorrad,
LKW, Bus)
H. Weber GmbH

WEILBURGER
REISEDIENST
Gebr. Schermuly oHG

KROH & BLETZ
Ihr Partner rund ums Auto

- TÜV/AU im Haus
- Unfallreparatur
- Wartungsdienst
- Neuwagen-Vermittlung
- Fahrwerk und Reifen

Bornbachstraße 73
35789 Weilmünster-Wolfenhausen

Als Ihr *Objektfachberater und Meisterbetrieb* mit 50-jähriger Tradition führen wir Estrich- und Bodenbelagsarbeiten fach- und termingerecht aus.

Unser Leistungsangebot:
■ Zement- und Anhydritestriche
■ Parkett und Laminat
■ Linoleum und PVC-Beläge

Friedenbachstraße 5
gegenüber VW-Auto-Bach
35781 Weilburg
Telefon (0 64 71) 9 27 10 · Fax 92 71 29

Über **30** Jahre **KRAUS** Automaten Wetzlar

Unterhaltungsautomaten
Geldspielautomaten
Musikautomaten

Spielhallen
Gaststätten
Automaten-Aufstellung

Dieter Kraus · Johanneshof · 35578 Wetzlar
Tel. (0 64 41) 2 30 22

Hockey-Bundestrainer Paul Lissek im Kreise der Deutschen Hockey-Nationalmannschaft
Foto: Klöppel

Nach Atlanta 1996 (Rang vier) hatte Lisseks Image als ewiger Sieger und Hockey-Kaiser zum zweiten Mal spürbare Kratzer erhalten. Nun kamen sie wieder aus allen Ecken, die Kritiker, die ja schon immer zu wissen glaubten, dass der frühere Gymnasiallehrer nicht mit selbstbewussten Spielern umgehen kann und unattraktives (weil Taktik geprägtes) Hockey spielen lässt. Doch Paul Lissek wäre nicht Paul Lissek, würde er jetzt einfach die Flinte ins Korn werfen und den leichten Weg nach Malaysia gehen, wo sie den besten Hockeytrainer der Welt, wie viele Experten sagen, mit Kusshand als Nationaltrainer verpflichten würden. „Ich will hier in Deutschland auf dem Höhepunkt aufhören, mit Talenten jetzt eine große Mannschaft formen", sagt Lissek. Darum will er seinen Vertrag mit dem Deutschen Hockey-Bund auch verlängern und bis Athen 2004 noch einmal richtig Gas geben. Wer weiß, dass die Spieler der anderen Spitzennationen mittlerweile absolute Vollprofis und die Lissek-Buben allesamt Amateure sind, die noch einem Studium oder Beruf nachgehen, kann die Leistung des Limburgers, seine Elf dauerhaft in der absoluten Weltspitze gehalten zu haben, erst richtig einschätzen. „Paulis" Erfolgsgeheimnis ist dabei seine Sucht nach Perfektionismus, sein unbändiger Siegeswille. Nächte lang sitzt er oft am Fernseher, um Gegner sowie Stärken und Schwächen der eigenen Jungs zu analysieren. Alleine für die Olympia-Vorbereitung 2000 war er 130 Tage auf Lehrgängen und Länderspielen mit der Nationalmannschaft unterwegs. Kein Wunder, dass der Limburger bei diesem Arbeitspensum meist in seinem sportlichen Leben mitten auf der Erfolgsspur fuhr. Als Spieler war der Diplom-Sportlehrer 49facher Nationalspieler, Europameister und zweimal WM-Dritter, als Vereinstrainer des Bundesligisten Limburger HC fuhr er den Europapokal der Landesmeister und zwei deutsche Meistertitel ein. Und auch Deutschlands Hockey-Junioren waren unter Lissek dreimal Weltmeister. Lediglich als Damen-

WETON
MASSIVHAUS
Individuell. Stein auf Stein.

Hauptverwaltung:

WETON Massivhaus GmbH
Elzer Straße 22 - 24 · 65556 Limburg-Staffel
Tel. 0 64 31 / 91 22-0 · Fax 0 64 31 / 91 22 53
E-Mail: massivhaus@weton.com

SOZIALZENTRUM HADAMAR

ALLES UNTER EINEM DACH !

---- *Dienstleistungszentrum für Altenhilfe* ----

- *Langzeitpflege*
- *Kurzzeitpflege*
- *Tagespflege*
- *Betreutes Wohnen*

Hammelburg 18
65589 Hadamar
Telefon 06433/91300
Telefax 06433/913060

- *Speiseservice*
- *Essen auf Rädern*
- *Mittagstisch im Sozialzentrum*
- *Café Hammelburg*

Informations- und Beratungsbüro im Kern der Stadt Hadamar, Gymnasiumstrasse 17 (über Mini Mal), Tel. 06433/913020, Mo-Fr 9.00 – 12.30 Uhr, Do 17.00 – 18.00 Uhr geöffnet

- *Medizinischer Badebetrieb mit Massagepraxis*
- *Beschäftigungstherapie*
- *Seniorenkulturarbeit*
- *Familienbildungsstätte*

- *Beratung über: Pflegeversicherung, Sozialhilfe, Ambulante Dienste, Mutter-Kind-Kuren*

- *Ambulante Kranken- und Altenpflege*
- *Ambulante hauswirtschaftliche Hilfe*

NIE WENIGER, ABER OFT MEHR ALS SIE ERWARTEN !

Bundestrainer scheiterte er, weil ihm die Spielerinnen einfach nicht professionell genug waren. Denn was der Limburger selbst tut, nämlich dem sportlichen Erfolg alles andere unterzuordnen, verlangt er auch von seinen Aktiven, was Individualisten und Paradiesvögel stets deutlich zu spüren bekamen. Die Region ist Paul Lissek aber zu großem Dank verpflichtet, denn er bildete in den letzten 30 Jahren hunderte von Kindern beim LHC und an den Schulen sportlich aus und brachte dabei zahlreiche Nationalspieler wie Ekkehard Schmidt-Opper, Andreas Mollandin und Volker Knapp bis hin zu Marc Schreiber, Andreas Lante und Nils Kowalczek heraus. Ohne den „Franz Beckenbauer des Hockeysports" wären 25 Jahre Bundesliga-Hockey in Limburg sicherlich undenkbar gewesen. Doch die des ehrgeizigen Sportverrückten und des unermüdlichen Jugendarbeiters sind nur zwei Facetten des vielseitigen Menschen Paul Lissek. Denn trotz allen internationalen Erfolgen ist der Bundestrainer im Gegensatz zu vielen anderen der Szene stets ein bescheidener, hilfsbereiter Mensch geblieben, der seine olympische Goldmedaille einem bei einem Verkehrsunfall schwer verletzten Freund schenkte und arme indische Kinder finanziell nach besten Kräften unterstützt. „Nebenbei" wird er die nächsten Jahre aber alles daran setzten, sich 2004 mit dem zweiten Olympiasieg als Trainer unsterblich zu machen. Und für ein paar Tage würden ihn dann sogar in Limburg die Leute auf der Straße erkennen.

Landrat Dr. Manfred Fluck (links) konnte Paul Lissek schon für viele Titelgewinne ehren.
Foto: Klöppel

Musikproduktion, Herstellung und Vertrieb von Schallplatten Compact-Discs und Musikkassetten

ZYX Music GmbH & Co. KG
Benzstraße · Industriegebiet
35799 Merenberg
Telefon: 06471-505-0 · Fax: 06471-505-199

HEES + KNOLL DACHTECHNIK GmbH

„Wir lassen Sie nicht im Regen stehen!"

Galmerstraße 31 • 65549 Limburg
Telefon (0 64 31) 33 32

erdgas

Ihr Partner für umweltschonende und komfortable Wärme

Besuchen Sie uns im Internet:
www.egm-erdgas.de

Betriebsstelle Hüttenberg
Dillstraße 2
Tel. (0 64 03) 90 32-0

egm egm Erdgas Mitteldeutschland GmbH

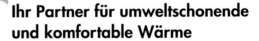

Schlaghecken & Müller & Co GmbH

Büromaschinen · Verkauf · Service
65549 Limburg   Am Fleckenberg 5
Tel. 0 64 31 / 580 580   Fax 0 64 31 / 580 590

Transplantierten-Weltmeister Andreas Eckerth:
Im Leben nie aufgeben
Von Robin Klöppel

Transplantierten-Weltmeister Andreas Eckerth (rechts) wirbt zusammen mit Geh-Olympiasieger Hartwig Gauder (Mitte) für Organspenden.   Foto: Klöppel

Andreas Eckerth ist ein sympathischer und intelligenter junger Mann. Ein ganz normaler Mensch eigentlich, wenn er nicht „zufällig" Leichtathletik-Weltmeister und das bei den Transplantierten wäre. Heute fühlt sich der 25-jährige Bankkaufmann fit wie ein Turnschuh. Doch das war beileibe nicht immer so! Keine sieben Jahre ist es her, dass der Winkelser ums nackte Überleben kämpfte. Schwer nierenkrank ging es dem begeisterten Sportler, der seine Fußballschuhe beim TuS nach neun Jahren notgedrungen an den Nagel hängen musste, von Tag zu Tag schlechter. Nach wenigen Treppenstufen fühlte er sich damals, wie er sagt, bereits so schlapp wie andere nach einem Marathonlauf. Doch eine Niere seiner Mutter schenkte dem Westerwälder ein „zweites Leben". Ein halbes Jahr nach der Organtransplantation hatte sich der Gesundheitszustand des jungen Mannes schon wieder deutlich stabilisiert, als er in der Klinik Hannoverschgmünd einen Aushang der Deutschen Sportvereinigung für Organtransplantierte (DSVO) entdeckte. Von den Ärzten unterstützt, meldete er sich spontan zu den Titelkämpfen. „Früher rieten die Mediziner Transplantierten von Sport ab. Doch heute ist das anders", meint Eckerth. Nach den langen Monaten, als er auf Grund des geschwächten Immunsystems jeglichen Veranstaltungen fern bleiben musste, bescherte ihm der Sport im Sommer 1996 wieder neue Freude am Leben. Bei der Transplantierten-DM startete Eckerth im Ballweitwurf und Kegeln, wurde unter 90 Teilnehmern sensationell Dritter im Tenniseinzel. Dadurch wurde der Ehrgeiz des Winkelsers endgültig geweckt, der sich jetzt dem Leichtathletik-Club Mengerskirchen anschloss und eifrig im Wald und auf der Bahn sein Laufpensum herunter spulte. Kein Wunder also, dass Andreas Eckerth sich als Deutscher Meister im Weit- und Hochsprung gleich für die Weltspiele in Australien mit 51 Nationen qua-

Ingenieurbüro
Dipl.-Ing. Markus WIRTH

Bauplanung · Bauberatung · Bauleitung
Tragwerksplanungen in Stahl- Stahlbetonbau
Holz- und Mauerwerksbau
Sicherheits- und Gesundheits-Koordination

Taunusstraße 2a · 65553 Limburg-Dietkirchen · Telefon 0 64 31 / 9 72 97 / 98 · Fax 0 64 31 / 9 72 99 · E-mail: IB-WIRTH-DIET@t-online.de
Hauptstraße 30a · 56414 Dreikirchen · Telefon 0 64 35 / 96 15 97 · Fax 0 64 35 / 96 15 99 · E-mail: IB-WIRTH-DREI@t-online.de

... für die Blechbearbeitung
... für die Metallbearbeitung
... für den Werkzeugbau

gebrauchte Werkzeugmaschinen...

Telefon 0 64 84 / 8 12 - 33 u. 25
Fax 0 64 84 / 8 12 - 23 u. 45
Internet: www.simon-wzm.de
eMail: info@simon-wzm.de

SIMON Werkzeugmaschinen GmbH
Postfach 20 · D-65612 Beselich

simon

– Meisterbetrieb –

**Glas- u. Gebäudereinigung
Willy H. Thomas GmbH + Co. KG**
Aubachstraße 1 · 35759 Driedorf-Waldaubach
Telefon (0 27 75) 9 55 10 · Fax (0 27 75) 95 51 12

Glasreinigung

Unterhaltsreinigung

Baureinigung

Krankenhausreinigung

Teppichreinigung

Parkettbearbeitung
- schleifen u. versiegeln -

Industriereinigung

Fassadenreinigung

Schädlingsbekämpfung
und Desinfektion

lifizierte. Dort durfte der heimische Athlet unter 49 deutschen Startern im Hochsprung (5. Platz) und im Tennis-Doppel (Viertelfinale) dann schon einmal am Edelmetall schnuppern, das er sich mittlerweile bereits reichlich bei Sommer- und Winterspielen gesichert hat. Der vielseitige Sportfreak bestreitet pro Jahr nur wenige ausgewählte Wettkämpfe, trainiert dafür jedoch drei- bis viermal die Woche intensiv. „Ich weiß nicht, ob ich ohne meine Nierenkrankheit sportlich mehr hätte erreichen können", merkt der Winkelser an. Die internationalen Sportwettstreite der Transplantierten mit großer Eröffnungs- und Abschlußfeier seien jedenfalls so beeindruckend wie echte Olympische Spiele, schwärmt Andreas. Da sich dort alle wie eine große Familie fühlten, wolle er als Aktiver so lange wie möglich im Kreise der Nationalmannschaft bleiben. Der Wettkampftyp („Ich habe starke Nerven") bedauert es nur, dass sich außer ihm zurzeit kein Betroffener aus unserer Region an Meisterschaften beteiligt. Heimische Transplantierte, die sich für die Aktivitäten der DSVO interessieren, erreichen Andreas Eckerth unter (0 64 76) 5 65. Gemeinsam mit seiner Sportfreundin Alexandra Muth (25) aus dem benachbarten Westerwaldkreis, die ebenfalls Weltmeisterin der Transplantierten ist, setzt sich der Mengerskirchener in seiner Freizeit auch aufopferungsvoll für die anderen Menschen auf Wartelisten für ein neues Organ ein. Darum wünscht er sich von Herzen, dass künftig möglichst viele Bürger des Kreises Limburg-Weilburg einen Organspenderausweis bei sich tragen. „Die Gefahr, irgendwann selbst einmal ein neues Organ zum Weiterleben zu benötigen, ist nämlich weitaus größer, als nach seinem eigenem Tode selbst als Spender in Frage zu kommen" weiß Andreas: „Deshalb sollte sich jeder einmal mit diesem Thema befassen". Denn Andreas' großer Traum ist es, dass irgendwann auf der Welt niemand mehr wegen der vergeblichen Suche nach einem neuen Herzen, einer neuen Niere oder Leber sterben muss. Dass man mit einem eisernen Lebenswillen schwere Krankheiten überwinden kann, haben er selbst und andere prominente Sportler wie der herztransplantierte Olympiasieger im Gehen Hartwig Gauder oder der lebertransplantierte mehrfache Deutsche Tischtennismeister Hans-Wilhelm Gäb beweisen. Interessierte Bürger können kostenlos Informationsmaterial zum Thema Organspende beim Arbeitskreis Organspende, (0 61 02) 3 99 99, anfordern.

Andreas Eckerth und Alexandra Muth (vorne Mitte) setzen sich gemeinsam mit anderen Sportlern und Sportfunktionären für Schwerkranke ein. Unterstützung findet ihr Engagement auch beim Sportkreisvorsitzenden im Landkreis Limburg-Weilburg Hermann Klaus (oben links) und Staatssekretär Karl-Winfried Seif (Mitte, zweiter von links). Foto: Klöppel

Schaaf Technologie GmbH
Unser Name steht für Nahrungsmittel-Extrusion - weltweit

- **Snacks**
- **Frühstückszerealien**
- **Instant Baby-Nahrung**
- **Tierfutter**
- **Fischfutter**

Die Maschinen zur Herstellung dieser Produkte kommen von uns.

Aus Bad Camberg liefern wir in die ganze Welt. Das Unternehmen Schaaf ist der Beweis, daß man als flexibler innovativer Mittelständler auch international erfolgreich sein kann.

Tel.: 06434/9172-0
Fax: 06434/917272
E-mail: Schaaf_Technologie@msn.com
http://www.Schaaf-Technologie.de

Schaaf Technologie GmbH
Otto-Hahn-Straße 36
D-65520 Bad Camberg

Design: IHW, Bad Camberg

Gemeinde Elz

Kirche u. Rathaus erbaut 1561.

Zur Geschichte: Die erste Erwähnung des Ortsnamens findet sich in der heute nicht mehr vorhandenen Wiltrud-Urkunde des Jahres 933. Danach schenkte Wiltrud, die Mutter des Grafen Konrad Kurzbold vom Niederlahngau, dem Kloster Seligenstadt am Main den Salzehnten in der „eliser mark". Die erste heute noch erhaltene Urkunde mit dem Ortsnamen wurde 1145 ausgestellt, in der ein *Cunrado de Elise*, ein Konrad von Elz, erwähnt wird. Danach taucht immer wieder in den verschiedensten Urkunden des Mittelalters und auch auf der Karte der „Hessischen Chronica" des Wilhelm Dilich von 1605 der Name *Else* auf, Anfang des 19. Jahrhunderts dann die Bezeichnung Els und in der zweiten Hälfte des 19. Jahrhunderts der heutige Name *Elz*.
Elz heute: Die Gemeinde Elz, gelegen am Rande des Westerwaldes, zählt mit ihrem Ortsteil Malmeneich derzeit rund 7.500 Einwohner.
In Elz bietet sich den Bürgern, aber auch den Besuchern, eine hervorragende Infrastruktur und bester Wohnwert. So verfügt Elz über zwei gemeindliche und einen kirchlichen Kindergarten, über eine Grund- sowie eine Grund- und Hauptschule mit Realschulzweig, mehrere Apotheken sowie Allgemeinmedizinische sowie Zahnmedizinische Arztpraxen. Elz verfügt über beste Verkehrsanbindungen an Straße und Schiene.
Im Elzer „Gewerbeleben" wird nahezu jeder Bereich vom Einzelhandel über das Handwerk bis zum Großhandel abgedeckt. Auch das Vereinsleben ist in Elz sehr gut vertreten. Über sechzig sport- und kulturtreibende sowie sonstige Vereine gibt es in Elz, darunter auch eine Flugsportgruppe mit Segelflugplatz, einen Reitverein mit eigener Reithalle, einen Tennisclub mit Tennishalle sowie einen Skiclub mit angegliederter Tennisabteilung.
Als größtes Volksfest im Nassauer Land ist die Elzer Kirmes weit über die Grenzen von Elz hinaus bekannt.

Tipis auf dem Runkeler Campingplatz geben Einblicke in indianische Wohnkultur

Von Bernd Kexel

Was zieht Indianer nach Runkel an die Lahn? So könnte man sich beim Anblick der drei Tipis fragen, die dort seit einigen Wochen in den sommerlichen Himmel ragen. Tipis, das sind die Zelte der Indianer, und in Runkel sollen sie zur Attraktion für Abenteurer und Kinder werden, die einmal einen Blick in das Leben der Indianer werfen möchten.

Landrat Dr. Manfred Fluck ließ sich bei einem Besuch auf dem Campingplatz in Runkel den Aufbau und die Wohnqualität der Tipis erklären. Guido Schwarz von Lahn-tours hat beim Aufstellen der großen Zelte geholfen: „Bei den Indianern war das Aufstellen der Zelte reine Frauensache", sagt er. „Wenn ich an die Plackerei zurückdenke, kann ich das kaum glauben." Denn mit vier kräftigen Männern haben sie mehr als einen halben Tag gebraucht, um das erste Tipi hinzustellen. Zuerst werden die Stangen aufgestellt und mit einem Seil oben zusammengebunden. Das geschieht ohne Leiter vom Boden aus. 14 Meter lang sind die Holzstangen des höchsten Tipi. An der letzten Stange wird dann die Zeltplane befestigt, mit hoch gehoben und dann herumgezogen. Eine nicht ganz einfache Handhabung, wie Schwarz glaubhaft machen kann.

Das Gute daran ist das Gute darin. Denn zu frieren braucht auch in kalten Nächten niemand im Tipi. Im Inneren brennt nämlich ein Holzfeuer, das die Insassen nicht einnebelt. Vielmehr zieht der Qualm durch einen ebenso einfach wie raffinierten Abzug oben aus dem Zelt heraus. Mit Hilfe von zwei beweglichen Stangen kann der Windzug der Luftrichtung angepasst werden. Bunte Fähnchen am First der Zelte zeigen die Windrichtung an. Zahlreiche Gruppen waren schon in den Tipis zu Gast. Sogar ein Team der Deutschen Bank hat den Nadelstreifenanzug gegen derbe Freizeitkleidung getauscht und das Gruppenerlebnis im Tipi gesucht. Bis zu 24 Personen können im großen Tipi übernachten. Die Indianer tun das auf dem blanken Boden, meint Schwarz. Wir haben einfach Holzliegen hineingestellt, auf denen die Abenteurer im Schlafsack ruhen können. Der Boden ist mit Rindenmulch ausgelegt, um die Bodeninsekten fern zu halten, das funktioniert. Schulklassen, Kindergeburtstage, unternehmungslustige Familien, Betriebsausflüge – die Tipis bieten sich für vielfältige Gelegenheiten an, erklärt Schwarz. Im Winter müssen wir sie leider abbauen wegen der Hochwassergefahr. Guido Schwarz würde nämlich sehr gerne einmal eine klirrende Winternacht im Tipi verbringen. Urgemütlich am offenen Feuer im Zelt. Das hat was!

Landrat Dr. Manfred Fluck lässt sich von Tipibesitzer Guido Schwarz die indianische Wohnkultur erläutern.

Burgruine Freienfels hoch über der Weil

Foto: Walter Kurz

200 Jahre Schützentradition in Kirberg

Von Kurt Nigratschka

Indirekt war wohl der Räuberhauptmann Johannes Bückler, allgemein als Schinderhannes bekannt, Auslöser für die Schützentradition in Kirberg. Die Zeit vor und nach der französischen Revolution brachte eine Phase einer absoluten Instabilität. In den Jahren des ausgehenden 18. und 19. Jahrhunderts war das Gebiet an den Ufern des Rheines und der Schweiz bis in die Niederlande Schauplatz von Kampfhandlungen von kaiserlich-österreichischen, französischen, preußischen und holländischen Truppen. Hierbei wurden Gesetz und Ordnung, Ehre und Moral über den Haufen geworfen. Die Wirren dieser Zeit waren der Nährboden für die Taten plündernder Soldaten, Abenteurer und Diebe, die von Hunsrück bis Taunus, im Odenwald und Spessart, am Niederrhein und in Holland ihr Unwesen trieben. Die zerrüttete politische und gesetzliche Ordnung erlaubte es ihnen immer wieder, sich der Verfolgung zu entziehen, indem sie von dem einen der zahlreichen Kleinstaaten in den anderen wechselten und Unterschlupf in den damals noch schwer zugänglichen Wäldern suchten, wo sie vor jedem staatlichen Zugriff so gut wie sicher waren. Zurzeit des Auftretens des Schinderhannes stand das Räuberunwesen an beiden Seiten des Rheines durch Verbrechen und Gewalttaten mehrerer Banden in voller Blüte und hat auch nach der Verurteilung und dem Tod des Johannes Bückler keineswegs geendet.

Die wohl bekannteste Untat von Schinderhannes in unserer Gegend war der Überfall der Posthalterei von Würges in der Nacht vom 10. auf 11. Januar 1801, die er zusammen mit der so genannten Niederländer Bande unter Führung von Abraham Picard vollführte. Dieser Raubzug brachte zwar nicht die von ihnen erhoffte reiche Beute, hatte aber einschneidende Folgen für ihn und die Bekämpfung des Räuberunwesens in unserer Gegend. Bereits am 28. Januar 1801 traten in Wetzlar die Vertreter von zwölf Regierungen zu einer Sonderkonferenz zusammen, um geeignete Schritte zu dessen Bekämpfung einzuleiten, damit wieder größerer Sicherheit im Taunus und Westerwald herrsche. Man kann daran sehen, dass damals Regierungen schneller auf gegebene Situationen reagieren konnten als unsere heutigen. Die Polizeistreifen wurden wesentlich verstärkt, Orte und Baulichkeiten, die als Schlupfwinkel für Gesindel galten, intensiver kontrolliert und jeder Erwachsene, der außerhalb seines Wohnortes angetroffen wurde, musste sich mit einer Legitimation ausweisen.

Im gemeinschaftlichen Amt Kirberg war dieser Überfall in Würges Anlass, bereits am 15. Januar 1801 die Anordnung zu treffen, in allen Amtsorten Männer, die Waffen besaßen und damit umgehen konnten, zum Schutze der Bevölkerung vor Räuberbanden zu „Schützen-Compagnien" zusammenzustellen. Bereits am 19. Januar meldete Ohren neun Mann, am 20. Januar Nauheim 17 Mann, am 21. Januar Heringen 19 Mann und am 26. Januar Kirberg 20 Mann als Schützen beim Amt an. Lediglich der Neesbacher Schultheiß Becker meldete am 24. Januar, „... es Entschuldigte sich aber jeder Er hätte Kein Schießgewehr, weil die Franzosen alle Vorgefundenen Schießgewehre Entweder verschlagen oder mitgenommen und letztlich noch hätten abliefern müssen." Die von den Schützen für jeden Ort selbst gewählten Commandanten, zu Kirberg Christian Leichtweis („weil er unter Militär gestanden und stammt auch von einem Jäger ab"), zu Heringen den Chaufer Siqueur Lieber, zu Nauheim den Georg Philipp Müller und zu Ohren den Wilhelm Ende, wurden für Montag, den 9. Februar auf das Kirberger Amt bestellt um nähere Anweisungen und Instruktionen zu erhalten. Diese beinhalteten: 1. Dass jeder Schütze ein gutes Schießgewehr mit etwa zehn mit Kugeln oder so genannten Posten gefüllten Patronen in Bereitschaft habe, da der Zweck dieses Zusammenschlusses der Schutz der Ortseinwohner des Amtes sei. 2. Dass der Commandant dies alle vier Wochen überprüfe. 3. Er zuweilen die Schützen an einem entlegenen Ort nach Genehmigung durch das Amt im Abfeuern nach einem bestimmten Ziel üben lässt. Jedoch dürfe dies in keine öffentliche Lustbarkeit ausarten. 4. Dass das benötigte Pulver und Blei bei einem Einsatz von der Gemeinde zu ersetzen sei. 5. Bei der üblichen Nachtwache ein oder zwei Mann der Schützen mit scharf geladenem Gewehr ge-

Schützengesellschaft von 1862 Kirberg e. V.

genwärtig seien, damit diese bei einem Angriff durch Schießen Lärm machen könnten. In solchem Falle sich alle Schützen an einem bestimmten Platz treffen um den Angreifer abzuwehren. Ein Teil der Schützen aber die Tür der Kirche besetzen um deren Zugang vor Räubern zu schützen. 7. Bei einem Angriff durch Räuber an einem anderen Amtsort diesem mit der Hälfte der Schützen zur Hilfe zu eilen, die andere Hälfte aber den eigenen Ort schützen sollte. 8. Um die Ordnung zu gewährleisten, sich die Schützen nach den Anordnungen ihres Commandanten zu richten haben. 9. Jede Art von Ausschweifungen zu unterdrücken sei. 10. Nicht in unvorsichtiger Weise mit dem Gewehr umgegangen werde. Es solle erst eine verdächtige Person angerufen werden, bevor ein scharfer Schuss auf dieselbe abgegeben wird. 11. Gefangene Räuber oder verdächtige Personen sollen zunächst in Gewahrsam genommen und am nächsten Morgen dem Amt zugeführt werden. 12. Durch das Aufstellen der Schützenkompanie werden die Pflichten der örtlichen Wachtmeister und Corporäle keineswegs aufgehoben, sondern sie werden zur Hilfe der Schützen verpflichtet. – Der Eifer der Schützen war anscheinend recht groß, denn der Ohrener Heimberger Höhle berichtete bald an das Amt. „... denn sie betragen sich recht gut und haben schon fleißig poschirt und probirn sich auch Rechtschaffen zu schießen, das ich ordentlich freit an ihnen habe." Doch ob jemals diese Schützen gegen Diebe und Räuber zum Einsatz kamen, darüber schweigen bisher die Akten.

Sicher ist aber, dass das Kirbereger Schützen-Corps weiter bestand und im Flecken auch repräsentative Aufgaben wahrnahm. Denn der Kirbereger Pfarrer Heinrich Wilhelm Anton Genth berichtet über das 3. Reformations-Jubel-und-Vereinigungs-Feste am 31. Oktober 1817: „Das Corps unserer, dahier gebildeten Jäger mit ihrem Anführer stellten sich um 9 Uhr vor dem Pfarrhaus in Parade auf, um die Geistlichen bei ihrem Ausgang aus dem Haus zu bewillkommnen und diesen bis hin zum aufgestellten Zuge das Geleit zu geben" und „Die Jäger aber bildeten one Gewehr, welche vor der Kirche niedergestellt worden waren, auf beiden Seiten des Altars eine Fronte." Wie lange dieses Corps bestand, lässt sich nicht feststellen, doch es ist anzunehmen, dass in der Vormärzzeit hier von der Regierung Einhalt geboten wurde.

Die nächste Nachricht über Kirberger Schützen erhalten wir durch das Gründungsprotokoll der „Schützengesellschaft von Kirberg" vom 1. September 1862. An diesem Tag wurde die von einer Kommission erarbeiteten Statute von der Generalversammlung angenommen und ein Vorstand gewählt. Er setzte sich zusammen aus dem 1. Vorsitzenden Dr. med. Friedrich Wilhelm Grandhomme, dem Schriftführer Friedrich Hesse, dem Kassierer Wilhelm Georg und dem Schützenmeister, dem damaligen Bürgermeister Karl Bender. Als Scheibenweiser für 20 Kreuzer Vergütung je Schießtag wurde Ferdinand Brendel bestellt. Man beschloss, am darauffolgenden Sonntag Nachmittags um 3 Uhr mit dem Schießen zu beginnen. Ein geeignetes Grundstück, eine bescheidene Hütte, die man nach Belieben innerhalb einiger Tage verlegen konnte, und eine Feldscheibe genügten, um mit dem Vereinsgewehr das Schießen, jetzt aber als Sport, auszuüben. Man schoss von einer strohgedeckten Hütte aus in Richtung „Weißer Berg". Jedes Mitglied, so wird berichtet, musste zum Bau der Hütte ein Gebund Kornstroh abliefern. Der Verein hatte seinerzeit auch schon auswärtige Mitglieder. Im Juni 1863 beschloss man Mitglied des Allgemeinen Deutschen Schützenbundes zu werden. Monatliche Preisschießen, für welche Geldpreise aus der Vereinskasse vorgesehen waren, sorgten für Anreiz und bessere Schießleistungen. Die meisten Sorgen bereitete damals aber – wie auch heute noch in vielen Vereinen – das Einbringen der Beiträge. Wer seinen monatlichen Obolus nach zweimaliger Aufforderung nicht beibrachte, wurde kurzerhand ausgeschlossen. Freundschaftliche Beziehungen bestanden zu den Idsteiner Schützen, mit welchen man gemeinsam eine Ehrengabe zum Schützenfest des Mittelrheinischen Schützenverbandes sandte. Die letzte Seite dieses Protokollbuches zeigt das Datum vom 9. November 1870. Was geschah nach dieser Zeit? Leider ist uns in Form von schriftlichen Belegen lange Zeit nichts überliefert. Ein alter Zinnpokal, der um die Jahrhundertwende vom 19. ins 20. Jahrhundert vom hiesigen Apotheker gestiftet wurde, eine große KK-Ehrenscheibe und ein altes verwittertes Gewehrfutteral sind stumme Zeugen für diese Zeit des Kirberger Schützenlebens. Erst wieder aus dem Jahre 1929 liegt ein schriftlicher Bauantrag des „Klein-Kaliber-Schützenvereins Kirberg" auf Erstellung einer Schieß-Schutzhalle an der Kirberger Burg vor. Es ist ein Antrag auf den Bau einer Hütte aus Balkenwerk mit Bretterverkleidung und Pfannenblechdach in der Größe von 5 mal 3,5 Meter. Am 28. April 1929 wurde die Genehmigung zum Bau dieses Schützenhauses erteilt. Weiterhin zeigt dann ein Foto aus den 30er Jahren ein Festzug in Kirberg, auf dem die Schützen mit einer Schrifttafel „Schützenverein Kirberg" zu sehen sind. In der darauf folgenden Zeit wurde dann das Schießen in weit schärferer und gefährlicherer Form und in anderen Gegenden Europas, Afrikas und Asiens durchgeführt, und das meist in unfreiwilliger Weise. Nach dieser schrecklichen Zeit war Schießen zunächst allgemein verboten und verpönt.

Erst an einem warmen Sommerabend des 15. August 1963 fand sich wieder eine Gruppe junger Männer zusammen, um einen Schützenverein zu gründen, ohne dass sie von der schon langen Schützentradition in Kirberg wussten. Geschossen wurde damals zunächst auf der Kegelbahn des Gasthauses Neis (heute Callabria) mit zwei von den Limburger Schützen leihweise überlassenen Luftgewehren, mehr aus Freude an der Geselligkeit denn als sportliche Leistung. Doch der junge, damals in Kirberg mit Skepsis gesehene Verein bekam weitere neue Mitglieder, sodass es auf der Kegelbahn, auf der ja auch noch gekegelt wurde, bedrückend eng wurde. Man musste sich nach einer neuen Bleibe umsehen. Aus drei von der Gemeinde angebotenen Möglichkeiten wurde der Standort „Alte Straße" ausgewählt. Dort, wo einst der Verkehr von Mainz/Wiesbaden nach dem Siegerland floss, entstand nun ein Schützenhaus. In voller Eigenleistung der Vereinsmitglieder wurde im Laufe der Jahre eine Schießsportanlage erstellt, auf der beachtliche sportliche Leistungen erbracht wurden. Der Schießsport, Bautätigkeit und gesellige Veranstaltungen haben im Laufe der Zeit das Vereinsleben gefestigt und die Kirberger Schützen überregional bekannt gemacht. Kreismeister, Gaumeister, Landesmeister, Deutsche Meister und Vize-Europameister gingen aus dieser Gruppe hervor. Fast alle Schießdisziplinen bis zum Bogenschießen werden heute ausgeübt. Aus einem Interessenclübchen der Nachkriegszeit ist ein ausgewachsener, starker, sportlich erfolgreicher Verein hervorgegangen, der nunmehr die in diesem Jahr seit zweihundert Jahren bestehende Schützentradition in Kirberg weiterhin aufrecht erhält. Doch wer denkt dabei heute noch daran, dass einstmals der gefürchtete Räuberhauptmann Schinderhannes hierzu den Anlass gab.

jahrzehntelange Erfahrung mit Holz

geschulte und geprüfte Fachkräfte

umfangreichste Serviceleistungen

Riesenauswahl in Holzprodukten

Limburger Heimwerker Zentrum
Am Renngraben 9, Tel. (0 64 31) 2 20 05
Telefax (0 64 31) 88 93
http://lhz-online.de

W. Egenolf & Söhne OHG · Steedener Weg 10 · 65594 Runkel-Dehrn
Telefon 0 64 31 / 70 07-0 · Telefax 0 64 31 / 70 07 30 · E-mail: egenolf-dehrn@t-online.de

Die „Nassauer" kämpften mit Blücher und Wellington gegen Napoleon

Von Lydia Aumüller

Ein Villmarer Zeitzeuge berichtet über den Kampf bei Quatre-Bras und Waterloo

Nachdem Nassau unter der Regentschaft von Herzog Friedrich August seinen Beitritt zur Allianz gegen Napoleon erklärt hatte, wurden hier Landwehr-Bataillone ausgehoben, die über 40 000 Mann unter Waffen stellten. In den Reihen der nassauischen Truppen befanden sich auch 59 Villmarer Männer, die gegen Napoleon kämpften, nachdem dieser im Februar 1815 von der Insel Elba zu seinem zweiten Eroberungskrieg aufgebrochen war. In der Schlacht bei Waterloo war es den Nassauern zu verdanken, dass zusammen mit den Alliierten der endgültige Sieg über die Herrschaft Napoleons errungen wurde.

Zeitzeuge

Einer der Waterlookämpfer war Johann Peter Leonhard aus Villmar, der seine Erlebnisse in der Soldatenzeit, besonders den Kampf um Waterloo um 1862, aufzeichnete. Davon befindet sich ein 38seitiges Fragment im Besitz seines Urenkels Ferdinand Leonhard, der es freundlicherweise zur Auswertung einer Veröffentlichung zur Verfügung stellte.

Johann Peter Leonhard (Lehnhard) erblickte am 15. Oktober 1793 als Sohn des Simon Leonhard und der Anna Maria geb. Bleul in Villmar das Licht der Welt. Er war von Beruf Steinmetz und stand von 1813 bis 1820 in militärischen Diensten.

Er diente zunächst im 4. Regiment Nassau und war von Weihnachten 1813 bis Anfang Mai 1814 bei der Belagerung von Mainz im Einsatz. Sein Regiment zählte 2 700 Mann, die in vier Bataillone eingeteilt waren. Diese wurden im September 1814 in Schierstein in einem offenen Nachen eingeschifft und in Holland kurz vor Nievell an Land gebracht. Von dort aus ging es Ende September per Fuß nach der Festung Maastricht. Hier wurden sie dem 2. Regiment Nassau zugeordnet, das den Ruf eines Garderegimentes hatte. Während der Schiffsreise kursierte das Gerücht, dass sie von Maastricht aus in die holländischen Kolonien nach Ost- und Westindien verschifft werden sollten. Aber es kam anders.

Aufruhr

In der Festung Maastricht erhielten zunächst alle ankommenden Regimentsangehörigen neue Kleidung. Doch dann folgte ein unwahrscheinlich hartes Kasernenleben, in dem die Männer wie Sklaven behandelt wurden. Freiheitsentzug, schlechtes Essen und Unterkunft bei Wanzen, Ratten und Mäusen führten zu Streitigkeiten mit den Holländern und schließlich zum Aufruhr. Dabei gab es Tote und Verwundete. 13 holländische Husaren wurden von den Nassauern über die Brücke in den Maas geworfen und kamen zu Tode. Als Strafe erhielten die Nassauer Kasernenarrest, das hieß Ausgangsverbot, schlechte Besoldung und eiskalte Unterkunft, sodass viele bis zur Erblindung erkrankten. Jeder war froh, wenn er durch einen Befehl zur Wache vorübergehend diesen Verhältnissen entkam.

Krieg

So auch Johann Peter Leonhard, der am 28. März des Jahres 1815 am Osttor der Festung Wache stand. Gegen 1 Uhr nach Mitternacht erhielt er von einem ankommenden Reiter-Kurier eine Depesche, die er sofort an die Vorgesetzten weitergab. Sogleich ließen diese die Trommeln Alarm schlagen. Das 2. Regiment Nassau, zu dem Leonhard gehörte, musste rüsten, um im Eilmarsch nach Charleroi, einer Festung an der Grenze zwischen Belgien und Frankreich, die von Franzosen besetzt war, zu marschieren. Trotz der Strapazen waren viele froh der „Rattenkaserne" zu entfliehen. Es kam jedoch schlimmer als erwartet. Die Anstrengung des dreitägigen Marsches mit „Sack und Pack" kostete bereits bis zur Ankunft in Charleroi und der Umgebung bei Odellenwall 48 Männer das Leben. In Odellenwall, drei Stunden von Nievell, der Hauptstadt von Flandern, lagerte das Regiment vom 1. April bis zum 15. Juni 1815 im Feldquartier unter freiem Himmel. Von

Gewitterregen durchnässt, stellte sich bei vielen Verdrossenheit und Mutlosigkeit ein.

DAS VILLMARER LIED

Der kommandierende Hauptmann Ebel wollte dies beheben und befahl Johann Peter Leonhard ein ihm bekanntes „Villmarer Lied" anzustimmen. Man formierte eine Kompanie zu einem Kreis und alle sangen mit Leonhard: „Als Lazarus gestorben war, da trauerten um ihn seine Schwestern Susanna, Chatarina, Philippina, bei der Windmühl geht der Weg hinaus"...........
(Anmerkung: Dieses Lied war bisher in Villmar nicht bekannt.)
Da es eine Art Kirchenmelodie war, kamen die Bewohner des Dorfes und entblößten ihre Häupter in der Meinung, die Soldaten hätten Gottesdienst.

DAS SCHLACHTFELD

Doch dann wurde es ernst. Ein Kurier meldete: Die „Stang brennt", das hieß, der Kampf begann. Mit geladenem Gewehr ging es im Sturmschritt auf eine Höhe, ungefähr wie vom Friedhof in Wiesbaden bis zur Platte, so Leonhard. Vor ihnen lag Quatre-Bras, eine wichtige Straßenkreuzung. Auf einer weiteren Höhe standen kampfbereit die Franzosen. Leonhard vergleicht das Schlachtfeld mit der Heimatflur:
„Man stelle sich im Geiste auf die Runkeler Holzgräben, all wo man auf der Chaussee aus dem Runkeler Walde von Weilburg her kommt. Auf mittlerer Höhe der Holzgräben stand am 16. Juni 1815 die Alliierte Armee in Schlachtordnung aufgestellt. Gegenüber von uns war eine andere Anhöhe, ungefähr so ähnlich wie die Anhöhe der Horst, der Brecher Ufer, und wenn sich diese Anhöhe so fort belaufen würde bis gegen die Mitte des so genannten Hufeldes. Auf dieser Anhöhe stand die französische Armee. Zwischen den beiden Anhöhen war die schöne ebene Fläche wie z.B. das Brecher Loch, das Hufeld, das Villmarer Oberfeld bis in die Heiderwiese, das Runkelerfeld. Nur muss man sich das Lahnthal dahier hinweg denken. So eine schöne Ebene war das Schlachtfeld von Waterloo".
Beim Kampf waren die „Nassauer" immer vorne, so Leonhard. In Karrees formierte sich das 2. Regiment zur Schlacht, verstärkt durch Bataillone der Oranier, der Holländer und einer Batterie Kanonen. Im Sturm ging es, bald links, bald rechts, bald vorwärts, bald rückwärts, gegen eine Übermacht der Franzosen, die neben Infanterie auch Kavallerie und Artillerie einsetzten. Es gab viele Tote und die Soldaten mussten sich nach Odellenwall, ihrem Ausgangspunkt, zurückziehen.
Leonhard schildert eindrucksvoll weitere blutige Kämpfe, die unter Mithilfe der englischen Infanterie, Kavallerie und Artillerie, aber auch durch den Einsatz der Schotten, Braunschweiger und Hannoveraner stattfanden.
Dazu kam das 1. Regiment Nassauer, das von Brüssel in 16 Stunden im Sturmschritt zum Schlachtfeld angerückt war. Die Franzosen konnten dadurch zurückgeschlagen werden.
Am 17. Juni 1815 morgens gegen 7 Uhr kamen zu dem Donnern der Kanonen schwere Gewitter mit Regen, sodass die Kampftruppe in wenigen Minuten bis zu den Knöcheln im Wasser stand. Sie mussten sich abermals zurückziehen und einen angeschwollenen Bach, „Genap" genannt, durchschwimmen. Hierbei fanden viele Soldaten den Tod. Für den weiteren Kampf erhielt jeder

Peter Johann Leonhard mit der Waterloo-Medaille

Mann in aller Eile 80 scharfe Patronen und neue Feuersteine. Als die Vordersten marschierten wieder die Nassauer in die Mitte des Schlachtfeldes gegen den Feind. Zehn Fuß hinter diesen standen die Kanonen der Engländer, die über ihre Köpfe feuerten. Die Franzosen erwiderten ebenfalls mit Kanonenfeuer bis zum Einbruch der Dunkelheit. In der Nacht wurde das Feuer von beiden Seiten eingestellt.

Gegen 3 Uhr morgens am 18. Juni ließ das Regenwetter nach. Die Soldaten konnten Lebensmittel fassen, Feuer machen und in Kesseln Fleischsuppe kochen. Zum Essen kam es allerdings nicht, denn die Trommeln schlugen abermals Alarm. „Kessel ausschütten," hörte man von allen Seiten. Alle blieben hungrig und ihre gute Suppe lag auf dem Feld. Dann ertönte das Kommando: „Erstes Bataillon vom zweiten Regiment Nassau voran". Im Sturmschritt marschierten sie zum Hofgut Hougoumont, genannt Belle Alliance, das ein Haupthaus hatte wie das Villmarer alte Rathaus mit einem Türmchen. Das Gut lag im Zentrum des Schlachtfeldes. Sie konnten es besetzen, die Tore verschließen und sich darin verschanzen. Vier Angriffe der Franzosen zur Eroberung des Hofes wurden von ihnen tapfer abgewehrt.

Mit Blücher und Wellington

Leonhard berichtet:

„Für mich waren die Kämpfe wie der Weltenuntergang: Die Erde und der Himmel bebten. Als die Franzosen zum 5. Male Hof Hougemont angriffen und bis in die Mitte des Hofes vordrangen, begann der fürchterliche Kampf Mann gegen Mann. Bei dem unbeschreiblichen Totschlagen, -stechen und -schießen dachte ich nur noch an den Tod. Als die Gefahr am allergrößten war, erschien Fürst Blücher mit seinen tapferen Preußen und fiel den Franzosen an deren rechten Flügel in die Flanke. Zur gleichen Zeit rückte Herzog Wellington mit den Engländern im Sturm auf den linken Flügel des Gegners und auf die Mitte von Hof Hougoumont. Der gemeinsame Riesenkampf gegen die Franzosen führte schließlich zum Endsieg. Bezahlt mit dem Blute vieler Toter und Verwundeter von beiden Seiten, die auf dem Schlachtfeld lagen. Zurück blieb ein total zerstörtes Hofgut, dessen ehemals baumbepflanzte Umgebung dem Erdboden gleich war. Nur durch Gottvertrauen und Gebete habe ich die schrecklichen Tage der blutigen Schlachten mit Todesängsten überstanden".

Einzug in Paris

Siegesbewusst, mit geladenen Gewehren und aufgepflanzten Bajonetten, marschierten die „Nassauer" durch Frankreich bis Paris, der Hauptstadt der Franzosen, die sie am 1. Juli 1815 erreichten. In den umliegenden Ortschaften lagerten sie als Segertruppe, um sich von den großen Strapazen auszuruhen. Ihr Hauptmann Ebel, unter dessen Kommando Leonhard stand, proklamierte am 30. Oktober 1815:

„Leute, der Krieg ist jetzt zu Ende, zu dem wir seit dem 29. März d.J., als wir aus Maastricht ausmarschiert sind, sehr vieles ausgestanden. Wir haben Eilmärsche gemacht, Hunger und Durst, Not und Mühseligkeit aller Art ausgestanden; wir haben die großen Schlachten bei Quatre-Bras und Waterloo mitgemacht, allwo sich meine Companie besonders im Hof Hougomont tapfer ausgezeichnet hat, wovon wir alle Ehre haben. Wir haben viele von unseren Kameraden verlohren, auch viele von denselben liegen heute noch in den Hozpithälern, und müßen ihre Schmerzen ausstehen. Wir dagegen, wie wir heute noch hier beisammen, wir sind auf allerhöchsten Befehl hierher in die Ortschaften zum Einquartieren verlegt worden, um uns 4 bis 5 Wochen von unseren harten Strapazen, welche wir ausgestanden haben, uns wieder ausruhen zu können ...".

Johann Peter Leonhard erhielt zusammen mit seinem besten Kameraden Johann Schmitt in einer größeren Ortschaft ein Quartier zugeteilt, das einem alten Stall ähnlich sah. Das Haus war mit Stroh gedeckt. Der Boden eines Raumes bestand aus Wackersteinen. In der Mitte brannte ein offenes Feuer. Es war das Zuhause eines alten, fast blinden Paares, von denen sie aber freundlich empfangen und bewirtet wurden. ... Die weiteren Aufzeichnungen bis zur Entlassung aus dem militärischen Dienste und der Heimkehr nach Villmar um 1820 waren bisher nicht auffindbar.

Waterloo-Medaille

Leonhard erhielt wie seine Kameraden die von Herzog Friedrich August gestiftete Waterloo-Medaille als Auszeichnung, die er mit berechtigtem Stolze bei einer späteren Fotoaufnahme präsentiert. Sie befindet sich noch heute im Privatbesitz.

Mit dieser Urkunde wurde der ehrenhafte Abschied aus dem Kriegsdienst von Johann Dornuff besiegelt.

EHRENDES GEDENKEN

Dass Johann Peter Leonhard seine toten Kameraden nicht vergessen konnte, hält ein Dokument im Pfarrarchiv Villmar aus dem Jahre 1848 fest. In einem dreiseitigen gedruckten Bericht mit der Überschrift „Zuruf an die Villmarer", nennt er 59 Villmarer Kriegsbrüder namentlich, die in den Jahren 1800 bis 1815 in den Feldzügen in Deutschland, Spanien, Frankreich, besonders in der großen Entscheidungsschlacht am 16., 17. und 18. Juni 1815 bei Waterloo, sowie in den Weltteilen Asien, Amerika und Australien gekämpft hatten.

JOHANN DORNUFF

Unter den genannten Waterlookämpfern befand sich auch Johann Dornuff (Dornauf, Dornof), dessen Entlassungsschein aus dem Herzoglich Nassauischen Kriegsdienst heute von seinem Nachkommen Herbert Schulze, Villmar, verwahrt wird. Johann Dornuff wurde am 6. September 1793 als Sohn des Simon Dornoff in Villmar geboren. Er war von Beruf Wagner und stand in herzoglichen Militärdiensten. Er diente vom 16. Dezember 1813 bis 9. Dezember 1819 im 2. Infanerieregiment Nassau und im 1. Bataillon der Jägerkompanie als „braver Corporal", registriert mit der Nummer 2780. Nach seiner Entlassung aus dem Stabsquartier Breda in den Niederlanden am 7. Januar 1820 gehörte er, so das Herzoglich-Nassauische Kriegs-Collegium in Wiesbaden, ab 24. Dezember 1820 zur Veteranen-Kompanie. Johann Dornuff starb in Villmar, im Jahre 1861.

Johann Peter Leonhard bat in seinem Aufruf die 30 noch lebenden Kameraden sowie die Angehörigen der 29 Gefallenen und in der Heimat Verstorbenen um die Einrichtung der Stiftung eines Seelenamtes für die tapferen Krieger, das alljährlich in der Villmarer Pfarrkirche als ewiges Andenken gehalten werden sollte. Ob diese Stiftung zu Stande kam und wie lange sie Bestand hatte, ist nicht bekannt. Der Patriot Johann Peter Leonhard war in Villmar eine anerkannte Persönlichkeit und über die Grenzen als außergewöhnlicher Marmor-Steinhauermeister bekannt. Nach einem erfüllten Leben starb er am 23. März 1873 mit fast 80 Jahren.

„Unsere Glückseligkeit ist dahin"

Vom Klagelied einer Arztfamilie über Limburg

Von Eugen Caspary

Am 3. März 1814 wurde der Limburger Arzt und Amtsphysikus Dr. med. Friedrich Rudio Opfer einer in der Stadt grassierenden Typhus-Epidemie. Der entsprechende Eintrag im Totenregister der katholischen Stadtpfarrei vom lateinischen ins deutsche lautet: „Am 3. März 1814 starb an einer fiebrigen Epidemie unser Arzt und für Limburg zuständige Amtsphysikus, der sehr ehrenwerte Dr. Friedrich Rudio, protestantischer Konfession, stammend aus Weilburg, Ehemann der ehrenwerten Frau Amalia Ludovica Geiger, ca. 48 Jahre alt."

Anfang des Jahres 1809 war Dr. Rudio als Nachfolger des im September 1808 verstorben Amtsarztes von Limburg und Brunnenarzt von Niederselters Dr. Coels von Weilburg nach Limburg versetzt worden. Der am 2. Januar 1778 in Weilburg geborene Sohn des Landschreibers, Fürstlichen Rechnungsrevisors und Lehrers im Schönschreiben am Gymnasium zu Weilburg Johann Heinrich Rudio hatte nach dem Besuch dieser höheren Lehranstalt Medizin studiert. Ehe er nach erfolgreichem Abschluss des Studiums die Erlaubnis erhielt in Limburg sich als Arzt niederzulassen – so in einem Dokument der fürstlichen-nassauischen Regierung vom 30. August 1803 –, hatte er als Militärarzt Dienst getan und danach „im Saarbrückischen" praktiziert. Offensichtlich hatte er die für ihn vorgesehene Stelle in Limburg nicht angetreten, sondern es war ihm gelungen, wie aus den Akten der Regierung in Weilburg hervorgeht, in seiner Vaterstadt Weilburg eine Arztpraxis einzurichten. Wahrscheinlich lernte er hier auch Amalia Ludovica Geiger kennen, deren Eltern in Weilburg wohnten. Zwischen 1803 und seiner Versetzung nach Limburg zu Beginn des Jahres 1809 muss er wohl also in der Fürstenstadt an der mittleren Lahn erfolgreich als Arzt gewirkt haben. Will man den überlieferten schriftlichen Zeugnissen in Form von Eingaben an die fürstlich-nassauische Regierung, an den Fürsten persönlich und an den leitenden nassauischen Staatsminister Glauben schenken, so darf als sicher gelten, dass sich das junge Arztehepaar in den Mauern der Stadt und im beruflichen wie im gesellschaftlichen Umgang mit den Bürgern überaus glücklich und zufrieden gefühlt haben muss. Dr. Rudio hatte das Vertrauen seiner Patienten erworben und durfte hoffen, eines Tages die Stelle des Amtsarztes – das so genannte Physikat – in Weilburg zu erhalten. Der berufliche Erfolg verband sich mit der Gunst der familiären Situation der Eheleute. Vor allem galt dies für Frau Rudio. Denn deren Eltern lebten hier, ihre Wohnung stand dem Paar immer offen. Die materielle wie emotionale Hilfestellung, die das Elternhaus gewährte, war besonders in den unruhigen Kriegszeiten mit ihrer vielfältigen Belastung im Alltag von unschätzbarem Wert. Dies umso mehr, als der Arzt im nassauischen Fürstentum bzw. Herzogtum in den ersten zwei Jahrzehnten des 19. Jahrhunderts nicht mit dem Erwerb überdurchschnittlichen Reichtums rechnen konnte. Das Salär, das ihm von Amts wegen gewährt wurde, war eher bescheiden. Diese karge finanziell-wirtschaftliche Ausstattung des Arztberufs zu Beginn des 19. Jahrhunderts zwang die Vertreter dieses Berufsstandes – wie die einschlägigen Akten aus dieser Zeit beweisen – immer wieder zu Eingaben und Bittschriften, in denen die Obrigkeit um Gewährung von Zuschüssen, Gehaltsaufbesserungen und/oder Erhöhungen der Nationaleinnahmen angegangen wurde.

Klagen über das Missverständnis von Leistung und Entlohnung und die flehendliche Bitte um Erhöhung der Mittel in Form von Bargeld und Naturalien sind der Tenor der von Dr. Rudio eingereichten Anträge. So weist er z.B. in seinem Schreiben an die fürstliche Regierung vom 17. Januar 1809 nach, dass die mit einer Aufbesserung verbundene Versetzung von Weilburg nach Limburg nur scheinbar sei; in Wirklichkeit habe sich an seiner finanziell-wirtschaftlichen Lage nichts oder kaum etwas zu seinen Gunsten verändert. Ihm waren nämlich die Naturalzuwendungen erhöht, dafür aber das auf 450 Gulden jährlich festgesetzte Gehalt um 60 Gulden gekürzt worden, sodass er zwar mehr Brennholz, Roggen und Gerste, aber weniger Bargeld als bisher zur Verfügung hatte.

STROH WEILBURG
Baustoffe Brennstoffe Fliesen
Ihr Lieferant rund ums Haus

Containerdienst
und
Gerüstbau

Hummer

Von-Braunsberg-Straße 13 · **65589 Hadamar**
Telefon (0 64 33) 69 85

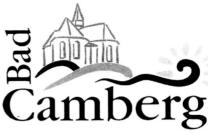

Bad Camberg

GESUNDHEITSERLEBNIS IM TAUNUS

staatlich anerkanntes Kneippheilbad
- Kneippkuren
- Schrothkuren
- F.X.- Mayr-Kuren
- Heilfasten
- interessante Pauschalangebote
- ideal für Kur, Gesundheitsurlaub, Kurzerholung und Tagesbesucher

zugelassen zu allen Krankenkassen aufgrund ärztlicher Verordnungen, beihilfefähig

AusführlicheInfos:
Städt. Kurverwaltung Bad Camberg
Chambray-lès-Tours-Platz 2
65520 Bad Camberg
Tel.: 06434/20217 + 20232, Fax: 06434/20223
www.Bad-Camberg.de
e-mail: Kurverwaltung@Bad-Camberg.de

Diakonie-Verein
Weilburg e. V.
Freystädter Str. 9
35781 Weilburg

Weilburger Stift
Alten- und Pflegeheim
Freystädter Str. 9
35781 Weilburg
Telefon 0 64 71 / 9 13-0

Haus Weiltal
Alten- und Pflegeheim
Weinbacher Str. 2
35796 Weinbach-Freienfels
Telefon 0 64 71 / 45 39

In unseren Häusern "Weilburger Stift" und "Haus Weiltal" bieten wir Vollstationäre Pflege und Kurzzeitpflege in 89 Einzelzimmern und 16 Doppelzimmern.

Heizungs- Lüftungs- und Klimatechnik von GEA Happel Klimatechnik

Klimawechsel - immer wenn Sie es wünschen!

Wettermaschinen liefern wir leider nicht, dafür aber alles für Ihr persönliches Wunschklima!

GEA Happel Klimatechnik GmbH
Leading Technologies. Individual Solutions.

GEA Happel Klimatechnik GmbH
Südstraße 48, D-44625 Herne
Telefon (0 23 25) 4 68-00
Telefax (0 23 25) 4 68-222
www.gea-happel.de

Vergeblich versuchte Rudio, ehe er am 1. März 1809 seinen Dienst in Limburg antreten musste, den Fürsten von Nassau-Weilburg dazu zu bewegen, ihm die durch Versetzung des Weilburger Amtsarztes Dr. Fabricius nach Wiesbaden vakant gewordene Stelle zu übertragen. Die zuständige Behörde – die Regierung in Weilburg – und der Landesherr blieben hart.

Der Abschied von dem ihnen offenbar lieb gewordenen Weilburg fiel ihm und seiner Frau über Maßen schwer. Dies geht aus Rudios Schreiben aus Limburg vom 24. Mai 1809 an den nassauischen Staatsminister hervor, in dem er an den von diesem seinerzeit in Aussicht gestellten Zuschuss für das Futter seines Dienstpferdes erinnert. Auch in den Zeilen dieses Briefes ist die Enttäuschung darüber spürbar, dass der bittere Kelch, den die Stadt Limburg für ihn bedeutet, nicht an ihm vorüber gegangen ist. Für ihn und mehr für seine Frau, wie der weiter unten zitierte Ausschnitt aus ihrer Bittschrift an den Staatsminister beweist, muss der Weg nach Limburg wie der Gang in die Verbannung empfunden worden sein. Dr. Rudio spricht von „dem traurigen Verhältnis des Wechsels" und von der tatsächlichen „Verschlimmerung meiner neuen Lage" in der ihm offenbar so fremden Stadt Limburg.

Ob bei dieser tief sitzenden Abneigung der Konfessionsunterschied – Rudio war Protestant und würde in dem bis vor bis kurzem kurtierischen Limburg, wo das Katholische unbestritten dominierte, einer verschwindend geringen Minderheit angehören – eine Rolle gespielt haben mag, ist sicher nicht von der Hand zu weisen. Im Übrigen muss man sicher die Ablehnung der Bitte Rudios in Weilburg bleiben zu dürfen als Teil der offiziellen nassauischen Politik werten, die das evangelische Element in den neuen katholischen Landesteilen zu stärken entschlossen war. Die Beamtenstellen – dazu gehörten in nassauischer Zeit ja auch die Ärzte – wurden in solchen Fällen, wie dies in Limburg gegeben war, nach dem genannten Muster gesetzt. Man darf davon ausgehen, dass dieses Verfahren in Limburg böses Blut machen konnte und dass man hier z. B. auch einen evangelischen Arzt und seine Familie nicht mit offenen Armen zu empfangen bereit war.

Trauer, ja Verzweiflung spricht aus Amalia Rudios langem Schreiben an den „Hoch-

Die Familie Rudio hatte sich in Weilburg sehr wohl gefühlt. Sie entstammte der Löwenapotheke, hier auf einem Foto der 60er Jahren zu sehen.

Billard Bistro Staffel

10 Brunswick Pooltische
3 Merkurdarts
1 Snookertisch
Internetterminal

Elzer Straße 7, 65556 Limburg-Staffel
Telefon (0 64 31) 2 51 27, Telefax (0 64 31) 5 19 30
e-Mail: micha@billard-bistro.de
Domain: http://www.billard-bistro.de

Gemeinde Beselich

ZUKUNFTSWEISENDE GEMEINDEENTWICKLUNG
Baubeginn der Ortsumfahrung Obertiefenbach
Baurecht für den vierstreifigen Ausbau der B 49
Baurecht für Lärmschutz B 49
Baurecht für Brückenbau B 49
Unfallschwerpunkt B 49
durch Mitteltrennung beseitigen

INVESTITIONEN UND ENGAGEMENT FÜR KINDER UND JUGEND
Planung und Bau von naturnahen Spielplätzen in Heckholzhausen und Schupbach
aktive Jugendarbeit

NATUR UND UMWELT INTAKT HALTEN
moderne Kläranlage für Niedertiefenbach mit Klärschlammvererdung
Nitrat-Eleminierung Kläranlage Obertiefenbach
weitere technische Aufrüstung bei Trinkwasser und Abwasser

Gemeinde Beselich Zukunftsprogramm 2001

WOHNBAUGRUNDSTÜCKE IN ALLEN ORTSTEILEN
Niedertiefenbach: in der Hannswies, Neuental
Schupbach: Burggraben IV, in den Wickengärten
Heckholzhausen: Schrückewies, Hinter der Kirch
Obertiefenbach: Kuhweg, Auf dem Acker II

DORFERNEUERUNG OBERTIEFENBACH
Jugendzentrum Beselich
Funktionserweiterung der Mehrzweckhalle zu einem modernen Bürgerhaus

INVESTITIONEN FÜR SENIOREN UND BEHINDERTE
Langzeit- und Kurzzeitpflege im Seniorenzentrum „Maria Hilf"
Caritas Sozialstation
Beratungs- und Koordinierungsstelle in der Altenhilfe

MEHR ARBEITS- UND AUSBILDUNGSPLÄTZE IN BESELICH
Gewerbepark Beselich
Mischgebiet „Auf dem Acker", Obertiefenbach

wohlgegebenen Freiherrn und hochzuverehrenden Herrn Minister" vom 10. Mai 1809. Von diesem erhoffte sie sich, obwohl die Entscheidung ja längst zu ihren Ungunsten gefallen war, eine Wende in ihrem so bitterlich beklagten Unglück, auf Jahre hinaus in Limburg leben zu müssen. Sie zeigt sich überzeugt, dass die Versetzung ihres Mannes von Weilburg nach Limburg im Grunde das Ergebnis einer gegen Dr. Rudio gerichteten Intrige sein müsse. Die Personen, „welchen wir im Wege standen", hätten, als der den Rudios immer gewogene Minister verreist gewesen sei, die Chance genutzt und sie aus Weilburg vertrieben. Dem Fürsten selbst mochte sie diesen Vorwurf zwar nicht machen. Vielmehr habe dieser ja den Wechsel Rudios nach Limburg als eine Aufwertung betrachtet. Dennoch sei er aber nur einseitig über die eigentlichen Hintergründe informiert gewesen, habe sein Ohr Rudios Verleumder geliehen und Rudio keine Gelegenheit zur Rechtfertigung gegeben. Rudio „ging", so heißt es in dem Brief seiner Frau wörtlich, „den nagenden Wurm am Herz, wohl wissend um die empfindlichen Gerüchte und Mutmaßungen des Publikums. In dem Gefühl von äußerster Zurücksetzung trat er in seine ihm aufgezwungene Stelle. Bei mir zwang er sich, ruhig zu scheinen; doch leider können nun die Folgen seines tiefen Schmerzes nicht geheim bleiben – krank traf ich ihn hier an, seine Heiterkeit fehlt, er sieht sehr übel aus und oft quälen mich schreckliche Bilder der Zukunft. Ich kann in Wahrheit sagen, unsere Glückseligkeit ist dahin. Arm wie wir sind, vermag doch kein Mensch uns zu entschädigen für Gesundheit, für allgemeine gute Meinung des Publikums." An anderer Stelle des Briefes nennt sie die Gründe, die sie für die als glücklich empfundene Existenz in Weilburg hatten: Rudio habe die für einen Arzt immer besonders schweren Jahre nach der Praxiseröffnung zur Zufriedenheit aller Beteiligten gemeistert. Er habe sich nun freuen dürfen, als möglicher Nachfolger von Dr. Fabricius auf Dauer in Weilburg bleiben zu dürfen, wo er das Vertrauen von so vielen Menschen erworben habe. Von sich selbst schrieb sie: „Kaum genoss ich das hohe Glück, mit geliebten Eltern an einem Ort zu wohnen – denn die ersten Jahre wurde ich oft unterbrochen durch schwere Krankheiten, und wir mussten in Wohnungen und in jeder Hinsicht recht eingeschränkt leben – und, da uns das Glück zuzulächeln schien, zwingt man uns nun, alles, was uns lieb ist, zu verlassen. Wäre irgendeine unabänderliche Notwendigkeit eingetreten, wäre das Glück eines anderen dadurch begründet worden, so trüge die Geschichte selbst schon die Beruhigung in sich. Doch der Gedanke ist empörend, dass wir unserem Feind dieses Opfer bringen mussten!" - Wer dieser Feind der Rudios in Weilburg war, erfahren wir in Frau Rudios Brief an den Staatsminister freilich nicht, auch nicht, womit man Rudio verleumdet hatte. Die Briefschreiberin hofft aber auf wirksame Hilfe des Empfängers ihrer Bittschrift. Am Ende des Briefes heißt es: „Das einzige, was mir mein freudenloses Leben hier (in Limburg) manchmal erhellt, ist die Hoffnung, dass es wieder besser werden kann. Denn mein Schicksal zeigt, dass alles möglich ist, dass auch das Unerwartete gemacht werden kann. Wäre es möglich, dass Rudio einst mit Ehre wieder nach Weilburg käme und mit Gott bis dahin meine Eltern erhielte, so wollte ich gerne allen verzeihen, welche meine Ruhe störten. Dass die Prüfungsjahre hier mir nicht zu lang werden, dass ich nicht die schönste Zeit im Leben hier vertrauern muss, das ists worum ich Ew. Exzellenz flehentlich bitte. Denn für Geist und Herz finde ich in diesem hässlichen, unangenehmen Ort nirgends Erholung, ganz abgerechnet der schlechten Aussicht für die Einnahme des Rudio. Denn mit meinen teuren Eltern wäre mir mein Frohsinn zurückgegeben, und Rudio würde wieder mein lieber heiterer Freund, wenn er sich gerechtfertigt sähe." Amalia Rudio beendet ihren Brief mit dem eindringlichen Wunsch, Ihre Exzellenz möge ihr und ihrem Mann einen Festtag bereiten, dergestalt, dass er sie so bald wie möglich von Limburg erlöse - „doch nur, wenn ich wieder unter Verhältnissen wie in Weilburg leben könnte, welche bisher unser Glück machten."

Amalia Ludovica Rudios sehnlichster Wunsch ging aber, wie der Eintrag im Eingangs erwähnten Sterberegister im Limburger Kirchenbuch zeigt, so bald nicht in Erfüllung. Limburg blieb fünf Jahre lang in schwieriger Zeit und unter ungünstigen zeitgeschichtlichen Bedingungen Arbeits- und Wohnsitz der Rudios. Ob sich im Laufe dieser fünf Jahre in Limburg Trauer, Empörung und Verbitterung in ein wenigstens bescheidenes familiäres Glück haben verwandeln lassen - darüber schweigen sich die Akten aus.

DOM Hotel
RESTAURANT » DE PRUSSE «

Ihr kompetenter Partner für Tagungen, Meetings,
Familien-, Betriebs- und Weihnachtsfeiern

***

Banketträume für festliche Veranstaltungen
bis zu 160 Personen

65549 Limburg   Tel. 06431-9010   Internet: www.domhotel.net
Grabenstraße 57   Fax 06431-6856   E-Mail: info@domhotel.net

---

wenzlitschke
GLASBAU

**Glaserarbeiten
Spezialverglasungen
Ganzglastüren
Spiegel · Fenster · Türen**

J. Wenzlitschke · Karlsbader Straße 4
65326 Aarbergen-Michelbach
Telefon (0 61 20) 35 23
Fax (0 61 20) 37 76

HOLZBAU
HORST GEIS GMBH

● Zimmerei   ● Holzrahmenbau
● Hallenbau   ● Bedachungen
● Gerüstbau   ● Holzhandel

35794 Mengerskirchen-Waldernbach
Tel. (0 64 76) 9 15 00 · Fax (0 64 76) 91 50 29

ZimmerMeisterHaus
Wohnkultur aus der Natur

ROTH
**Stephanshügel
65549 Limburg**
Telefax 0 64 31 / 47 84 92 · Telefon 0 64 31 / 4 40 01

CONTAINER-DIENST · MÜLL- UND BAUSCHUTT-
ENTSORGUNG · SCHROTT- UND METALLHANDEL

---

bürotel
Büro + Sekretariat Schmitt

*Selbständig...
...ohne eigenes Büro*

Für jeden:
● maßgeschneiderter Büro-Service
● individuell
● bedarfsorientiert
● professionell

Im Großen Rohr 1 · 65549 Limburg · Tel. (0 64 31) 40 06 0
Fax (0 64 31) 45 28 8 · e-mail: BUEROTEL-LM@T-Online

Geschäftsdrucksachen	Werbedrucksachen
Briefbogen	Prospekte
Geschäftskarten	Broschüren
Kurzbriefe	Kataloge
Angebotsformulare	Zeitschriften
Auftragsblocks	Infoblätter
Lieferscheine	Werbemappen
Lieferscheinsätze	Preislisten
Rechnungen	Plakate
Rechnungssätze	Kalender
Telefaxformulare	Etiketten
Briefumschläge	Postkarten

Westerwaldstraße 12
35781 Weilburg-Waldhausen
Telefon (0 64 71) 70 79 · Telefax 3 81 97

Ihr kreativer und zuverlässiger Partner für Drucksachen

Wildschäden und Jagdgesetze Mitte des 19. Jahrhunderts

Von Hubert Hecker

Der Revolutionschronist Riehl schreibt auf die Frage nach den Auslösern und Vorbereitern der Revolution im damaligen Herzogtum Nassau: Die Hirsche und Rehe taten es, welche nachts in den Kornfeldern weideten; sie waren die eigentlichen Demagogen, die Aufreizer zum Missvergnügen, sie waren es, welche dem armen Bauersmann die ersten liberalen Ideen einpflanzten. Für das Amt traf das offenbar nicht zu. Von 40 Petitionen in den Jahren 1846/47, die wegen Wildschadens an die Landesdeputiertenkammer in Wiesbaden geschickt waren, kam keine aus dem damaligen Amtsbezirk Hadamar, eine nur aus Obertiefenbach, das zum Amt Runkel gehörte.

Jagd- und Wildschadengesetze

Es waren auch nicht die Hirsche, die den Hauptwildschaden verursachten. Nach dem für das Herzogtum noch gültigen Gesetz vom 10./16. Februar 1809 sollte Schwarzwild, so viel als tunlich ist, gänzlich vertilgt und das Rothwild in einer unschädlichen Qualität gehegt werden. Wenn trotzdem Wildschäden auftreten, sollte der Jagdeigentümer den vollen Geldbetrag dem beschädigten Gutsbesitzer ersetzen, eine Reglung im Einklang mit einem Verfassungsgrundsatz (1814) des Herzogtums Nassau, nach der alle den Ackerbau störenden Einflüsse zur Unschädlichkeit beschränkt werden sollten. Nach diesen Bestimmungen hätte es kein Wildschadensproblem geben dürfen, wenn nicht in einer Instruktion des Jahres 1825 die Rehe aus der Rotwilddefinition und damit der Schadensregulierung herausgestrichen worden wären.

Sommer- und Winterschäden vom Wild

So waren es vor allem die Rehe und die Hasen, deren Schäden in den 40 Petitionen, die im Jahre 1847 in dieser Sache den Landtag erreichten, beklagt wurden: In Herden sehe man sie auf den Feldern weiden, ein Morgen 3 bis 4 Fuß hoher Früchte sei ihm total abgefressen worden, klagt G. Wagner zu Obertiefenbach. Zwei Jahre vorher hatte das Wild auch im Amtsbezirk Hadamar besonderen Schaden angerichtet. In dem langen, kalten und schneereichen Winter 1844/45 zogen die Hasen und Rehe nach den Ortschaften hin, um hier Nahrung zu suchen; daher kam es, dass alle in den Feldern, in den Gärten unverbundene junge Obstbäume von diesen Tieren rundum geschält worden sind. In manchen Baumschulen sah man kein einziges Stämmchen mehr, das verschont geblieben war. Selbst gut umzäunte Baumschulen bleiben in diesem Winter (wegen der hoch aufgewehten Schneemassen) nicht von dem bezeichneten Schaden befreit. In der hiesigen Baumschule schadeten die eingefallenen Hasen keinem einzigen Bäumchen, weil alle mit Stroh eingebunden waren, so der Schulchronist von Lahr zum Jahr 1845.

Andererseits schreibt er, dass viele Vögel, Hasen und Rehe vor Hunger und Kälte in jenem Winter starben.

Die Baumschule Offheim dagegen traf großer Schaden. Der damalige Dorflehrer Johannes Bahl dazu: In der hiesigen Baumschule wurden alle Stämmchen, ca. 1 000 an der Zahl, abgenagt, ebenso an den Hängen, an öffentlichen Wegen und Straßen und an dem Gehölze des Waldes. Dem ungeachtet fiel oder starb das viele Wild namentlich Rehe und Hasen vor Hunger; viele wurden von den Bürgern in Städten und Dörfern mit Prügeln totgeschlagen, wie sie dem Hunger und der glatten Eisdecke nicht fortkommen konnten.

Wintertod von zahlreichem Wild - zur großen Freude der Landleute

Auch Lehrer Monno aus Elz spricht von dieser Eisglätte, die vom 20. Februar bis 9. März dauerte, dass beinahe kein Mensch auf der Straße zu gehen wagte. Rehe, Hasen konnten auf der glatten Fläche nicht mehr von der Stelle kommen, sie starben meist vor Hunger und Frost, und viele wurden lebendig gefangen. Diese Jagd war ein allgemeines Vergnügen für die Landleute. In Malmeneich soll jeder Einwohner seinen Reh- und Hasenbraten zu

Winterjagd. Aus Leonhard Diefenbach, Ein Jugendkalender in Wort und Bild, um 1860.

Ostern gehabt haben. Der Dorndorfer Schulchronist notierte im Frühjahr 1845: Eine große Menge Rehe und Hasen sind von Hunger umgekommen, die nun zerstreut im Wald, Feld und in den Wiesen gefunden werden. Lehrer Marx aus dem Nachbarort Thalheim schreibt zum gleichen Thema: Die Tiere des Feldes und des Waldes suchten aus Mangel an Nahrung das Gastrecht des Menschen aus, ein großer Teil der Hasen und Rehe wurden von der Kälte und wegen Mangel an Lebensmitteln zur großen Freude der Landleute getötet. In allen Berichten sind es nur Rehe und Hasen, die den Schaden anrichteten.

In dem Kommentar zum Massensterben der Hasen und Rehe zur großen Freude der Landleute (Thalheim) spiegelt sich natürlich der früher angerichtete Wildschaden in Feld und Wald wider. Das große Wildsterben 1844/45 im Westerwald mag die Population von Hasen und Rehen so dezimiert haben, dass diese Waldgattungen auch in den folgenden Jahren noch nicht wieder viel Schaden anrichten konnten.

In anderen Landesteilen häuften sich die diesbezüglichen die Beschwerden. Im Mai d. J. debattierte die Landes-Deputierten-Kammer das schreiende Missverhältnis zwischen der aktuellen Lebensmittelknappheit, Hungersnot und den Getreideeinfuhren einerseits und der Zerstörung von Getreide- und Rübenfeldern durch Wild andererseits. Einstimmig wurde die Regierung zum Handeln aufgefordert, dass neben Erlassung eines Gesetzes über Verhütung aller Wildschäden dahin gewirkt werde, dass der Wildbestand bis zur Unschädlichkeit vermindert wird. So formulierte es zustimmend der Deputierte Höchst aus Obertiefenbach, zugleich Schultheiß des Ortes, der knapp ein Jahr später abgesetzt und geschmäht wurde, bestimmt nicht wegen dieses Engagements. Im Jahr 1847 passierte gesetzlich aber nichts mehr. Als dann die Märzbewegung 1848 bedrohlich anschwoll, beeilte sich noch die alte Regierung von Dungern, die unzulänglichen Gesetze aufzuheben.

Jagd im gesetzfreien Raum

Am 3. März 1848 hatte bekanntlich die große Volksversammlung der 30 000 in Wiesbaden stattgefunden, auf der Herzog Adolf die neun grundlegenden Forderungen der Nassauer genehmigt hatte. In diesem Forderungskatalog war zwar zu den Wald- und Jagdgesetzen nichts gesagt worden, aber er wurde allgemein als ein Signal zur umfassenden Liberalisierung und Umwälzung der politischen Verhältnisse verstanden. Schon am 7. März wurden alle anhängigen Verfahren und noch nicht vollzogenen Strafen wegen Forst-, Jagd- und Feldpolizeivergehen abgesetzt.

Natürlich griffen die Bauern auch im Hadamarer Land jetzt sofort selbst zur Flinte und schossen die Hasen aus dem Korn. Der Dorndorfer Lehrer schrieb dazu am 22. April 1848: Es sind dermalen viele dahier höchst erfreut über die freie und ungestörte Jagd seit Anfang März d. J. Täglich bis in Nacht hört man das Jagen und Schießen im Wald. Einer bringt sein Reh, der Andere seinen Hasen. Weniger Geübten misslingt ihr Jagdgehen. Wahrscheinlich wird dies zur Leidenschaft und hat für die Zukunft schlimme Sachen im Gefolge.

Und schon mahnten auch die Jagdpächter wieder. In einer Anzeige richtet der Hüttenbesitzer R. Buderus folgende Bitte an die Bewohner Obertiefenbachs, Schupbachs etc.: Nach Aufhebung des alten Jagdgesetzes sollten die Dorfbewohner nicht die Ungesetzlichkeit begehen die Jagd selbst auszuüben und namentlich in solchen Revieren, wo der Rehbestand sehr mäßig, keinen merklichen Schaden bringender, genannt werden kann. ... Christianhütte (bei Schupbach), 25. April 1848, R. Buderus.

Im Sommer 1848 war der Westerwald fast gänzlich von Wild leer geschossen. Ein Leserbrief von Mitte Juli beschreibt, dass auch bei großen Jagden kaum noch ein Stück Wild aufzutreiben war: Neuhof, den 16. Juli. Heute hatte ich das Schauspiel einer großartigen Bauernjagd. Auf gemeinsamen Beschluss hatte sich in der Frühe die ganze Gemeinde in das ehemalige Leibgehege begeben, vorerst aber dem Förster gebieterisch bedeutet wegzubleiben. Mit Mühe gelang es der Mannschaft ein Stück anzuschießen, welchem noch etwa 20 Mann lange, aber vergeblich nachsetzten. Um 12 Uhr verfügte sich die Jagdpartie nach Hause zurück, wo der Nachmittag unter Erzählungen der Jagdabenteuer verbracht wurde. Immerhin war hier eins der Leibgehege von Herzog Adolf im Taunus gemeint, wo mit Mühe kaum ein Stück Wild aufzutreiben war.

Ein neues Jagdgesetz

Einen Tag vorher schon, am 15. Juli, verkündete das Herzogliche Verordnungsblatt ein neues Jagdgesetz, ein echtes Ergebnis der Märzrevolution, wenn in § 1 gesagt wird: Das Jagdrecht auf fremdem Grund und Boden ist aufgehoben und geht an die betreffenden Grundeigentümer über. Damit war nichts weniger als der Übergang von Feudalverhältnissen zu bürgerlichen Rechtsvorstellungen vollzogen!

§ 2: Namens der Grundeigentümer üben die Gemeinden innerhalb ihrer Gemarkung das Jagdrecht aus, und zwar durch Verpachtung zum Vorteile der Gemeindekasse. Mit dieser Bestimmung war den Gemeinden schon vor dem neuen geplanten Gemeindegesetz größere Selbstverwaltung und zusätzliche Einnahmequelle gegeben.

§ 11: Der durch Wild verursachte Schaden ist ohne Unterschied der Wildgattung, welche den Schaden verursacht hat, dem Beschädigten zu ersetzen. – Die leidige Reh- und Hasenausnahme (s. o.) war mit einem Federstrich beseitigt!

Am 3. August 1848 kündigte der Schultheiß von Obertiefenbach im Wochenblatt für Weilburg und Hadamar an, dass die Gemeindejagdbezirke an die Meistbietenden versteigert werden sollten. Die anderen Gemeinden folgten bald mit entsprechenden Jagdversteigerungen.

Etwa fünf Wochen nach der Verabschiedung des nassauischen Jagdgesetzes ging bei der Nationalversammlung in Frankfurt das nachfolgende Gesuch des Grafen Walderdorff aus Molsberg ein. Die Eingabe zielte sozusagen auf ein Normenkontrollverfahren bei der nationalstaatlichen Verfassungsinstanz, indem sie auf Widersprüche des nassauischen Gesetzes in sich hinwies, Gegensätze zu den angenommenen Verfassungsrechtsgrundsätzen aufzeigte und die Unverhältnismäßigkeit der Reglung beklagte:

70. Sitzung am 1. September 48

An die hohe konstituierende Nationalversammlung in Frankfurt a/M. Gehorsamste Eingabe des Grafen vom Walderdorff zu Molsberg in dem Herzogtum Nassau (An den Verfassungs-Ausschuss zum Gebrauche für die zweite Lesung der Grundrechte)
(Frankfurt a/M 12. Oktober 1848) Privatrecht und ....-Ausschuss) (Unterschr. unles.)

Auf dem Grund der Beschlüsse der Abgeordneten-Versammlung des Herzogtums Nassau ist unter dem 15ten Juli d. J. von der Herzoglichen Regierung das im Abdruck hierneben angeschlossene Gesetz über die Ausübung der Jagden proklamiert worden.

Nach dem § 1 dieses Gesetzes sollen zwar alle Jagdrechte auf fremdem Grund und Boden aufgehoben sein und an die betreffenden Grundeigentümer übergehen, nach dem § 2 desselben haben jedoch – offenbar im Widerspruch mit der Bestimmung in § 1 – Namens aller Grundeigentümer /:ohne Ausnahmen:/ die Gemeinden innerhalb ihrer Gemarkung das Jagdrecht, und zwar durch Verpachtung zum Vorteil der Gemeindekasse auszuüben.

Die Ausübung des nach Aufhebung des Jagdregals offenbar sowohl nach den Prinzipien des Naturrechts als auch nach den älteren deutschrechtlichen Bestimmungen ausschließlich dem Grundeigentümer zustehenden Jagdrechts kann diesem aus Gründen der öffentlichen Sicherheit gewiss nur dann entzogen werden, wenn die Grundstücke von so geringem Umfang sind, dass die Jagd auf denselben selbstständig nicht ausgeübt werden kann.

Wird in Gemeinden, wie es für das Herzogtum jetzt gesetzlich bestimmt ist, auch auf denjenigen Grundstücken der Gemarkung das Jagdrecht zugesprochen, wo die Jagd selbständig ausgeübt werden kann und wonach auch irgend ein Grund nicht vorliegt, dieselbe dem Grundeigentümer zu entziehen, so schafft man, indem man die seither bestehende Regalität der Jagden aufhebt, ein neues Regal zu Gunsten der Gemeinde, und anstatt das Grundeigentum von den darauf ruhenden Lasten zu befreien, beschwert man das bis dahin freie Grundeigentum mit einer neuen Servitut.

Ich besitze in dem Herzogtum große zusammenhängende Güterkomplexe, welche teilweise den größten Teil der betreffenden Gemarkung ausmachen und sich zur selbständigen Ausübung der Jagd vollkommen eignen. Auf diesen Güterkomplexen, auf welchen mir und meinen Rechtsvorgängern seit undenklichen Zeiten das Jagdrecht zugestanden hat, ist mir solches nunmehr durch das eingangs erwähnte Gesetz ohne allen Grund entzogen und den betreffenden Gemeinden hingewiesen worden. Zu Gunsten dieser Gemeinden sind meine bis dahin

Wildschaden anno 1860. Aus Leonhard Diefenbach, Ein Jugendkalender in Wort und Bild.

von fremden Jagdrechten freien Güter damit belastet und auf diese Weise in hohem Grade entwertet worden. Die Bestimmung einer solchen Dienstbarkeit auf bis dahin freien Liegenschaften ist einer teilweisen Entziehung des Eigentums vollkommen gleich zu achten. Ohne Rechtsgut und ohne höhere Notwendigkeit ist mir und meiner Familie hiernach durch die neueste Gesetzgebung des Herzogtums ein Teil meines wohlerworbenen Eigentums entzogen worden.

Das erlassenes Gesetz, welches auf die bezeichnete Weise mein Eigentum auf das Empfindlichste beeinträchtigt, steht im Widerspruch mit dem Capt. VII § 29 der von dem Verfassungs-Ausschuss der hohen Versammlung bereits entworfenen Grundrechte des Deutschen Volkes.

Abgesehen hiervon widerstreitet aber auch dies Gesetz dem höchsten und heiligsten Prinzip aller Gesetzgebung „Achtung und Anerkennung des Eigentums und aller Privatrechte", soweit deren gänzliche oder teilweise Entziehung nicht aus Rücksichten der öffentlichen Sicherheit unabweislich geboten ist, was hier, wie nachgewiesen, nicht der Fall ist. Aus beiden Gründen glaube ich gegen das erlassene Gesetz den Schutz der hohen Versammlung anrufen und die Bitte vortragen zu dürfen: „Die hohe Versammlung wolle bei der Regierung des Herzogtums Nassau in geeigneter Weise dahin wirken, dass das fragliche Gesetz aufgehoben oder wenigstens dahin modifiziert werde, dass denjenigen Grundeigentümern, auf deren Grund und Boden die Jagd selbständig ausgeübt werden kann, dessen Eigentum also in dieser Beziehung aus Rücksicht für die öffentliche Sicherheit nicht beschränkt werden braucht, das Jagdrecht ungeschmälert belassen werde.

Verehrungsvoll verharrt Euer hoher konstituierenden Nationalversammlung gehorsamster .... v. Walderdorff. Molsberg den 21 August 1848.

In jenen Wochen, als sich die Nationalversammlung mit dem Grund- und Bodenrecht, also auch den Jagdrechten beschäftigte, im September/Oktober 1848, verfassten Betroffene der Walderdorffschen Jagdpolitik ebenfalls eine Petition an die nassauische Deputiertenkammer. Die Eingabe selbst ist nicht erhalten, aber die Darstellung des parlamentarischen Petitionsausschusses ist im Sitzungsbericht vom 9. Oktober 1848 protokolliert:

Wildschadensforderungen von Niederzeuzheim an Graf Walderdorff

Abgeordneter Gergens berichtet:
1) über das Gesuch der Gemeinde Niederzeuzheim, Amts Hadamar, Schadenersatz für Wildschaden in ihrer Gemarkung betreffend: Die Bittsteller sagen, der Herr Graf von Walderdorff habe seit dem Jahr 1831 ihre Gemarkung in einen so genannten Wildgehegegarten umgeschaffen, wodurch nicht nur ihrem Walde, sondern auch ihren Feldern ein ungeheurer Schaden zugefügt worden sei. Ihre Klagen über diese Anmaßung und Zerstörungssucht des Herrn Grafen hätte früher nie Erfolg gehabt und es sei nie etwas zu ihrem Schutz geschehen. Sie schätzen den Schaden auf ihrer Gemarkung auf 500 fl jährlich, mithin für 17 Jahre auf 8 500 fl, und glauben gerechte Ansprüche auf diese Summe zu haben. Wenn auch diesen Angaben nach der Rehestand in Niederzeuzheim übermäßig und der Schaden groß gewesen sein mag, so kennen wir doch kein Gesetz, in Folge dessen Herr Graf von Walderdorff anzuhalten wäre, nachträglich 8 500 fl für Reheschaden zu bezahlen.

Wir glauben aber unterstellen zu können, dass seit dem März dem Wildschaden in der Gemarkung der Bittsteller gründlich abgeholfen worden ist, und dass die Gemeinde in Folge des neuen Jagdgesetzes dem Herren Grafen von Walderdorff, von dessen rücksichtsloser Jagdliebhaberei sie eine traurige 17-jährige Erfahrung gemacht hat, ihre Jagd nicht wieder verpachten wird. Wir glauben mithin das Gesuch als erledigt betrachten zu können und beantragen den Übergang zur Tagesordnung. In der Tat war, wie oben gezeigt, Wildschaden durch Rehe aufgrund der unzureichenden Gesetzeslage vor 1848 kaum regulierbar und nachträglich erst recht nicht. Befriedigen konnte diese Rechtsauskunft die Gemeinde Niederzeuzheim natürlich nicht.

Bemerkenswert ist, dass der Petitionsausschuss selbstverständlich davon ausgeht, dass die Niederzeuzheimer dem Problem des Rehe- Überschusses nach dem 4. März selbst gründlich abgeholfen hätten, d.h. wohl: die Rehe selber abgeschossen haben. An wen die Gemeinde Niederzeuzheim nach dem 15. Juli 1848 die Jagd verpachtet hat, ist nicht bekannt.

Mit 68 Jahren begann er mit dem Sammeln vorgeschichtlicher Fundstücke

Von Bernd Kexel

Mehr als 1 000 Steinwerkzeuge und 1 000 Tonscherben aus verschiedenen Epochen der Steinzeit lagern im Keller von Alois Blotz aus Niederhadamar. Das ist Material, das an Gewicht mehr als eine Tonne auf die Waage brächte, rechnete Landrat Dr. Manfred Fluck beim Besuch des leidenschaftlichen Hobbyarchäologen hoch.

Dabei sammelt er erst seit etwa acht Jahren diese Relikte aus einer Zeit, in der es noch keine Geschichtsschreibung gab. Prähistorisch, vorgeschichtlich, nennt man deshalb diese Zeiträume. Doch in den Funden versucht der 76-Jährige wie in einem Geschichtsbuch zu lesen. Er ist fasziniert vom Kargen und Einfachen der ersten Menschen, die unsere Region bewohnten. Seine Theorie lautet, dass die Steinzeitmenschen stets den Schutz vor den Westwinden suchten und deshalb unterhalb der Berge in den Ost-Süd-Ost-Hängen lebten. Eine gute Voraussetzung, um dort sesshaft zu werden, war das Vorkommen von Wasser und Ton.

Und dann kam die Praxis. Bei einem Spaziergang in der Flur „Neurod" in Hadamar entdeckte er mitten in der hellen, frisch geackerten Erde eine etwa zwei mal zwei Meter große Stelle, die sich durch dunklen Boden von der Umgebung abhob. Bei näherem Hinsehen fand er an dieser Stelle in der lockeren Ackererde mehrere Gefäßscherben, die sich durch Musterung und Machart als Reste von Gefäßen aus der Zeit der Linearbandkeramiker erwiesen. Der Name deutet auf die Verwendung eines Bandes zur Verzierung der Gefäße hin. Alois Blotz hatte damit die erste Siedlungsstätte der Linearbandkeramiker im Landkreis Limburg-Weilburg und damit auch nördlich der Lahn entdeckt.

Neueste Berechnungen setzen die Zeit der Linearbandkeramiker zwischen 5500 und 4900 vor Christus an. Das ist der Beginn der

Alois Blotz (rechts) aus Niederhadamar stellt Landrat Dr. Manfred Fluck seine umfangreiche Sammlung prähistorischer Fundstücke vor.

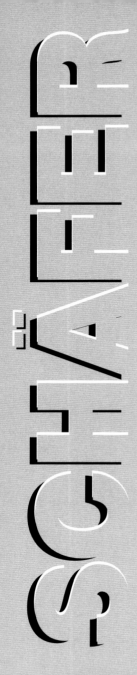

SCHÄFER

Produktionsbeispiele:

Maßgeschneiderte Staubfilter
– in Kompaktausführung für Produktionsanlagen

Behälterbau
– für Öl, Luft, Wasser und Kraftstoffe

Grundrahmen
– für Fahrzeuge und Maschinen

Verkleidungen

Bandagen

Armierungen

Transportgestelle

Verarbeitung von Edelstahl und Buntmetallen

**QUALITÄT AUS METALL
FILTERANLAGEN
STAHLKONSTRUKTIONEN**

Im Seifen 1, D-35799 Merenberg-Allendorf
Tel. 06471/9526-0, Fax: 06471/95 26 20

Jungsteinzeit, in der die ersten bekannten Bauernkulturen im heimischen Raum entstanden. Der Fundort war eine solche Stelle, an der es in einer flachen Talaue einen Bachlauf gab, und Ton für die Gefäßherstellung gab es wohl auch. Die Behältnisse dienten der Vorratshaltung, auch über den Winter. So bewahrten die damals lebenden Menschen einfache Getreidearten wie den Emmer, wilde Gräser und Haselnüsse darin auf. Die damaligen Brennöfen brachten lediglich etwas über 650 Grad an Wärme hervor. Deshalb waren die so gebrannten Gefäße nicht besonders haltbar, erzählt Blotz. Häufig mussten deshalb neue hergestellt werden, und man kann heute noch sehr viele Scherben finden.

Mit den Werkzeugen aus Stein war es ähnlich, meint er. Wenn die Menschen damals wieder einmal ein Werkzeug brauchten, haben sie sich einfach eins hergestellt. Dicke Steine dienten als Unterlage für die Bearbeitung. Es waren die ersten Ambosse, und wenn man die Spuren der Herstellung als solche erkennen kann, findet man sie heute noch in der Natur. Ebenso geht es Alois Blotz mit Steinbeilen, Messern und Grabwerkzeugen. Wer sich noch nicht mit der Archäologie beschäftigt hat, sieht in einem solchen Werkzeug einfach nur einen Stein. Wird der Betrachter dann aber auf die Bearbeitungsspuren aufmerksam gemacht, kann auch er die Einwirkungen der Steinzeitmenschen auf das Material erkennen. Zahlreiche seiner Funde können im Westerwaldmuseum in Hachenburg betrachtet werden.

Angefangen hatte alles mit einem Buch über die Vorgeschichte unserer Heimat, das dem rüstigen Ruheständler seine Tochter schenkte. Der damals 68-Jährige las es mit großer Begeisterung, und die Spurensuche in der Vorgeschichte läßt ihn seitdem nicht mehr los. Zwar sind als Folge seines Alters die ausgedehnten Spaziergänge zu den Fundstellen weniger geworden. Doch wenn irgendwo in Hadamar eine Baugrube ausgehoben wird, ist Alois Blotz zugegen und durchsucht die zu Tage geförderte Erde nach Tonscherben und Steinwerkzeugen. „Ich finde fast immer etwas für meine Sammlung", sagt er mit strahlendem Gesicht.

Firma Schäfer Allendorf: Anzeige

Kleine Chronik eines 100jährigen Hauses
Von der Dorfschmiede zum modernen Metallverarbeitungsbetrieb

Lange bevor die Eisenbahn die Wege zwischen den Städten unserer Heimat verkürzte und ein Traktor die mühevolle Feldarbeit erleichterte, waren es Kühe und Pferde, die als Zugtiere beim Gütertransport oder in der Landwirtschaft eingesetzt wurden.

Für die Gesunderhaltung der Tiere war nicht zuletzt ein fachgerechter Hufbeschlag erforderlich und so gehörte die Schmiede in jedes Dorfbild der damaligen Zeit.

In einem jener Kleinbetriebe hat unser Unternehmen seinen Ursprung, genauer in der 1885 in Allendorf bei Weilburg gegründeten Schmiede von Christian Schäfer.

Hufbeschlag und Wagenbau gehörten zu den Hauptaufgaben des jungen Unternehmers, der schon drei Jahre nach der Firmengründung die Meisterprüfung mit Erfolg ablegte und von nun an den Betrieb mit einem Gesellen und einem Lehrling erweitert fortführte.

Der Umstand, daß in dieser Zeit das Eisenerz aus der nahegelegenen Grube Gilsenhag noch mit Pferdewagen nach Weilburg transportiert werden mußte, führte zur ersten Blütezeit des Unternehmens.

Als Christian Schäfer bereits im Jahre 1909 im Alter von 47 Jahren verstarb, war es vor allem das Verdienst seiner Witwe Helene Schäfer, daß die Schmiede weitergeführt werden konnte.

In beispielloser Selbstaufopferung meisterte sie mit ihren Söhnen die schwere Arbeit an Amboß und Esse und sicherte so den Fortbestand des Unternehmens.

1919 übernahm ihr Sohn Rudolf im Alter von 20 Jahren den Betrieb und legte die Meisterprüfung des Schmiedehandwerks ab.

1957 erfolgte die Übergabe des Betriebes an dessen jüngsten Sohn, den heutigen Firmenchef Rudolf Schäfer jun., der sich zunächst auf die Produktion von Ersatzteilen und Transportbehältern spezialisierte.

Schon bald wurden die räumlichen Verhältnisse der Schmiede zu klein für das schnell expandierende Unternehmen. 1962 wurde am Ortsrand von Allendorf eine Werkshalle errichtet, der 1969 in einem weiteren Bauabschnitt zwei Betriebsgebäude folgten.

Um den stetig ansteigenden technischen Ansprüchen gerecht zu werden, wurde im Jahre 1981 eine Fertigungshalle für Filter- und Spezialmaschinenbau angegliedert. Gerade die hierdurch erreichte moderne Ausstattung und unsere qualifizierten Fachkräfte gewährleisteten die Überwindung der bisherigen wirtschaftlichen Krisenzeiten und lassen uns zuversichtlich in die Zukunft blicken.

HACA LEITERN

Deutschland's Leiternspezialist

Ihr Partner in Sachen Sicherheit

Fallschutz

Roboterschweißanlage

(as) **HACA-LEITERN** blickt auf eine über 110jährige Firmentradition zurück. Das in Bad Camberg ansässige Unternehmen bietet eine weltweit außergewöhnlich große Produktpalette.

Sie umfaßt **Leitern, Treppen und Fahrgerüste** aus Auminium, Leichtstahl, Edelstahl, Fiberglas und Holz für Industrie, Handwerk, Handel und Haushalt in vielfältigen Varianten und Größen.

Als Marktführer erweist sich HACA im Bereich der **Ortsfesten Leitern**. Sie dienen als Not- und Fluchtleitern dem sicheren Verlassen von Gebäuden in Gefahren- bzw. Brandsituationen, zum Besteigen von Fernmeldetürmen, Brückenpfeilern, freistehenden Schornsteinen u. ä. oder zum Abstieg in den Schacht. Das ausgereifte und standardisierte System ermöglicht eine einfache Montage am jeweiligen Objekt. Lieferbar sind vier verschiedene Werkstoffe: Stahl, Edelstahl, Aluminium, Fiberglas. Passende Fallschutzsysteme sowie zahlreiches Zubehör runden diese Produktpalette ab.

Das **VARIO-STEP**®-System aus Aluminium umfaßt Treppen, rollbare Podesttreppen, Überbrückungen (für Maschinen, Förderbänder u. ä.).

Innovativ arbeitet HACA ständig an neuen Produkten. So wurde in Zusammenarbeit mit der ortsansässigen Feuerwehr eine neue **Rettungsplattform DBGM** zur Bergung verunglückter Lkw-Fahrer aus dem Führerhaus entwickelt.

Im Jahr 2000 investierte HACA in ein modernes Bearbeitungszentrum für Holz, daß die bisher benötigten fünf Spezialmaschinen für diesen Bereich ersetzt. Dort werden alle Holzteile wie Holme, Sprossen, Stufen, Plattformen sowie Zubehörteile äußerst flexibel bearbeitet.

Eine weitere zukunftweisende Investition ist eine vollautomatische Schweißanlage für Leitern. In dieser Anlage können verschiedene Leitertypen und Varianten geschweißt werden. Dies bedeutet eine weitere Produktivitäts- und Qualitätsverbesserung im Hause HACA.

HACA produziert für den nationalen und internationalen Markt. Ein eigener Fuhrpark sowie 12 bundesweite Werkslager garantieren eine termingerechte Auslieferung und einen kompetenten Service. Internationale Handelspartner sind wichtige Bestandteile für den sich immer weiter öffnenden Weltmarkt.

HACA bietet eine Vielzahl qualifizierter Arbeitsplätze und bildet im technischen und kaufmännischen Bereich aus.

HACA bietet in einem modernen Schulungszentrum u. a. die »**Schulung zum Sachkundigen für Leitern und Tritte**« sowie Produkt- und Montageseminare an. Zur Zeit werden in Bad Camberg jährlich ca. 400 Person geschult.

Sollten Sie Interesse an HACA-Produkten haben, fordern Sie bitte bei unserem Verkaufsteam den aktuellen HACA-Katalog an.

Schulungsraum

Lorenz Hasenbach GmbH u. Co. KG
Dieselstr. 12 · 65520 Bad Camberg
Tel. (0 64 34) 25-0 · Fax (0 64 34) 25-500
Internet: http://www.haca.com · e-mail: hallo@haca.com

Zur Erdgeschichte unserer Heimat

Von Josef Schmidt

Wenn man den Kreis Limburg-Weilburg durchfährt oder erwandert, findet man immer wieder neue und abwechslungsreiche Ausblicke. Es ist eigentlich alles vorhanden, was man von schöner Landschaft erwartet. Täler und Berge wechseln sich ab. Wälder und fruchtbare Felder bedecken das Land so, dass man es als lieblich bezeichnen kann. Wenn man die schöne Landschaft jetzt sieht, kann man nicht ahnen, wie es vor Millionen Jahren ausgesehen hat und wie dieses Ergebnis der erdzeitlichen Entwicklung entstanden ist.

Wenn wir zurückschauen, müssen wir uns von der heutigen Einteilung trennen. Die Lahn, die heute als Grenze zwischen Westerwald und Taunus angesehen wird, war damals noch nicht vorhanden. Trotzdem sprechen die Geologen von der Lahn-Dill-Mulde. Dabei handelt es sich um einen Meeresarm, der im Erdaltertum vor etwa 350 Millionen Jahren bestand. Dieser Meeresarm wurde im Süden vom Mensfelder und Nauheimer Kopf begrenzt. Die Gemarkungen Brechen, Weyer, Münster und Wolfenhausen lagen im Bereich der Mulde. Im Westen hatte der Meeresarm eine Bucht ins untere Aartal bis Oberneisen und Hahnstätten.

Auf dem Mensfelder und Nauheimer Kopf tritt Quarzgestein zu Tage, das nördlich nicht zu finden und wesentlich älter als die dortigen Gesteine ist. Es stammt aus einer Zeit vor 350 Millionen Jahren. Weiter südlich im Raum Schwickershausen, Eisenbach, Haintchen und Hasselbach besteht das Gebirge ebenfalls aus sehr altem Schiefer- und Grauwackengestein. Übrigens ist dort der höchste Punkt des Südkreises mit 526 m (Kuhbett). Dieser alte Gebirgsbereich gehört zum Taunusmassiv. Der Taunus hat die teilweise dramatischen Entwicklungen der Umgebung, insbesondere der Lahn-Dill-Mulde nicht mitgemacht. Warum dieser Klotz bis heute Stand gehalten hat, ist auch den Geologen ein Rätsel. Deshalb wenden wir uns der Lahnmulde zu. Dabei sind zwei Entwicklungsphasen hervorzuheben. Zunächst ist die Zeit von 350 - 300 Millionen Jahren im Erdaltertum (Devon) hervorzuheben. Dann war auch die Zeit vor 50 - 20 Millionen Jahren in der so genannten Erdneuzeit (Tertiär) von großer Bedeutung.

Die Lahnmulde war im Erdaltertum ein Meeresarm. Dort kam es in den Millionen Jahren zu Ablagerungen, die sich im Laufe der riesigen Zeitspannen zu Schiefer verfestigten. In gewissen Bereichen wurde er sogar zu Dachschiefer, der im Raum Langhecke abgebaut wurde. Als die nordeuropäischen Gebirge entstanden, hatte dies seine Auswirkungen bis hierher. Es kam zu untermeerischen Vulkanausbrüchen. Dabei entstand der Porphyr und aus der Asche der Schalstein. Der Meeresarm war nicht tief. Da ein tropisches Klima geherrscht haben muss, war das Wasser 25 - 30 Grad Celsius warm. Es war ein idealer Lebensraum für Stromatoporen (ähnlich den heutigen Korallen). Diese siedelten sich auf nicht tiefem und warmem Meeresboden an. In vielen Millionen Jahren lagerten sie Kalk ab und bauten große Riffe auf. So besteht der Boden unserer Gegend weithin aus Kalkstein. Bedeutende Monumente unserer Heimat stehen auf Kalkfelsen: Der Dom zu Limburg, die Lubentiuskirche in Dietkirchen und König Konrad bei Villmar. Von den vielen Kalksteinbrüchen und -öfen sind nur zwei Großbetriebe geblieben, nämlich in Steeden und Hahnstätten. Später kam es erneut zu untermeeri-

Kalkstein wird heute in Steeden im Tagebau gewonnen.

Erdbeben und Vulkanausbrüche haben die Dornburg entstehen lassen. Das Foto zeigt das Basaltabbaugebiet in den 60er Jahren.

schen Vulkanausbrüchen. Dies geschah vermutlich mit der Auffaltung des variszischen Gebirges, von dem der Grundstock der europäischen Mittelgebirge (Rheinisches Schiefergebirge usw.) übrig geblieben ist. Die Vulkanausbrüche haben nicht den ganzen Bereich bedeckt, sondern nur Teile der so genannten Lahnmulde. Diesmal erkaltete die Lava zu Diabasstein und die ausgestoßene Asche wurde wieder zu Schalstein. Dabei traten zwei bedeutende Folgen ein.

a) Wenn die Eruption auf ein Kalkriff traf, kristallisierte der Kalk durch die Hitze und den Druck zu Marmor. Gleichzeitig drang Magma in den Kalk. Dadurch entstand u. a. der rötliche, so lebendig wirkende Marmor bei Villmar. Die rötlichen Farben wurden durch Eisengehalt hervorgerufen. Das Kalkriff, das durch den vulkanischen Einfluss zu Marmor wurde, zieht sich über Wirbelau, Gaudernbach bis Schupbach. In Wirbelau ist der Marmor grau und in Schupbach sogar schwarz. Der farbige Marmor aus Villmar war weltbekannt. In Petersburg und New York wurden damit Gebäude geschmückt. Jetzt kann man ihn noch im Treppenhaus des Limburger Arbeitsamtes bewundern. Obwohl der Villmarer Marmor schöner als viele Auslandsprodukte ist, wurde die Förderung wegen zu hoher Kosten eingestellt. Eine der letzten Gruben war an der Bodensteiner Lay, wo das Königsdenkmal steht (Bongard).

b) Die bei den Vulkanausbrüchen ausgeworfenen Massen waren teilweise stark eisenhaltig. Der Eisengehalt muss gegen Ende des Ausbruches besonders hoch gewesen sein. Da alles unter Wasser geschah, sind die Asche und die eisenhaltigen Massen nicht so weit geschleudert, sondern bald abgelagert worden. Dadurch hat sich im Bereich der Ausbrüche eine Schicht von Eisenerzgestein gebildet. Diese Schicht variiert von 1 m bis zu 4 m Höhe. Abbau im Tagebau war kaum möglich. Als im 19. Jahrhundert die Industrialisierung vorankam, wurde Eisen besonders gefragt. Da stürzte man sich sozusagen auf den Eisenerzabbau. Das Lahn-Dill-Gebiet war über 100 Jahre das bedeutendste Eisenerzabbaugebiet in Deutschland. Der hier gefundene Eisenstein war sehr hochwertig. Der Eisengehalt des Gesteins lag meistens über 40 %, manchmal sogar über 50 %. Es wurden bis in die sechziger Jahre des vergangenen Jahrhunderts viele Millionen Tonnen im Lahn-Dill-Gebiet abgebaut. Das Grubengebiet mit kilometerlangen Stollen, Seilbahnen und Stichbahnen hatte einen ernormen Umfang. In Wetzlar und Niederscheld bei Dillenburg waren Hochöfen zur Verhüttung. Das übrige Gestein wurde im Ruhrgebiet verhüttet. Lahnaufwärts konnte man fast an jedem Bahnhof eine Erzverladestation an der rotbraunen Farbe erkennen. Die Erzlager waren beiderseits der Lahn. Der Erzabbau an der unteren Aar, im Raum Weyer, Münster, Langheck und Wolfenhausen dürfte noch nicht ganz vergessen sein. Die Steinschichten lagen durch die Gebirgsbildung nicht immer horizontal, sondern oft nach schräg oben oder unten. Manchmal brach die Schicht plötzlich ab oder war übereinander geschoben. Die Bergleute mussten „ihren Berg" genau kennen, um das Erzgestein zu finden und abbauen zu können. Diese Arbeit war aufwendig und somit teurer als der Tagebau im Ausland. Deshalb wurden nach und nach alle Gruben geschlossen und das billigere Eisenerzgestein aus dem Ausland bezogen.

Am Ende des Erdaltertums begann die Bildung des bereits erwähnten variszischen Gebirges quer durch Mitteleuropa. Hierbei wurde mit ungeheuren Kräften der Boden gehoben und die Gesteinsschichten manchmal sogar aufgefaltet. Je nach Gesteinsart kam es zu Abbrüchen, Hebungen und Senkungen. Deshalb ist der Untergrund unserer Heimat nicht schön horizontal geschichtet, sondern recht verwirrend gelagert. Diese Gebirgsbildung führte auch dazu, dass unser Gebiet nach Millionen Jahren aus dem Meer herausgehoben wurde. Das variszische Gebirge muss ein Hochgebirge geworden sein, aber nicht ganz so hoch wie die Alpen. In den nachfolgenden Millionen Jahren (300 - 50) war es hier verhältnismäßig ruhig. Auf der Erde gibt es keinen Stillstand, auch wenn wir in unserem kurzen Leben die dauernden Veränderungen nicht bemerken. Sonne und Frost, Regen und Wind sind so wirksam, dass in Millionen Jahren Gebirge abgetragen werden. Dabei wird irgendwo wieder abgelagert und es entsteht neues Land. Hier sind die hohen Gipfel verschwunden und der Grundstock der heutigen Mittelgebirge blieb zurück. Mit dem Beginn der Erdneuzeit wurde es nochmals unruhig, ja chaotisch. Es begann nämlich die dritte große europäische Gebirgsbildung von den Pyrenäen über die Alpen bis zu den Karpaten. Das war etwa vor 50 Millionen Jahren und später. In unserem Bereich war kein Hochgebirge mehr, sondern eine hügelige Landschaft. Durch die ungeheuren Kräfte, die in Südeuropa wirksam waren, kam es auch hier zu Brüchen der Erdkruste in größerem oder kleinerem Umfang. Der Vogelsberg und der obere Westerwald wurden zu großen Vulkanen. Gerade bei uns am Rande des Westerwaldvulkans kam es zu heftigen Auf- und Abbrüchen. Erdschollen wurden gegeneinander verschoben. Es entstanden Erdspalten, aus denen Magma hochstieg. Es kam zu vielen Vulkanausbrüchen mit all ihren Folgen. Sicher ist das nicht alles auf einmal geschehen. Bei den vielen Stellen, die heute noch davon Zeugnis geben, muss dauernd etwas los gewesen sein. Mit Erdbeben schwerster Art muss es losgegangen sein. Mal hier und mal da wurde Schutt und Asche hochgeschleudert. Dann folgte Lava mit 1 000 Grac Celsius. Die Aufzählung einiger Ausbruchsstellen zeigt, wie chaotisch es gewesen sein muss: Ölberg bei Hundsangen, Molsberg, Dornburg mit Blasiusberg, Heidenhäuschen mit Spitzberg, Steinbühl zwischen Heckholzhausen und Allendorf, Merenberg, Hermannskopf und Steinbühl bei Weilburg, Offheimer Kopf bei Elz, Galgenberg bei Hadamar, Ahlbacher Berge, Beselicher Kopf, kleinere Vorkommen bei Falkenbach und Kirschhofen, Schafsberg und Stephanshügel in Limburg. Die südlichste Fundstelle von Basalt ist am Bahnhof Oberbrechen. Die heutigen Zeugen sind die Basaltlager. Basalt ist die im tieferen Bereich ganz langsam erkaltete Lava. Die rasch erkaltende Lava an der Oberfläche wird schlackenartig und zersetzt sich verhältnismäßig schnell. Deshalb muss man sich vorstellen, dass auf den Bergen zusätzliche Kegel oder Rücken von 100 - 300 m waren, die inzwischen abgetragen worden sind. Wenn damals Dinosaurier hierher gekommen wären, hätten sie sich ganz schnell von den schwarzen Bergen abgesetzt. Tausende von Jahren wird unsere Gegend kaum belebt gewesen sein. Aber in der langer Folgezeit ist so viel abgetragen und weggeschwemmt worden, dass nur die jetzigen Berge übrig geblieben sind. In dieser Zeit sind auch erst die Flusstäler in ihrem jetzigen Verlauf entstanden.

Auf dem Schotter, Sand und dem vielfach entstandenen Ton konnte nur wenig wachsen. In neuerer Zeit muss es steppen- und wüstenhaft geworden sein. Über Tausende Jahre müssen Staubstürme den Löß/Lehm hier abgelagert haben. Wider erwartet wurde so unsere Gegend zu einer fruchtbaren Landschaft. Es entstanden dadurch die so fruchtbaren Lehm/Lößböden des „Goldenen Grundes". Zweifellos sind die Talauen des Ems- und Wörsbachtales mit ihren Schwemmböden fruchtbar. Trotzdem sind sie nicht das wesentliche Element, das den „Goldenen Grund" ausmacht. Vielmehr sind die Lehm- und Lößablagerungen auf den höheren ebenen Gebieten von größerer Bedeutung. Diese Ablagerungen haben vielfach erhebliche Tiefe. Das gilt vor allem für die Gebiete zwischen Brechen/Lindenholzhausen und Runkel/Villmar einerseits und Hünfelden andererseits. Wenn im Spätsommer hier die Getreideernte heranreift, liegt ein Goldschimmer über den Feldern. Natürlich waren für pralle Weizensäcke auch Goldstücke einzulösen. Der Name war also voll begründet. Über Jahrhunderte haben die Bewohner der höheren Lagen des Taunus und Westerwaldes von ihren kargen Böden auf die fruchtbaren Felder des „Goldenen Grundes" und des Limburger Beckens hinab geschaut.

Noch etwas ist markant für unsere Heimat: Die Mineralquellen. Niederselters, Oberselters, Selters/Lahn, Biskirchen und Fachingen haben Quellen mit bedeutender Schüttung und großem Absatz. Sie stellen einen eigenen Wirtschaftsfaktor dar. Niederselters war zeitweise weltbekannt. Hier ist das erdgeschichtliche Entstehen von Interesse. Es sind keine Quellen, die Oberflächenwasser fördern. Vielmehr kommt das Wasser aus unbekannter Tiefe reich mit Mineralien beladen. Das Wasser führt auch Kohlendioxid mit. Dies zeigt, dass über irgendwelche Spalten oder Risse noch Vulkanismus wirksam ist. Die Quellen befinden sich nicht im Bereich von Basaltvorkommen, sondern von Diabasgestein. Sie sind so eine Erinnerung an die Vulkanzeit vor 300 Millionen Jahren. Natürlich ist das Wasser nicht aus dieser Zeit. Es hat aber auch keine Verbindung zum sauren Regen.

Unsere Heimat ist nicht nur abwechslungsreich und schön, nicht nur historisch interessant, sondern auch in ihrer erdgeschichtlichen Entstehung äußerst vielfältig und kompliziert. Wenn man das erdgeschichtliche Geschehen vor sich ablaufen lässt, meint man Schöpfungsgeschichte erlebt zu haben. Sozusagen in und aus dem Wasser ist mit und durch Katastrophen unser schöner Lebensraum entstanden.

Staubstürme haben über Jahrtausende hinweg Löß im Limburger Becken und im Goldenen Grund abgelagert und somit die Basis für eine sehr fruchtbare Region geschaffen. Blick über Dehrn nach Dietkirchen und Eschhofen.

Der Wagner, ein aussterbender Beruf

Von Karl-Heinz Braun und Erich Müller

Der Wagner oder Stellmacher ist einer der ältesten Berufe überhaupt. Wagenbau kannte man schon im alten Ägypten. Die Kampfwagen, die wir heute noch in Museen bewundern können, stammen aus den alten Königsgräbern und haben sich über Jahrtausende in dem trockenen Wüstenklima erhalten. Alle Wagen waren aus Holz gefertigt, und das Prinzip hat sich trotz ständiger Vervollkommnung bis heute im Grundsatz kaum geändert. Natürlich wurde der Wagenbau dem Zweck, den dieses Transportmittel zu erfüllen hatte, immer wieder angepasst, so dass schließlich viele Details in veränderter bzw. verbesserter Form zur Ausführung kamen. Der Beruf des Wagners ist immer nur in Verbindung mit denen der Schmiede und der Drechsler zu verstehen. Einige Teile des Wagens mussten noch vor ihrer Fertigstellung in die Schmiede, denn erst die Beschläge aus Eisen ließen eine Weiterbearbeitung durch den Wagner zu - man denke nur einmal an die Eisenreifen, welche die Räder oder die Radnaben zusammenhielten und dem Wagen die erforderliche Stabilität gaben.

Der Wagner verwendete ausschließlich Holz für den Aufbau, und je nach dem, welcher Belastung das Teil ausgesetzt war, so wurde auch das geeignete Holz dafür verwendet. Zum Beispiel bestanden Radnaben und Radspeichen nur aus Eichenholz, da dieses Material sehr hohe Belastungen aushielt, ohne zu Bruch zu gehen. Der Beruf des Wagners war kein leichter, er erforderte viel Kraft und Geschicklichkeit im Umgang mit dem Werkstoff Holz: Ein gutes Beurteilungsvermögen für die verschiedenen Holzarten und ihre Weiterbearbeitung sowie eine sichere und genaue Handhabung des Werkzeugs. In der Regel war ja alles Handarbeit, und teilweise waren schon künstlerische Fähigkeiten erforderlich, um das Produkt so herzustellen, dass es den Anforderungen genügte. Wenn man nur einmal bedenkt, welche Fähigkeiten beim Bau einer Kutsche erforderlich waren; hier gab es wahre Künstler in der Berufsgruppe.

Das Werkzeug des Wagners bestand – abgesehen von den Maschinen wie Bandsäge, Hobel- und Bohrmaschine, welche am Anfang des 20. Jahrhunderts hinzukamen – aus Säge, Richtbeil, Bohrer, Stemmeisen, Schnitzmesser, diversen Hobeln und einer Unmenge von Schablonen und Lehren, die sich im Berufsleben des Wagners angesammelt hatten.

Wie schon erwähnt, waren die Berufe des Wagners und des Schmiedes Handwerke, welche auf Jahrtausende zurückblicken konnten. Für die Bauern auf der ganzen Welt waren diese Leute mit die wichtigsten Helfer in ihrem Erwerbsleben, und ohne diese Berufsgruppen war ein rationelles Betreiben von Ackerbau nicht möglich. Erst in den sechziger Jahren des 20. Jahrhunderts, als die mit gummibereiften Eisenrädern und aus leichtem Profileisen fabrikmäßig hergestellten Wagen aufkamen und der Traktor das Zugpferd verdrängte, begann der Abstieg dieser Berufszweige.

Heute gibt es nur noch ganz wenige Handwerker dieser Berufsgattungen und diese üben ihr Handwerk nur noch als Hobby aus. Neuerdings, im Zuge des wieder einsetzenden Reitsports, ist der Hufschmied wieder gefragt. Es ist aber schon vorhersehbar, wann das Wagner- und Schmiedehandwerk und die damit verbundenen Fertigkeiten in Vergessenheit geraten werden. Der letzte Würgeser Wagnermeister war Josef Kremer, der in Würges „Schäferphilipps Josef" genannt wurde. Er hatte seine Werkstatt an der Frankfurter Straße. Sein letzter Lehrling und Geselle war Fritz Karches. Über alles das, was in dieser Wagnerei hergestellt wurde und was Fritz Karches in seiner Lehr- und Gesellenzeit erlebte, soll in diesem Bericht geschrieben werden, damit der Nachwelt erhalten bleibt, wie schwer die Lehrzeit in dieser Zeit war, und der Leser sich ein Bild von diesem aussterbenden Handwerk und dem Lebensstil und den Lebensgewohnheiten der damaligen Zeit machen kann. Über das Zusammenleben des ehemaligen Lehrlings im Haushalt des Wagnermeisters und dessen Familie wird später noch berichtet.

Nun soll der letzte Lehrling und Geselle des Josef Kremer zu Wort kommen. Er wird an dieser Stelle über seine Erlebnisse und Erfahrungen berichten:

Herhof-Kompost aus Beselich – einfach bio*logisch*!

Holen Sie sich jetzt den Herhof-Qualitätskompost für Ihren Garten.

Qualitätskompost von Herhof ist Humus in Bestform. Er eignet sich hervorragend sowohl zur Bodenverbesserung bei Beeten, Rasen, Obst- und Ziersträuchern als auch zum Selbermischen von Pflanzenerde.

Neben unserem bewährten Herhof-Qualitätskompost bieten wir Ihnen jetzt auch Rindenmulch und Mutterbodenersatz an.

Wir freuen uns auf Ihren Besuch auf der Kompostierungsanlage Beselich, Niederstein-Nord.

Info bei Herrn Weber, Tel. 0 64 84 / 91 10 13 oder direkt bei Herhof-Umwelttechnik, Tel. 0 64 42 / 2 07-3 69
Öffnungszeiten Kompostverkauf:
Mo. – Fr. 8.00 bis 16.30 Uhr

Bürgerhaus –
Kurhaus Bad Camberg

Fam. Tomic – Inh. Vesna Tomic

65520 Bad Camberg
Chambray-Lea-Tours-Platz
Telefon: 0 64 34 / 62 24
Telefax: 0 64 34 / 62 24

**Café • Restaurant • Ratskeller • für Feiern aller Art bis 450 Personen
Biergarten mit Terrasse • zwei vollautomatische Bundeskegelbahnen**

DER KASTENWAGEN

Der Kasten, wie der Wagenaufbau auch genannt wurde, wurde aus gesunden, gerade gewachsenen Fichtenstangen, Fichtenholzbrettern und Eisenquerstreben, auch Spangen genannt, gefertigt.
Die Fichtenstangen wurden mit Handbeil, Schnitzmesser und Hobel so bearbeitet, dass sie fein säuberlich, glatt und ohne Unebenheiten waren. Jede Seite der Seitenwände bekam sieben Querstreben, welche 7 cm breit und 3,5 cm stark waren. Entsprechend waren auch die Bohrungen in den beiden Stangen ausgearbeitet und in diese wurden dann die genannten Querhölzer eingeschlagen. Das Ganze sah dann so ähnlich aus wie eine Leiter, jedoch mit großem Sprossenabstand. Natürlich gab es in der Größe der Wagenkasten auch Unterschiede und entsprechend groß und dick waren dann auch die Hölzer. Zu erwähnen sei noch, dass die verwendeten Eichenspangen, bevor sie in die Zapflöcher der Stangen eingeschlagen wurden, mit dem Schnitzmesser so bearbeitet wurden, dass ihre Enden mit einer Art Schnitzerei verziert wurden. Die Fixierung der so zusammengebauten Hölzer erfolgte nicht mit Nägeln oder Schrauben, sondern mit eigens angefertigten Eichenholzzapfen, die in die eingebrachten Bohrungen eingeschlagen wurden. Zum Schluss wurde das Feld zwischen den beiden Stangen mit ausgesuchten, gehobelten Brettern aus Fichtenholz geschlossen, die mit Nägeln an die Spangen genagelt wurden. Der Boden des Kastens wurde aus 4 cm starken Fichtenbohlen angefertigt, welche mit fünf Querhölzern (10 cm breit) zusammengenagelt wurden. Somit bestand der Kasten aus dem Wagenboden und den beiden schräg gestellten Seitenwänden. Nun fehlten noch das vordere und hintere „Türchen", das waren auf zwei schmale Buchenholzbretter, die am oberen Ende als Griffe ausgearbeitet waren, quer aufgenagelte Bretter, die den Wagenkasten vorn und hinten verschlossen. Dieser so genannte Kastenwagen wurde auch Dungardwagen genannt und hatte eine Länge zwischen 3,5 bis 4 m. Der Landwirt benutzte diesen Wagen in der Regel für alle anfallenden Arbeiten, nur beim Einfahren von Heu oder Getreide wurde der Kasten entfernt, der Vorder- zum Hinterwagen durch die Langwitt verlängert und der Kasten durch Leitern-Seitenteile und längeren Boden ersetzt. Der Vorderschemel wurde durch einen größeren Schemel ausgewechselt und hinten wurden die wesentlich größeren Seitenteile mit Eisenstäben, der Löse, auf die Radachse abgestützt.

DER LEITERWAGEN

Diese Ausführung gab es – da der „Unterwagen" ja der Gleiche war – ebenfalls in schwerer und leichter Ausführung; es kam immer auf

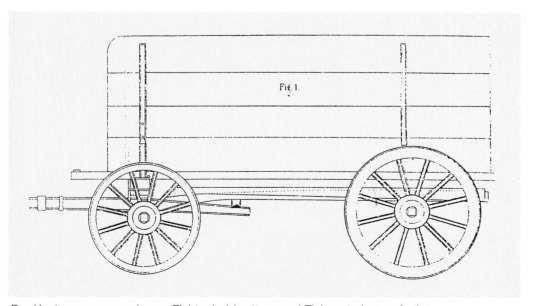

Der Kastenwagen wurde aus Fichtenholzbrettern und Eichenstreben gefertigt.

SCHAEFER KALK
die reine, natürliche Qualität

Was den Schaefer Kalkprodukten solch unübertroffene Güte verleiht, ist der Rohstoff aus besten Lagerstätten und eine gewissenhafte Verarbeitung zu hochwertigen Qualitätserzeugnissen.

SCHAEFER PRECAL

SCHAEFER PRECARB

Täglich bewähren sich Schaefer Kalkprodukte in einem umfangreichen Anwendungsbereich: Unentbehrlich in der chemischen Industrie und wichtiges Ausgangsprodukt beim natürlichen Umweltschutz - von der Trinkwasseraufbereitung bis zur Rauchgasentschwefelung.

Baustoffe, Putz- und Farbenprodukte entstehen unter Mitverwendung von Schaefer Kalk-Rohstoffen. Hersteller von Spezialpapieren, Zahncremes, pharmazeutischen Erzeugnissen, Kunststoffen und Dichtungsmaterialien vertrauen auf die Qualität der hochwertigen

Grundstoffe von Schaefer Kalk. Seit über 140 Jahren verbürgt unser Name Qualität in vielen Anwendungen und Verfahren.

Lieferstandorte:
65623 Hahnstätten
65594 Runkel - Steeden
55442 Stromberg

SCHAEFER KALK
Louise-Seher-Str. 6
D-65582 Diez

☎ (0 64 32) 503-0
FAX (0 64 32) 50 32 69

**SCHAEFER KALKPRODUKTE
ihrer Güte und natürlichen Reinheit wegen**

Leiterwagen waren vielseitig einsetzbar: als Ernte-, Holzabfuhr- oder auch Puddelwagen.

das Zuggespann an, ob Pferd oder nur eine Kuh verwendet wurde. Wie oben schon erwähnt, konnte der Kastenwagen auch bei Bedarf zum Leiterwagen (Erntewagen) umgebaut werden.

Die Leitern, also die Seitenteile des Wagens, sahen aus wie überbreite Leitern, nur dass die Sprossen an der Wagenoberseite etwas überstanden, damit die Getreidegarben beim Laden auf den Leitern den entsprechenden Halt fanden bzw. das Wagentuch, das vor dem Beladen des Wagens mit Getreidegarben in den Wagen gelegt wurde und dessen obere Enden in diese herausragenden Zapfen eingehängt wurden. Dieses Tuch hatte den Zweck, dass herausfallende Körner während des Transportes über holprige Wege und Felder aufgefangen wurden und nicht verloren gingen.

Für die Anfertigung dieser Teile – und ein Wagen hatte davon zwei Seitenteile – wurde nur ausgesuchtes, einwandfreies Holz verwendet.

Die Herstellung verlief ähnlich wie beim Kastenwagen. Die ausgesuchten Fichtenstangen wurden mit Handbeil, Schnitzmesser und Hobel zugerichtet und für die aus Eichenholz hergestellten Spangen wurden die Löcher gebohrt. Für die Fertigung der Spangen wurde größte Sorgfalt aufgewendet; diese Teile wurden oben und unten mit einem Zapfen versehen. Der erste Arbeitsgang beim Zusammenbauen war, dass die Spangen zuerst in die Bohrungen der unteren Stange (oder Baum) eingeschlagen wurden. Danach wurde der obere Baum aufgelegt, alle Spangen in den Bohrungen fixiert, um dann mit einem schweren Hammer bis zum vorgegebenen Abstand eingeschlagen zu werden. Verzapft wurde das Ganze wieder mit dafür von Hand angefertigten Eichenzapfen. Die Anfertigung dieser Leitern war Präzisionsarbeit, und es war der Stolz eines jeden Wagners, dass das fertige Teil ohne Fehler und Makel war. Der Boden des Leiterwagens war der Größe der Leitern angepasst und in der Anfertigung gleich dem des Kastenwagens.

Zum Schluss kam noch die Anfertigung des so genannten „Wiesenbaumes", eine über die ganze Länge des Wagens reichende dicke und feste Stange. Dieser „Baum" wurde über den voll beladenen Erntewagen gelegt, vorn und hinten mit einem kräftigen Seil nach unten an den Leitern befestigt, so dass das Erntegut gesichert war und nicht herunterfallen konnte, das war bei den damaligen schlechten Wegen dringend notwendig. Damit dieser relativ schwere Baum und die dicken Zugseile auch den nötigen Zug bekamen, wurde am hinteren Ende des Wagenbodens noch eine in zwei Eisenösen laufende Holzrolle – die Winde – eingebaut. Diese Winde wurde mit zwei Holzlöffeln, ca. 70 cm lange Eichenhölzer, die in versetzte Bohrungen eingesteckt wurden, betrieben. Das Zugseil, das am hinteren Ende des Wiesenbaumes befestigt war, wurde um die Rolle geschlungen, ein herausragender Zapfen fixierte das Ganze, dann wurde mit den beiden Holzlöffeln die Winde betätigt, bis alles den richtigen Halt hatte. Zeitweise, je nach der zurückgelegten Wegstrecke, musste die Winde nachgespannt werden.

Manchmal, besonders bei Festveranstaltungen, wurde der leere Erntewagen mit den nötigen Sitzbrettern versehen und mit Grünzeug verziert, mit fröhlichem Volk besetzt fuhr dieses Gefährt dann im Festzug mit, oder man machte damit im lieblichen Maienmonat einen feucht-fröhlichen Ausflug.

DER PFLUGKARREN

Der so genannte Pflugkarren wurde, wie der Name es schon aussagt, verwendet, wenn der Landwirt zum Ackern (Pflügen) in das Feld fuhr und nur den Pflug benötigte. Er wurde aber auch benutzt, um kleinere Fuhren zu erledigen. Dieses Gefährt bestand aus dem Vorderpflug, also dem Teil, in das der eigentliche Pflug eingehängt wurde und diesen während des Pflügens führte, sowie aus dem Pflugkarren, der nur zum Transport des Pfluges und manchmal des Saatgutes diente. Der Vorderpflug bestand aus dem linken und rechten Brackteil, dem Achsstock und dem Achsstockoberteil. Die Höhe der Räder betrug 55 cm. Die Räder wurden so wie die des Kastenwagens angefertigt. Die wesentlichen Teile dieses Vorderpfluges wurden vom Schmied angefertigt, da es eine Verstellmöglichkeit aus Eisen für den Pflug geben musste.

Der eigentliche Pflugkarren, welcher in das Vorderteil eingehängt war, bestand aus dem stabilen Mittelarm, der aus Eichenholz gefertigt wurde. Auf diesen Mittelarm wurden vier aus Eiche gefertigte Querstreben (Spangen) eingezapft und mit je einer nach oben gehenden Spange versehen. Nun wurde dieser stabile Rahmen noch mit Brettern ausgekleidet. Der Kasten wurde mit dem Achsstock (wie beim Kastenwagen) versehen. Die Räder waren für diesen Karren 76 cm hoch.

Die Länge des gesamten Gefährtes betrug 2,40 m, die Kastenhöhe 50 cm und die Gesamthöhe etwa 1m. Natürlich hatte dieser Pflugkarren auch eine Bremse – Schraube genannt –, die genau so aufgebaut war wie beim Kastenwagen. Wie schon erwähnt, war der Anteil der Schmiedearbeit relativ hoch. Es mussten eine Pflughalterung, Anhängerkupplung (für den Karren), Spannkette, Spanneisen und vieles mehr angefertigt werden. Der Grund lag darin, dass der komplette Pflugkarren ja auch automatisch die Hälfte des Pfluges beinhaltete.

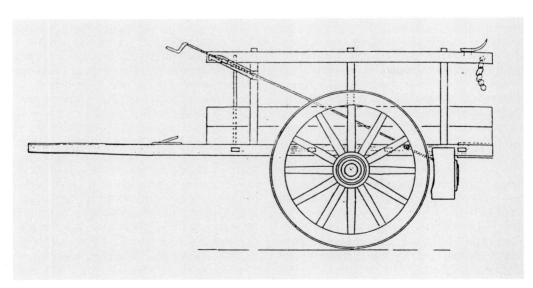

Der Pflugkarren war gleichzeitig auch Teil des Pfluges.

Vom „Hengste-Stall" zum therapeutischen Reiten in Hadamar

Von Dr. Rüdiger Fluck

Als im Jahre 1992 die Außenstelle des Hessischen Landgestüts Dillenburg in der Hundsanger Straße 2 geschlossen wurde, ging eine lange Geschichte der Pferdezucht im heimischen Raum zu Ende. In dem unter Denkmalschutz stehenden Stallgebäude befand sich der Pferdestall mit einer umbauten Fläche von 190 qm und im Obergeschoss die Wohnung des Gestütswärters mit einer Fläche von 92 qm. Auf dem 624 qm großen Grundstück stehen noch ein zweigeschossiger Futterschuppen und eine Reithalle.

Als die letzten Dillenburger Deckhengste „Radius", „Westerwald" und „Grafenberg" die Station verließen, erwarb der Dipl. Reitpädagoge Ivar Brethouwer die landeseigene Liegenschaft und errichtete ein therapeutisches Reitzentrum für Sonderschulklassen, Kinderheime und Klinikgruppen.

Schon lange ist die Stadt Hadamar mit der Pferdezucht verbunden. Bereits zur Regierungszeit des Grafen Wilhelm des Reichen (1515 - 1559) waren in Hadamar Hengste aufgestellt. Auch nach dem Tode des Grafen war sein Sohn Johann VI. der Ältere (1559 - 1606) sehr bedacht auf die Hebung der Landwirtschaft und besonders auf die Förderung der Pferdezucht. Aus der Bürgerliste des Jahres 1566 ist zu ersehen, dass 196 Pferde von den Bürgern gehalten, beziehungsweise zum Verkauf gezüchtet wurden. Neben der Tätigkeit des Müllers war das Schmiedehandwerk das älteste Gewerbe in und um die Stadt an der Elb. Viele Viehmärkte, darunter auch Pferdemärkte, kündeten von einem regen Tierhandel. Aus den Unterlagen des Landesgestüts in Dillenburg geht hervor, dass Hadamar im Jahre 1821 zum ersten Mal mit sieben Hengsten beschickt wurde. Die Deckergebnisse und die Zahl der zugeführten Stuten lassen sich seit 1870 nachweisen. Untergebracht waren die Pferde im Marstall und dem Fohlenhof des Schlosses.

Als Marstall (vom althochdeutschen Mahr = Ross) bezeichnete man früher den Pferdestall fürstlicher oder vornehmer Personen, dessen Aufseher Marschall genannt wurde. Erbaut wurde der Marstall von 1619 bis 1625 als Wirtschafts- und Verwaltungsgebäude und für die Unterbringung der Leibgarde. Von der ursprünglich dreiseitigen, zum Hochschloss hin offenen Anlage, sind heute der Westflügel (Stadtmuseum) und ein Teil des Südflügels erhalten geblieben. Der Fohlenhof war südlicher Hof und Abschluss des Stadtschlosses der Renaissance-Zeit. Die Innenseite des Mauerzuges war ebenfalls mit Scheunen und Ställen besetzt. Erhalten geblieben ist heute ein umgebauter Teil mit der antikisch gegliederten Postamentsäule aus der ehemaligen Schlosspforte. Das Tor wurde 1802 abgebrochen und der Südflügel beim Straßenbau 1858 weitgehend niedergelegt. Ein weiterer Hinweis für die Pferdehaltung in den Wirtschaftsgebäuden des Schlosses gibt ein Stadtplan aus dem Jahre 1713; hier ist neben den beschriebenen Gebäuden auch die „Reitwiese" eingezeichnet, südlich des großen „Herrengartens" rechts der Elb gelegen, auf der die Pferde eingeritten wurden. Nachweislich wurde die Beschälstation in den Wirtschaftsgebäuden des Schlosses in den letzten Jahren von der Landessteuerkasse unterhalten.

Umwälzende Veränderungen brachten die Jahre 1850 durch die Verlängerung der Borngasse und der 1868 genehmigte Bau der Eisenbahn; hierdurch verschwanden viele Wiesen und Gärten und der größte Teil der Wirtschaftsgebäude des Schlosses. Für die Pferde wurde 1860 eine neu erbaute Beschälstation, der so genannte Hengste-Stall in der Hundsanger Straße in Betrieb genommen; ein längsrechteckiger Satteldachbau aus Bruch-Kalk mit Sandsteingewänden und Backsteinbögen. Außengliederung durch geböschte Pfeilerlisenen und Bogenfries. Auch die große Reithalle im hinteren Bereich mit ihrer Fachwerk- und Holzbauweise ist typisch für die Domänenarchitektur aus der Mitte des 19. Jahrhunderts. Störend wirken nicht nur nach Ansicht der Denkmalschützer die nachträglich eingefügten Dachgauben.

Durch dieses Gebäude wurden die Züchter erneut angeregt, „den Bedarf an Pferden zur Arbeit oder zum Handel sich selbst in vor-

Beeindruckend ist die Dachkonstruktion der Reithalle aus dem Jahre 1860.

Blick in die Reithalle mit angrenzendem Stallgebäude.

züglicher Güte aufzuziehen", und es war bis 1992 ein Zentrum der regionalen Pferdezucht. Erhalten sind aus dieser Zeit Aufzeichnungen über die Anzahl der Hengste, die jährlich aufgestallt wurden, und die Anzahl der Stuten, die ihnen zugeführt wurden. Auch die Namen der Gestütswärter seit 1870 bis zu Willi Rompf 1973 - 1990 und Ralf Balzer (seit 1991) sind noch verzeichnet.

Doch ist auch nach 1992 die alte Zuchttradition des Landesgestüts Dillenburg dem Nassauer Land erhalten geblieben. Auf dem Erbacherhof in Elz unterhält das Hessische Landgestüt Dillenburg in den Stallungen des Landwirts und Vorsitzenden des Pferdezüchtervereins Westerwald-Taunus Kurt Strecker eine Außenstelle; hier werden jeweils von Februar bis Juli drei bis vier Dillenburger Deckhengste aufgestallt und von Gestütsoberwärter Ralf Balzer betreut. Die Zahl der zugeführten Stuten ist mittlerweile zurückgegangen auf 40 bis 50 im Jahr. Im Historischen Gestütsstall in Hadamar stehen heute 15 Islandpferde, die im Herdenverband gehalten werden, um soziale Kontakte der Tiere untereinander zu erhalten. Ivar Brethouwer führt hier die Kinder behutsam an die Pferde heran und versucht Angst zu nehmen und Vertrauen im Umgang mit dem Tier zu schaffen. Zu seinem Klientel gehören vor allem Kinder mit sensomotorischen Integrationsstörungen, mit Teilleistung und Konzentrationsdefiziten, Verhaltensauffälligkeiten im sozialen und psychischen Bereich sowie mit motorischen und krankheitsbedingten Bewegungseinschränkungen.

Durch dieses Angebot wird der alte Pferdestall auch in Zukunft sinnvoll genutzt, für den Reitpädagogen ist die Arbeit mit den Kindern und Pferden Freude und Verpflichtung zugleich.

NEUERSCHEINUNGEN 1999/2000

VON EDITH BRÖCKL

Almanach 1999. Kalender für das Bistum Limburg. Limburg: Knecht Vlg.

Arbeitsgemeinschaft der Jugendpflege im Landkreis Limburg-Weilburg (Hg.): Wegweiser für Jugendliche. Broschüre. Limburg 2000

Aumüller, L.: Auf den Spuren des Villmarer roten und Schupbacher schwarzen Marmors. In: Mitteilung des Vereins für Geschichte und Landeskunde zu Bad Homburg v.d.H. Nr. 47/1998, 105 - 12

Baumann, Albert: Freienfels. Entstehung, Geschichte und Leben des Ortes mit seiner Burg im unteren Weiltal. Hrsg. vom Heimat- und Verschönerungsverein Freienfels 1999.

Beselicher Schriften. Informationen des Vereins zur Erhaltung der Klosterruine Beselich e.V. Hrsg. von Christof W. Martin Waldbrunn-Lahr

Bezirkslandfrauenverein Weilburg (Hg.): Wir. 50 Jahre Bezirkslandfrauenverein Weilburg 1950 - 2000. (Erhältl. im Stadtarchiv u. in den Bad Camberger Buchhandlungen)

Bürgerinitiative Alt-Weilburg (Red. Helga Reucker): Weilburger Blätter 1999 u. 2000

Caspary, Eugen; Stillger, Franz Josef; Zabel, Norbert (Hg.) im Auftrag der Gemeinde Selters/Taunus. Ein Beitrag zur politischen Geschichte des Goldenen Grundes. Red.: Heike Altmann, Eugen Caspary, Bernd Hartmann, Franz-Josef Stillger, Dr. Norbert Zabel. Selters-Druck 1999 (Erh. in der Buchhaltung Linz, Niederselters)

Daberkow, Holger u. Trotzke, Oliver: Fotokalender Weilburg 2000

Diefenbach, H. : Der Sauerborn. Ein Lindenholzhausener Mineralbrunnen. In : Sonnenberger Echo, Nr. 61/1999. Hrsg. vom Heimatverein Sonnenberg e.V.

Diehl, Willi; Horz, Rudolf; Gotthardt, Norbert: Marktflecken Mengerskirchen im Westerwald mit seinen Ortsteilen. Info-Broschüre. Hrsg. von der Gemeindeverwaltung u. dem Rekom - Verlag Wetzlar. Ausgabe 2000

Eisenbach, Rudi: 50 Jahre Europa - Union Limburg von 1949 - 1999. Hrsg. vom Kreisverband Limburg (Erh. beim Verfasser)

Fehr, Ellen: Freizeitführer Mittelhessen. 1000 Freizeittipps, Ausflugsziele, Landschaft und Natur, Sehenswürdigkeiten, Freizeitsport, Kultur, Feste, Veranstaltungen. (Landkreis Limburg-Weilburg, Lahn-Dill, Vogelsberg, Marburg-Biedenkopf) Gudensberg-Gleichen: 1. Aufl. 2000

Finger, Ulrich u. Uschi: Zum Vergessen zu schade - Erinnernswertes aus der Geschichte unserer Gemeinde (Weiltalgemeinden). Jahresband 1999

Frauenchor Weinbach: Vereinschronik zum 75-jährigen Bestehen im Jahre 2000

Freiwillige Feuerwehr Barig-Selbenhausen: Festbuch zum 75-jährigen Bestehen 2000

Füllhas, Gerd; Heil, Kurt; Lehwalder, Robert; Schäfer, Ernst; Schnabel, Rainer: 700 Jahre Laimbach 1299 - 1999. Löhnberg: Becher 1999

Hecker, Hubert: Wilhelm Heinrich Riehl und die Revolution auf dem Lande (1848/49). In: Nassauische Annalen Bd. 111, S. 331ff., Wiesbaden 2000

Heimat an Lahn und Dill. Beilage zum Weilburger Tageblatt. Red.: Heinz Pfeiffer

Henss, Wolfgang: Die Brücke. Das Tageblatt stellt die detaillierte Planung vor. Eine Artikelserie im Weilburger Tageblatt im April 2000

Historisches Camberg. Beiträge zur Stadtgeschichte und über das Stadt- und Turmmuseum Bad Camberg. Hrsg. vom Verein Historisches Camberg e. V.

Hoos, Hans-Helmut: Die Erinnerung des Limburger Juden Sigmund Sachs 1905 - 1995. Eingeleitet u. bearbeitet von Hans-Helmut Hoos. Hrsg. von der Kreisheimatstelle des Landkreises Limburg-Weilburg 1999

Hoos, Hans-Helmut: Cubach 1000 - Kubach 2000. Ein altes Dorf mit großer Vergangenheit. Red.: Hans-Helmut Hoos, Helmut Abel, Wilhelm Bernhardt, Adolf Cromm, Ulrich Demmer, Arno Ohly, Christel Schalz, Karl-Heinz Schröder, Birgit Steiner, Gerhard Weinbrenner. Weilburg: Print GmbH. 1999

Hoos, Hans-Helmut: Kubach - ein altes Dorf mit großer Vergangenheit. Artikelserie im Weilburger Tageblatt Mai/Juni 2000

Initiative Kubach 2000 e.V. (Hg.) : Kalender mit historischen Motiven auf das Jahr 2000

Initiative Kubach 2000 e.V. (Hg.) : Festschrift 1000 Jahre Kubach. Hrsg. aus Anlass der 1000-Jahr-Feier im Mai 2000

Kamphaus, Franz: Wer wir sind. Bischof Franz Kamphaus an die Gemeinden im Bistum Limburg zur österlichen Bußzeit 2000.

Kloft, Matthias Theodor; Krupp, Ingrid; Michel, Walter; Rudersdorf, Walter: 1648 - Legatus Plenipotentiarius Graf Johann Ludwig von Nassau-Hadamar und der westfälische Friede.

Hrsg. von der Kulturvereinigung Hadamar. Limburg: Glaukos 1999

Kreisausschuss (Kreisheimatstelle) des Landkreises Limburg-Weilburg (Hg.): Jahrbuch für den Kreis Limburg-Weilburg 2000 und 2001. Red.: Sybille Bursky, Bernd Kexel, Armin M. Kuhnigk, Heinz Pfeiffer. Wetzlar Rekom Vlg.

Kuhnigk, Armin: Villmar - Geschichte und Gestalt einer hessen- nassauischen Großgemeinde. Überarbeitet u. aktualisierte Aufl. 2000. Weilburg: Print GmbH.

Landfrauenverein Kubach: Sopp Gemeus un Flaasch. Großmutters Rezepte. Zusammengetragen von den Kubacher Landfrauen. Beselich: Kissel Vlg. 2000

Layda, Siegfried u. Schönrock, Karl-Heinz: Die Lahn. The Lahn/La Lahn. Eine Bildreise. (u.a. nassauische Residenzen von Weilburg bis Diez). Hamburg: Ellert u. Richter Vlg. 2000

Lehrer-Sport-AG: Broschüre zum 50-jährigen Bestehen. 2000

Magistrat der Stadt Bad Camberg (Hg.): Denkmäler - 1000 Jahre Leben in Camberg. Red.: Gerhard Buck, Manfred Kunz, Walter Lottermann, Franz Motyka, Dr. Peter Schmidt, Julia Imhoff. Camberg 2000 (Erhältl. bei der Kurverwaltung u. in den städtischen Buchhandlungen)

Maibach, Heinz: Goethe als Zeitzeuge und Kritiker der Französischen Revolution. In: Nassauischen Annalen Bd. 111, S. 311ff. Wiesbaden 2000

Meckel, Ulrich: Die Lahn. Flussführer. 15. aktualisierte Aufl. 2000. Limburg: Buchhandlung Meckel

MGV Liederkranz Dietkirchen: Jubiläumsschrift zum 100-jährigen Bestehen. 2000

MGV „Sängerlust" Hangenmeilingen: Festschrift zum 125-jährigen Bestehen. Hangenmeilingen 2000

Marienschule Limburg: Jahrbuch 1999

Musisches Internat der Diözese Hadamar: Jahresbericht 1999

Nobbe, Dieter: Streifzug durch das zu Ende gehende 20. Jahrhundert. Eine Artikelserie im Weilburger Tageblatt. Dezember 1999

Peter, Johann: Lebensmittel. Punkt. Berichte aus der Altstadt von Weilburg. Gesammelt u. hrsg. von Johann Peter, fotografiert von Margit Bach. Weilburg an der Lahn 1999

Rasensportverein Würges: Festbuch zu 80-jährigen Vereinsjubiläum. Würges 2000

Rekom Verlagsgesellschaft in Zusammenarbeit mit der Stadtverwaltung Weilburg (Hg.): Weilburg an der Lahn. Barocke nassauische Residenzstadt im Grünen (Info-Broschüre). Wetzlar: Rekom Vlg. 1999

Reucker, Helga: Ein Weilburger - Friedrich Ludwig von Sckell. Eine Übersicht über die Werke von Friedrich von Sckell, dem Begründer des Landschaftsgartens in Deutschland (Ausstellung des Obst- und Gartenbauvereins Weilburg e.V. in der Kreissparkasse Weilburg vom 4. - 29.09.2000)

Stadtbild - das Lahntal zwischen Limburg und Weilburg. Fremdenverkehrs-Werbebroschüre. Hrsg. von den Städten des Kreises Limburg - Weilburg: Bad Camberg, Limburg, Hadamar, Runkel, Weilburg

Strieder, Arnold: Marktflecken Mengerskirchen. Bilder aus vergangenen Tagen, Bd. 3. Horb (Neckar): Geiger Vlg. 1999

Striffler, K.: Die „Johannesburg" im Kallenbachtal. Glanz und Verfall eines herrschaftlichen Juwels, des ehem. Jagdschlosses. In: Heimatjahrbuch für das Land an der Dill im Lahn-Dill-Kreis Nr. 43/2000, 176 - 89. Dillenburg: Weidenbach Vlg.

Tilemannschule Limburg/Lahn: Der Tilemann. Schulzeitung 1999

Verschönerungsverein Oberweyer (Hg.): Kalender 2000. (9. Dorfkalender mit historischen Motiven)

Waldbrunner Nachrichten. Herbstein: Wittich Vlg.

Wanderkarte für das Hadamarer Land. Kissel Vlg. 1999 (Erhältl. beim Fremdenverkehrsamt sowie in den Hotels u. Pensionen)

Weber, Kurt u. Weinrich, B.: Die Stammfolge der Familie Weinrich aus Weilburg an der Lahn. In: Hessische Familienkunde 24, H. 5-8 1999, Sp. 548 - 79. Neustadt/Aisch, Schmidt Vlg.

Wilinaburgia: Verein ehemaliger Angehöriger des Gymnasiums zu Weilburg (Red.: Eugen Caspary): Mitteilungsblätter 1999/2000

Wirtschaftswerbung Weilburg u. Fremdenverkehrsmarketing GmbH: Weilburg live 1999/2000. Red.: Margit Bach u. Knut Rehn Wetzlar: Wetzlardruck

Wolf, Manfred; Rach, Peter; Jost, Peter: Jubiläumsbuch zum 100-jährigen Bestehen des TuS Blau-Weiß Laubuseschbach. 2000

Wolf, R.: Ein Kriminalprozess in Camberg im Jahre 1688 und die Anfänge der Familie Rudolf. In: Hessische Familienkunde 24, H. 5-8 1999, Sp. 502-507. Neustadt/Aisch: Schmidt Vlg.

Zimmermann, Heinz: Bad Sulza (Thüringische Partnerstadt Bad Camberg) Zehn Jahre danach. Artikelserie im Weilburger Tageblatt im Juli 2000

Die Alte Lahnbrücke in Limburg
Von Walter Stöppler

Brückengeld-Abgabe zu Limburg a.d. Lahn. vom ersten Juli 1888 an.

A. Von über die Lahnbrücke verkehrenden Thieren.	Pfg
1. Von einem Pferd, ob leer, Reit oder Lastpferd, einem Ochsen und einer Kuh	6
2. ” einem Füllen, Esel, auch Lastesel, Maulthier und Rind	3
3. ” einem Schwein, Kalb, Hammel, Schaf oder einer Ziege	2

B. Von Fuhrwerken.

		Pfg
4	Unbeladen mit einem Pferd, Ochsen oder einer Kuh bespannt	11
	von jedem weiteren dieser Zugthiere	6
5	Beladen einspännig	17
	leer zurück	8
6	” zweispännig	23
	leer zurück	11
7	” dreispännig	34
	leer zurück	17
8	” vierspännig	46
	leer zurück	23
9	” mehr als vierspännig für jedes Zugthier mehr	11
	leer zurück für jedes über 4 Zugthiere ausser 23 Pfg.	6
10	Unbeladen mit einem Esel, Maulthier oder Rind bespannt	8
	für jedes weitere solcher Zugthiere	3
11	Beladen einspännig	11
	leer zurück	5
12	” bei grösserer Bespannung für jedes weitere Zugthier	4
13	Von einer Pferde- oder Dampf-Strassenwalze, sowie einem Dampfwagen, einer Locomobile, ob mit Zugthieren oder mittelst Dampf bewegt	60

Gewöhnliche Fuhrwerke werden als beladen berechnet, wenn sie 200 Kilo und mehr geladen haben, und Personenfuhrwerke, sobald neben dem Wagenführer noch eine oder mehrere Personen damit befördert werden.

Befreit von der Abgabe sind ausser den hiesigen Einwohnern für ihre eignen Thiere und Wagen, welche hier im Gebrauche stehen.

1, die Militärpferde und Fuhrwerke,
2, Postpferde und Fuhrwerke mit Ausnahme von Extraposten,
3, Fuhrwerke, welche Früchte und Kartoffeln zum Markte bringen oder von da abholen, für die Ein- und Ausfuhr an den betreffenden Fruchtmarkttagen.

Limburg den 1. Juli 1888.
Das Bürgermeisteramt.

Ein uralter Handelsweg von Norden nach Süden führte von Köln nach Frankfurt am Main über Limburg. Anfangs überquerte man die Lahn durch eine Furt. 1180 wurde eine hölzerne Brücke errichtet, die leider 1255 von einem mächtigen Hochwasser zerstört wurde. Aus den Limburger Annalen stammt das Datum 1315, an dem der Bau einer steinernen Brücke erwähnt wird. Kaiser Karl IV. erlaubte der Stadt 1357 die Erhebung von Brückenzoll. Dieser wurde bis Ende 1905 erhoben.

Das Bürgermeisteramt der Stadt Limburg legte am 1. Juli 1888 eine neue Brückengeldabgabe fest.

Steinkreuz

Nepomukfigur

Madonnafigur

Der „Schwarze Tod", die Pest, traf Limburg im Jahr 1349 sehr schwer. Täglich starben 20 - 30 Bürger der Stadt. Die Überlebenden stifteten aus Dankbarkeit ein Steinkreuz, das heute noch auf der Westseite in der Mitte der Brücke steht. Eine Nepomukfigur steht als Schutzpatron der Brücke dem Pestkreuz gegenüber. Im noch erhaltenen Brückenturm – ein zweiter stand einst an der Stadtseite, „Innererturm" genannt, – befindet sich auf der Nordseite eine Nische, in der eine Madonnafigur mit Kind steht. Ihr Platz war einst auf dem Altar der Pestkapelle. Den Brand der Brückenvorstadt von 1795, den die Franzosen gelegt hatten, überstand diese Madonna ohne Beschädigung. Das veranlasste die Bürger zu ihren Wallfahrten.

Er warnt vor Betrügereien.

Einst war ein Brückenzöllner sehr streng und ließ keinen ohne Zoll passieren. Oft nahm er auch mehr als vorgeschrieben. Ein von ihm Geschröpfter verfluchte den Zöllner und verwünschte ihn zu Stein. Da dieser Fluch sich erfüllte und der Zöllner auf der Stelle zu Stein erstarrte, musste er zur Seite geräumt werden, und dann mauerte man ihn in die Innenwand des Torbogen zur Warnung aller Betrüger.

Der Limburger Schlachthof stand auf der Ostseite des Brückenturmes – heute ist die Kreismusikschule in diesen Räumen untergebracht. An der Westseite des Turmes, wo heute an der Lahn wassergetriebene Turbinen zur Elektrizitätsgewinnung installiert sind, stand einst die erste Limburger Jugendherberge. 1431 war das große Hochwasser der Lahn mit 116 Metern über N.N. angegeben. Diesem widerstand die steinerne Brücke und auch weitere Jahrhunderte lang vielen Stürmen.

Ende des 2.Weltkrieges sprengten deutsche Truppen beim Rückzug einen Pfeiler der Brücke. Der Wiederaufbau erfolgte 1949 - 50 mit einer Verbreiterung der Fahrbahn und den beiden Bürgersteigen. Heute dürfen nur Fußgänger und PKWs die alte steinerne Brücke benutzen. Sie diente über 650 Jahre den Menschen, brachte Freunde und Feinde von Ufer zu Ufer und verbindet noch immer den Westerwald mit dem Taunus durch die Bundesstraßen Nr. 8, 49, 54 + 417.

Beschädigte Lahnbrücke

JAHRBUCH-QUIZ
HISTORISCHE PERSÖNLICHKEITEN BEI UNS IM LANDKREIS
VON HEINZ PFEIFFER

Der Bundespräsident Gustav Heinemann sagte am 13. Februar 1970 bei einer Ansprache im Bremer Rathaus, er habe es sich seit Jahren zur Gewohnheit gemacht, bei Besuchen in den Landkreisen unseres Vaterlandes in Chroniken und Kirchenbüchern zu forschen. Er glaube, dass wir gerade dort noch einen ungehobenen Schatz an Vorgängen besitzen, der es verdient, ans Licht gebracht und weit stärker als bisher im Bewusstsein unseres Volkes verankert zu werden.
Darum bemühen sich auch im Landkreis Limburg-Weilburg in den seitdem vergangenen 30 Jahren zahlreiche Heimatforscher beiderlei Geschlechts und aller Erwachsenen-Altersgruppen. Und gerade auch das Jahrbuch des Kreises dient als gern gelesener Multiplikator von Aufgespürtem und lokal Verwurzeltem.
In einem posthum im Mitteilungsblatt der „Wilinaburgia" des Gymnasium Philippinum in Weilburg im Februar 2000 abgedruckten Aufsatz des ehemaligen langjährigen Kreisheimatpflegers Wolfgang Schoppet heißt es zu gleichem Thema: „Die Beschäftigung mit der Heimatgeschichte ist am Lohnendsten und macht immer dann besondere Freude, wenn das lokale geschichtliche Ereignis, das in den Blick gefasst wird, in irgendeinem Zusammenhang steht mit der „großen" Geschichte oder einer bedeutenden Gestalt der Geistesgeschichte."
Beides lässt sich auch an vielen Orten unseres Landkreises erfahren.
Unser Quiz fragt daher dieses Jahr 14-mal, in welchem Dorf oder in welcher Stadt auf die „große" deutsche oder gar europäische Geschichte, wenn auch mit kleinem Akt, eingewirkt und ihr so quasi zugearbeitet wurde. Oder aber das Quiz fragt, wo eine bedeutende historische Gestalt in unserem Kreisgebiet Förderung erfuhr, sei es durch erhaltene Belehrung oder durch Eigenstudium.
Die Aneinanderreihung der jeweils hinter dem richtigen Ortsnamen stehenden Einzelbuchstaben ergibt als Lösungswort ein Hauptwort mit 14 Buchstaben, das dem Heimathistoriker sicher nicht zum ersten Mal begegnet.

Schreiben Sie dieses Lösungswort auf eine Postkarte und senden Sie diese an d e
Kreisverwaltung Limburg-Weilburg
Kreisheimatstelle
Schiede 43
65549 Limburg

mit dem Kennwort versehen: „Jahrbuch-Quiz".

Bei mehreren richtigen Einsendungen entscheidet das Los.

Einsendeschluss ist der 15. März 2001

Viel Erfolg beim Raten!

1.
Aus welchem Fürstenschloss ließ der französische Revolutionsgeneral Custine am 11. November 1792 das Tafelsilber requirieren?

❏ Weilburg   O
❏ Schadeck   F
❏ Dehrn   G

2.
Dr. Ernst Philipp Maria Lieber, der nach Windhorst seit 1891 zweite Führer der Zentrumspartei im Deutschen Reichstag in Berlin, fand 1902 seine letzte Ruhestätte in seiner Heimatstadt:

❏ Kirberg   S
❏ Steeden   T
❏ Bad Camberg   R

3.
Der Generalbevollmächtigte des Kaisers in Wien bei den Friedensverhandlungen zwischen 1643 und 1648 zwecks Beendigung des Dreissigjährigen Krieges in Münster/Westfl. war Graf von Herrschaft und Stadt:

❏ Hadamar   T
❏ Mengerskirchen   V
❏ Waldernbach   W

4.

Auf welcher Burg zu Gast musste der Kirchenreformator Philipp Melanchthon wegen Papiermangels seine Briefkorrespondenz einschränken?

❏ Freienfels   P
❏ Ellar   Q
❏ Runkel   S

5.

Wo schrieb der kaiserliche Notar und Stadtschreiber Tilemann im Spätmittelalter seine berühmt gewordene Chronik?

❏ Weilmünster   M
❏ Limburg   G
❏ Löhnberg   N

6.

In welchem evangelischen Ort wurde Johann Philipp von Schönborn, der als katholischer Erzbischof und zugleich deutscher Kurfürst bekanntester Kirchenfürst der Barockzeit war, im Jahre 1605 geboren?

❏ Laubuseschbach   E
❏ Limburg   P
❏ Elz   R

7.

Der bedeutendste deutsche Staatsmann seiner Zeit, Carl Reichsfreiherr vom und zum Stein (1757 - 1831) weilte auch ab und zu auf seinem Hofgut in:

❏ Kirberg   S
❏ Odersbach   K
❏ Kirschhofen   Z

8.

In welchem Dorf nächtigte Goethe 1815 während seiner Fahrt durch das Waldgebiet „Lange Hecke", um Bergbaustudien zu treiben?

❏ Laimbach   D
❏ Ohren   O
❏ Blessenbach   C

9.

Nahe welchem Dorf der Herrschaft Wied-Runkel wurde am 31. Mai 1802 Schinderhannes incognito verhaftet, in Limburg enttarnt und über Frankfurt an die Franzosen nach Mainz ausgeliefert?

❏ Wolfenhausen   H
❏ Schwickershausen   I
❏ Niedershausen   N

10.

Woher stammt Ernst Leuninger, der christliche Baugewerkschaftsführer und am 1.März 1945 in Berlin-Plötzensee von den Nazis hingerichtete Widerstandskämpfer der Bewegung des 20. Juli 1944 ?

❏ Drommershausen   Y
❏ Winkels   E
❏ Mengerskirchen   I

11.

Im Jahre 1053 erhielt Kaiser Heinrich III. für seine Goslarer Pfalzkapelle Reliquien des zweiten Trierer Bischofs Valerius vom Trierer Benediktinerkloster St. Euchar-Matthias und schenkt diesem zum Dank dafür einen Königshof an der Lahn, dessen Name zum Ortsnamen wurde, nämlich?

❏ Arfurt   N
❏ Dombach   S
❏ Villmar   C

12.

Wo geboren wurde Karl Philipp Hehner (1809 - 1880)? Er war in den Jahren 1848 und 1849 als nassauischer Regierungsrat linksliberaler Abgeordneter der Deutschen Nationalversammlung in der Frankfurter Paulskirche und im Stuttgarter Rumpfparlament sowie zuletzt 1866 Oberappellationsgerichtsrat in Wiesbaden und 1870 - 72 Mitglied des preußischen Abgeordnetenhauses in Berlin?

❏ Mensfelden   H
❏ Niederbrechen   L
❏ Eisenbach   Z

13.

Der Geburtsort von Dr. Heinrich Held (1868 - 1938), Mitglied der Bayerischen Volkspartei (= Zentrum) und Bayerischer Ministerpräsident von 1924 bis zu seiner Absetzung durch die Nazis im März 1933, heißt?

❏ Niederselters   R
❏ Erbach   T
❏ Neesbach   U

14.

Eine Erzverhüttungsstätte in unserm Kreis war auch die Geburtsstätte des bedeutenden Eisenerzfabrikanten Georg Karl Theodor Buderus (1808 - 1873); seit 1840 war er oberster Leiter des Familienunternehmens „J.(ohann) W.(ilhelm) Buderus Söhne" und u. a. Begründer der Sophienhütte in Wetzlar. Wo stand also die Wiege des „Erzbarons"?

❏ Audenschmiede
    bei Weilmünster   E
❏ Christianshütte
    bei Schupbach   A
❏ Langhecker Schmelze   O

Zusammen mit Landrat Dr. Manfred Fluck (rechts) präsentierten sich die Gewinner des Jahrbuch-Quiz 2000.

Lösungswort:

Preise im Jahrbuchquiz 2001

1. Preis — Gutschein über eine Reise im Wert von 1 000,00 DM zzgl. eines Mietfahrzeuges für einen Tag am Urlaubsort, gestiftet vom REKOM-Verlag in Wetzlar

2. Preis — Gutschein für 2 Erwachsene und 2 Kinder über eine zweitägige Kanutour auf der Lahn mit Campingplatzübernachtung im Wert von 450,00 DM, gestiftet von der Firma Lahn-tours in Roth

3. Preis — Eine Ballonfahrt für eine Person im Wert von 395,00 DM, gestiftet von der Fremdenverkehrs-Marketing GmbH Weilburg

4. Preis — Ein Paar Inline-Skates im Wert von 349,00 DM, gestiftet von der Firma Bierbrauer, Limburg

5. Preis — Ein Dauphin-Bürodrehstuhl im Wert von 250,00 DM, gestiftet von der Firma Müller und Höhler, Limburg-Offheim

6. Preis — Zwei Eintrittskarten für einen Besuch der Weilburger Schlosskonzerte, gestiftet von der Fremdenverkehrs-Marketing GmbH Weilburg

7. Preis — Essensgutschein im Wert von 150,00 DM, gestiftet vom Restaurant-Kurhaus Bad Camberg

8. Preis — Essensgutschein im Wert von 150,00 DM, gestiftet vom Landhaus „Schaaf" in Schadeck

9. Preis — Sachpreis im Wert von 150,00 DM, gestiftet vom Weilburger Tageblatt

10. Preis — Essensgutschein im Wert von 100,00 DM, gestiftet vom Hotel „Nassau-Oranien" in Hadamar

11. Preis — Gutschein im Wert von 50,00 DM, gestiftet von Uhren-Schmuck Norbert Heep, Frickhofen

12. Preis — Fahrradzubehör im Wert von 49,00 DM, gestiftet von der Firma Zweirad-Center Meuer, Diez

13. - 25. Preis — Je ein Heimatbuch, gestiftet von der Kreisheimatstelle des Landkreises Limburg-Weilburg

HOTEL
Nassau-Oranien
RESTAURANT *Herzlich willkommen*

Erleben Sie
attraktive Gastlichkeit
in stilvollem Ambiente.

Verwöhnen Sie
Ihren Gaumen mit
lukullischen Speisen.

Tagen Sie
erfolgreich in unseren
Seminarräumen.

Wir bieten
den perfekten Rahmen
für Ihre Feierlichkeiten.

BORNGASSE 21 • 65589 HADAMAR
TEL. 0 64 33 / 919-0 • FAX 91 91 00

Satellitengesteuerter Mähdrescher

Von Bernd Kexel

Die Zukunft der Landwirtschaft steht in den Sternen! Das ist nicht einmal zynisch oder resignierend gemeint. Alles Gute für die künftige Entwicklung der Landwirtschaft kommt von oben. Dabei spielt nicht nur das Wetter eine große Rolle, sondern auch die Satellitensysteme. Thomas Hepp vom Luisenhof in Weyer hat Landrat Dr. Manfred Fluck diese neuartige Methode vorgestellt. Er nimmt an einem einzigartigen Pilotprojekt in Hessen teil, das auf den Namen DGPS hört.

Über vier Satelliten können die Koordinaten der 275 Hektar großen Ackerfläche des Hofes bestimmt werden. Hat Thomas Hepp das Navigationsgerät auf seinem Schlepper oder Mähdrescher eingeschaltet, kann er genau auf dem Bildschirm verfolgen, wo er sich befindet: „Das geht bis auf etwa zwei Meter genau", erklärt der junge Landwirt. Im vergangenen Jahr zur Erntezeit hat er mit Hilfe dieses Navigationsgerätes und eines Mengenzählers am Mähdrescher genau erfaßt, wie ergiebig die Ernte auf jedem einzelnen Quadratmeter der einzelnen Felder war. Die Spanne des Ertrages auf einem rund 10 Hektar großen Acker betrug zwischen 3,9 Tonnen pro Hektar und 8,9 Tonnen Weizen pro Hektar. Auf einer grafischen Darstellung des Ackers lassen sich anhand der Koordinaten die einzelnen Ernteergebnisse ablesen: Dort waren es 7,2 Tonnen, hier nur 4,7 Tonnen. Wünschenswert wäre natürlich ein über die gesamte Fläche einheitlich hoher Ertrag.

Anhand der Ertragskarte sieht Landwirt Hepp, an welchen Stellen die Ernteausbeute zu wünschen übrig lässt. Mit einem tragbaren Navigationsgerät kann er die betreffenden Stellen orten und dort gezielt Bodenproben entnehmen, um die Qualität von Mutter Erde analysieren zu lassen. Auch diese Ergebnisse gibt er in den Computer ein. Diese gespeicherten Daten übernimmt er mittels Laptop in den Schlepper, der den Düngerstreuer antreibt. Dort, wo der Ertrag niedrig war, gibt der Streuer nun per Computer gesteuert und am Satellitensystem orientiert mehr Dünger in die Erde ab, an den fruchtbaren Stellen entsprechend weniger. Gleiches funktioniert auch im Bereich des Pflanzenschutzes. Dort, wo unerwünschte Kräuter wuchern, kommt

Thomas Hepp erklärt Landrat Dr. Manfred Fluck die Funktion der Satelittennavigation.

das Mittel zum Einsatz. Wo es nicht benötigt wird, erspart man es dem Boden.

Neben der Kosteneinsparung sieht der moderne Landwirt auch Vorteile für die Umwelt. Hat man bisher überall die gleiche Menge an Dünger oder Pflanzenschutzmittel aufgebracht, so kann man heute sehr gut dosieren und führt nur das dem Boden zu, was auch erforderlich ist. Die Belastung von Natur und Gewässern nimmt ab, der Ertrag auf den Feldern zu.

Drei Jahre wird dieser Feldversuch dauern, dann hofft Hepp die nötigen Erkenntnisse zu haben, um den gesamten Betrieb auf dieses neuartige System umstellen zu können. In Großbritannien und den USA haben sich diese satellitengesteuerten Landwirtschaftssysteme bereits bewährt. In Hessen ist Thomas Hepp einer der Ersten, der es testet. Wie Landrat Dr. Fluck ist auch Vater Hermann Hepp, Bürgermeister von Villmar, von den innovativen Plänen des jungen Hofbesitzers angetan. Die Satellitennavigation ist übrigens ein Abfallprodukt der Rüstungsindustrie. Im militärischen Einsatz wird es genutzt, um punktgenau Raketen in feindliche Ziele zu jagen. Diese friedliche Nutzung ist den beiden Kommunalpolitikern allemal sympathischer.

Der Lindenholzhäuser Lubentiusbrunnen

Von Josef J. G. Jung

Die Stadt Limburg a.d. Lahn ist Eigentümerin des im Stadtteil Lindenholzhausen vorhandenen Mineralbrunnens, dessen offizielle Bezeichnung „Lubentiusbrunnen" lautet, der von den Einheimischen jedoch „Sauerborn" bzw. im Dialekt „Sauborn" genannt wird. Er liegt südlich des Ortsbereichs von Lindenholzhausen im Dombachtal zwischen der Bundesstraße 8 und der Autobahn 3, deren Trasse – wie auch die der ICE-Schnellbahn – unmittelbar an ihm vorbeiführt. Zu erreichen ist er von der B 8 aus am Ortsende in Richtung Niederbrechen rechts über die Straße Zum Sauerborn sowie von der Mensfelder Straße aus über die Brunnenstraße.

Die heutige Fassung des Brunnens – inmitten einer gepflegten Anlage – wurde 1913 errichtet. Sie besteht aus dem Quellenhaus-Unterbau (Füllschacht), dessen Höhe zur Sohle 11 m beträgt. Leider kam es damals nicht mehr zum geplanten Oberbau, sodass der Oberstock des Füllschachts, der einen ellipsenförmigen Grundriss hat (6 m x 8 m), nach oben offen ist. Dort befindet sich die gemauerte Abfüllvorrichtung mit zwei Zapfhähnen, zu der eine 34-stufige Metalltreppe nach unten führt.

Unmittelbar neben dieser Brunnenanlage, die 1981 überraschend versiegte, aber seit Oktober 1984 wieder intakt ist, fand 1983 eine 40 m tiefe Bohrung statt. Im klüftigen Quarzit wurde reichlich Mineralwasser vorgefunden, das durch die anschließend installierte Handschwengelpumpe nach oben gefördert werden kann. Allerdings entspricht der Gehalt dieses Wassers nicht dem des eigentlichen Sauerborns.

Interessant ist in diesem Zusammenhang der Vergleich der Analyse der Bestandteile des Wassers aus der Zapfanlage im Brunnenschacht, die am 8. Oktober 1968 durch das Hessische Landesamt für Bodenforschung durchgeführt worden ist mit dem Untersuchungsergebnis des gleichen Instituts vom 17. März 1992 hinsichtlich des Wassers aus der Handpumpe.

Darüber hinaus sind noch wichtige Spurenelemente vorhanden.

Zusammenfassend wird der Sauerborn von dem Diplom-Geologen Dr. Witigo Stengel-Rutkowski wie folgt beschrieben: „Das Wasser des Lubentiusbrunnens ist ein schwach kochsalzhaltiger Hydrogencarbonat-Säuerling und entspricht von daher dem modernen Trend zu einem kochsalzarmen, wegen des hohen Hydrogencarbonatanteils verträglichen und wohlschmeckenden Mineralwassers." In einer Analyse des Instituts Fresenius in Taunusstein vom 2. März 1984 kann das Wasser nach der Tafelwasser-Verordnung als „Mineralwasser" bezeichnet werden.

Der Sauerborn erfreut sich auf Grund seiner Qualität und des einwandfreien hygienischen Zustands – sein Wasser wird regelmäßig untersucht – großer Beliebtheit und eines regen Zuspruchs. Er ist jedermann zugänglich.

In geschichtlicher Hinsicht reichen die Ursprünge des Sauerborns weit zurück. So fand

Bestandteile	Zapfanlage Füllschacht mg/l	Handpumpe mg/l
Natrium	547,18	350,8
Kalium	25,50	17,2
Calcium	92,62	71,2
Magnesium	79,76	51,9
Eisen	4,39	2,55
Chlorid	231,74	139,3
Hydrogencarbonat	1722,64	1178,9
gasförmige Kohlensäure	1905,00	1210,0

Anlage am Sauerborn in Lindenholzhausen: In der Mitte der Quellenhaus-Unterbau (Füllschacht) des Sauerborns in der Fassung von 1913, links davon die Handpumpe von 1983, rechts hinter dem Füllschacht der 1984 vom hiesigen Verschönerungsverein errichtete Schutzpavillon
Foto: J. Jung

man im Zusammenhang mit dem Brunnenneubau von 1913 in der riesigen Baugrube in einer Kiesschicht in 4,65 m Tiefe eiszeitliche Tierknochen (Bison oder Wildpferd), die wohl auf das frühe Vorhandensein einer Wasserstelle hinweisen. Und in etwa 6 - 7 m Tiefe wurde damals ein hohler Eichenstamm entdeckt, der sicherlich von einer alten Quellfassung stammte, zumal sich in seiner Umgebung zahlreiche Mineralwasserauftriebe befanden.

Erste urkundliche Hinweise auf den Sauerborn geben frühere Flurnamen. So weist die Bezeichnung von 1323 „zu Treysse" auf das Wort Treis/Dreis hin, welches sprudeln und wallen bedeutet. Ferner wird in den Jahren 1380/81 ein Gemarkungsteil im Rahmen der Dreifelderwirtschaft nach dem „Surenbrun" (= Sauerborn) genannt.

Es ist überliefert, dass sich der Abt des Klosters Eberbach im Rheingau Alberich Kraus im Herbst 1694 mit zwei Konventualen „in der Chur" in Lindenholzhausen aufhielt, wo das Kloster einen großen Hof besaß. Er wohnte wohl bei dem damaligen Pächter dieses Hofes, dem Schultheiß Johannes Dornuff

(1645 - 1729), und war Taufpate bei dessen Sohn Alberich (1696 - 1781), dem späteren langjährigen Dechanten des Stifts Limburg.

In einer Nachricht im Limburger Anzeiger vom 7. Juni 1896 soll der Sauerborn bereits seit 1630 als „Heilquelle gegen Nieren- und Blasensteine, Leberkrankheiten, Gallensteine, Magen- und Darmkrankheiten, Gischt, Harngries, Verstopfung und Fettsucht" geschätzt gewesen sein.

In der Antwort für eine Amtsbeschreibung wird am 4. August 1788 angegeben: „Kein Erz findet sich hier (in Lindenholzhausen), aber wohl Sauerwasser, nur aber zu unserem Trunk".

Im Jahre 1820 hat der Limburger Apotheker Dr. J. Wolff eine erste chemische Analyse des Sauerbrunnenwassers vorgenommen und in Trommsdorffs „Neuem Journal der Pharmazie" veröffentlicht. Seitdem findet der Sauerborn in der gesamten Brunnenliteratur des 19. Jahrhunderts immer wieder Erwähnung und die Analyse von Wolff ist fast in allen einschlägigen Handbüchern enthalten. So wird er – wie auch die Quelle von Fachingen – als „alkalisch-salinisches Stahlwasser oder Säuerling" bezeichnet. In einer Schrift von 1834 wird ausgeführt, dass das Lindenholzhäuser Mineralwasser bis jetzt wenig bekannt und benutzt sowie auch nicht gehörig gefasst sei. Und 1847 heißt es „Das Wasser dient hauptsächlich den Bewohnern des Dorfes und den arbeitenden Landleuten der Gegend zum Trunke".

Der Apotheker Dr. Wolff hat im November 1855 nochmals das Wasser des Sauerbrunnens untersucht und die Quelle als einen schwachen Säuerling bezeichnet.

In einem veröffentlichten Aufsatz über seine Schulzeit beschreibt der aus Lindenholzhausen stammende Jesuitenpater und Biologe Dr. Joseph H. Rompel S. J. (1887 - 1941) den Zustand des Sauerborns in der Zeit nach 1890. Ferner führt er aus, dass viele Familien des Dorfes dort täglich in weißblauen Steingutkrügen aus dem nahen Kannenbäckerland ihr Trinkwasser holen. Diese Krüge brachten den Lindenholzhäusern den Spitznamen „Kruggelsche" oder „Kruggeltje" ein.

Der Sauerborn soll bis 1802 dem Fiskus von Kurtrier gehört haben. Dieser war an seiner Ausbeutung nicht interessiert, besaß er doch in der Nachbarschaft in dem Niederselterser Mineralbrunnen eine sehr bedeutende Einnahmequelle. Von 1872 bis 1884 soll der Sauerborn dem Gerichtspförtner Julius Bartholomae gehört haben. Dann hat wohl die Gemeinde Lindenholzhausen ihre Besitzrechte wieder geltend gemacht, der er auch 1902 nach dem amtlichen Lageplan des Limburger Katasteramtes gehörte.

Die Gemeinde verpachtete 1894 den Sauerbrunnen an Baron August von Rottkay, der auch das Gelände um den Brunnen bis hin zum Stundenstein an der Frankfurter Straße (B 8) aufkaufte und einen festen Weg dorthin ausbaute, den so genannten Rottkaysweg, an dem sich seit 1985 bzw. 1989 drei Heiligen-Bildstöcke befinden (Maria, Josef u. Antonius). Ferner ließ er 1895 die Quelle neu fassen und über dem Quellschacht von 8,25 m Tiefe ein 15,50 m breites Brunnenhaus errichten, in dem sich die Abfüllanlage befand (das Brunnenhaus wurde bereits 1913 im Zuge der Neufassung des Brunnens wieder abgelegt). Auch veranlasste er 1903 den Bau des dortigen Wohnhauses für den damaligen Brunnenverwalter; in späteren Jahren wurde dieses Haus umgebaut und vergrößert.

Baron von Rottkay gab dem Brunnen werbewirksam den Namen „Lubentiusbrunnen", diese Bezeichnung ist auch heute noch gültig. In braunen, etikettierten Tonkrügen (in Art der heutigen Steinkrüge) brachte er das Wasser in den Handel. In seinem Wohnhaus in der Unteren Grabenstraße 1 in Limburg eröffnete er eine Verkaufsniederlassung und bot in einer Annonce im Limburger Anzeiger vom 4. Juni 1896 das Wasser des Lubentiusbrunnens zum Verkauf an: 1-Liter-Krug für 18 Pfennige, 1/2-Liter-Krug für 12 Pfennige.

Im Oktober 1896 ließ von Rottkay von dem Wiesbadener Chemischen Laboratorium des Geh. Hofrats Professor Dr. R. Fresenius eine Analyse des Wassers

Sauerbornskrug der Firma August von Rottkay ab 1896. Oben eingebrannt: Siegel mit der Inschrift „Lubentius-Brunnen" und dem Bildnis des Hl. Lubentius, darunter „Lindenholzhausen Hessen-Nassau" sowie das Wappen des Barons von Rottkay. Unten: Etikett vom Lubentiusbrunnen um 1900
Foto: J. Jung

sowie einen Vergleich mit anderen alkalischen Säuerlingen vornehmen. Danach steht der Lubentiusbrunnen bezüglich des Gehaltes an doppelkohlensaurem Natron dem Niederselterser Mineralbrunnen nahe. Im Gehalt an Chlornatrium kommt er ziemlich an die Fachinger Quelle und übertrifft diese in etwas höherem Grade hinsichtlich des Gehaltes an doppelkohlensaurem Lithion.

Auch spricht diese Analyse die Heilwirkung des Lubentiusbrunnens an. Zusammenfassend wird sein Wasser als ein „vorzügliches, in hohem Grade wohlschmeckendes Kur- und Tafelwasser" bezeichnet.

Wegen des Vergleichs des Lubentiusbrunnens mit der Fachinger Quelle kam es zu einer gerichtlichen Auseinandersetzung, was auch auf dem Etikett der Krüge des Lubentiusbrunnen-Wassers werbewirksam festgehalten wurde: „Laut gerichtlichem Urteil vom 10. Juni 1898 des Kgl. Schöffengerichts in Wiesbaden ist der Lubentiusbrunnen in Bezug auf Heilkraft gleichwertig der Fachinger Quelle".

Doch schon 1903 verkaufte August von Rottkay den Lubentiusbrunnen für 40 000 Mark an die Firma Emil Wolf & Co in Bad Kreuznach, die ihn 1913 an die Namedy-Sprudel GmbH in Berlin und Andernach, Inhaber Geheimrat Dr. jur. Josef Rosenthal in Berlin, verpachtete. Weil Qualität und Menge des Sauerbrunnens auf Dauer nicht befriedigten, fand 1913 nach einer Probebohrung von 1905 der eingangs beschriebene Brunnenneubau statt. Doch nach dem Abschluss dieser Arbeiten ist der Sauerbrunnen kommerziell nicht mehr genutzt worden.

1971 verhandelte die damals noch selbständige Gemeinde Lindenholzhausen – sie wurde am 1. Januar 1972 Stadtteil von Limburg – mit den Erben von Geheimrat Dr. Rosenthal Herrn und Frau Dr. Heim in Leonberg/Württemberg, über den Rückkauf des Brunnengeländes. Entsprechend dem Grenzänderungs- und Auseinandersetzungsvertrag vom 30. November 1971 erwarb die Stadt Limburg 1972 den Sauerborn für 100 000 Mark. Den Bürgern von Lindenholzhausen wurde in diesem Vertrag zugestanden, weiterhin ihren Haustrunk kostenlos zu holen. Und das gilt natürlich für jeden, der Interesse und Geschmack an dem Wasser des Sauerborns findet.

Treffend lautet der Spruch des griechischen Lyrikers Pindaros (520 - 445 v Chr.), der von Dieter Bruhne auf der Tafel aus Hölzern des Harzes in Blankenburg (in der damaligen DDR) eingraviert wurde, die der Limburger Taunusklub 1974 am Sauerbrunnen aufgestellt hat: Keine der Gaben der Erde dünkt uns den Wassern gleich, die aus den Quellen sie spendet".

AUFGELÖST, DOCH UNVERGESSEN
Von Armin M. Kuhnigk

Als der Deutsche Bund am 23. August 1851 die Grundrechte der Paulskirchenverfassung aufgehoben hatte, änderte auch die nassauische Regierung mit Edikt vom 26. November 1851 das 1848 geschaffene Wahlgesetz sowie den demokratischen Verfassungsinhalt. Statt nur einer Kammer gab es nun wieder zwei Kammern im Landtag. Wie schon in der ersten Verfassung von 1814 wurden u.a. alle Häupter der standesherrlichen Familien wieder Mitglieder einer Ersten Kammer. Das aktive Wahlalter stieg auf 25 Jahre, das passive auf das dreißigste Lebensjahr. Es gab wieder ein indirektes Drei-Klassen-Wahlrecht. Im Wahlrecht vom 5. April 1848 hatte es dagegen genügt, der Gemeindebürgschaft anzugehören, um wählen zu dürfen. In Urwahlen wählten 100 Wähler einen Wahlmann. Es gab ein allgemeines, zensusfreies, indirektes Wahlrecht, aber noch keines auch für Frauen. Das Wahlverfahren war geheim und schriftlich. Man konkretisierte im Wahlgesetz des Revolutionsjahres bürgerlich-liberales Gedankengut in Sorge vor Rückkehr der „Geld- und Geburtsaristokratie" ebenso wie Furcht vor der „Herrschaft der Vermögenslosen".

Besonders entschiedene Verfechter genannter demokratischer Werte waren die drei Abgeordneten, die dem Wahlkreis IV Weilburg-Runkel unter den insgesamt 14 Wahlbezirken zustanden. Ihrer nach 150 Jahren zu gedenken, empfiehlt um so mehr die Einlassung eines Reaktionärs am 6. Mai 1848 im Weilburger Wochenblatt. Dieser beliebte zu spotten, nach Wiesbaden sei „Geflügel aus Republicano (= Weilburg) herüber gekommen", um „wie der Habicht...die Fürsten...zu fressen." Leider kam es zu Letzterem, natürlich bildlich gesprochen, bei weitem nicht.

Die meisten Wahlmännerstimmen erhielt am 1./2. Mai 1848 der Weyerer Schultheiß Johann Philipp Heyl, der sich in der „Ständeversammlung", so der offizielle Name des Revolutionslandtages, zur politischen Mitte schlug. Heyl war bei seiner Wahl bereits 77 Jahre alt und vor allem dem Landvolk im Amt Runkel als Bürgermeister seines Geburtsortes bekannt. Schon sein Vater gleichen Vornamens, 1739 - 1808, war Schultheiß in Weyer gewesen.

Entschiedener Demokrat und Anhänger republikanischer Staatsmacht war der in Weilburg stationierte Leutnant Albert Friedrich Wilhelm von Goedeke. Den bei der Wahl erst Sechsundzwanzigjährigen wählten 229 Wahlmänner. Am 22. Dezember 1822 in Diez als Sohn des nassauischen Oberstleutnants Philipp Friedrich von Goedeke geboren, schon sein Großvater bekleidete diesen Offiziersrang und war Mitglied der nassauischen Deputiertenkammer von 1818 bis 1820 gewesen, verbrachte Albert Kindheit und Jugend in Limburg und besuchte 1837 - 38 das Gymnasium in Weilburg, ehe er in die Kadettenanstalt einrückte. In Weilburg machte er politisch von sich reden als Redakteur des am 18. März 1848 gegründeten demokratisch-republikanischen Wochenblatts „Lahnbote". Zur Teilnahme an den Feldzügen in Baden und Schleswig-Holstein verpflichtet, schied er im August aus der Redaktion des „Lahnboten" aus. In der Ständeversammlung schloss er sich dem „Club der Linken" als der Republikaner an.

Auch Friedrich August Wimpf wurde vor allem im Amt Weilburg mit Stimmen bedacht und erhielt im Ganzen 161. Am 8. August 1806 in Weilburg geboren, besuchte er von 1821 - 25 das Landesgymnasium in Weilburg und trat gemeinsam mit seinem Bruder Georg Carl, dem Weilburger Volkswehrmajor des Jahres 1848, das väterliche Erbe in der Steingutfabrik und Papiermühle auf der Guntersau nahe der Weilmündung in die Lahn an. 1853 schied der Bruder aus der gemeinsamen Leitung aus, bevor Friedrich August 1864 aus gesundheitlichen Gründen beide Produktionsstätten verkaufte.

Schon der Großvater Johann Matthias, gest. 1783, hatte als Regierungsrat und der Vater Wilhelm Jakob als Regierungsadvokat ab 1789 dem Haus Nassau gedient, ehe er Unternehmer bis zu seinem Tode im Jahre 1839 wurde. Friedrich August Wimpf saß während der Jahre 1848 bis 1851 auf der Linken, d.h. der demokratisch-republikanischen Seite des Landesparlaments.

Auch im Wahlkreis VI Limburg-Diez, meldete die Wiesbadener „Freie Zeitung", seien „trotz aller Machinationen (= Machenschaften) von

Ministerialgebäude in der Wiesbadener Luisenstraße, Tagungsort des nassauischen Landtags ab 1843/44

gewisser (kirchlicher) Seite freisinnige Männer" gewählt worden. Aber nur der Diezer evangelische Kaplan Carl Ludwig Wilhelm Christian Creutz, geb. 1817 in Wiesbaden, reicherte den „Club der Linken" in der Ständeversammlung an. Auch er hatte vor dem Theologiestudium in Bonn und Göttingen das Weilburger Zentralgymnasium in den Jahren 1834-36 besucht.

Als Creutz 1850 zum Pfarrer in Heftrich und Niederbachheim ernannt wurde, überließ er sein Mandat bei der Nachwahl 1850 bis 1851 dem Diezer Rotgerber Gustav Friedrich Dünkelberg. Selbiger war 1849 Vorstandsmitglied des Diezer Vereins zur Wahrung der Volksrechte.

Längste politische Tätigkeit fand der Langenscheider Gutsbesitzer Ludwig Born, 1813 - 1875. Im Jahre 1848 vom Wahlkreis Limburg-Diez in die Ständeversammlung geschickt, wählte man ihn 1861 - 63 in die nassauische Erste Kammer und 1864 - 66 in die Zweite Kammer. Dem preußischen Abgeordnetenhaus gehörte er von 1867 bis 1874 als Mitglied der Deutschen Freisinnigen Partei an. Von 1871 bis 1874 saß er auch im Landesausschuss des Regierungsbezirks Wiesbaden.

Dem „Club der Rechten" gehörte dagegen 1848 - 51 der Limburger Weinhändler Carl Zollmann an. Der evangelische Wiesbadener hatte 1826 mit 31 Jahren die katholische Anna Maria, Tochter des Limburger Kaufmanns Anton Hillenbrand, geheiratet und so Anschluss ans Limburger Kaufmannspatriziat gefunden.

Immerhin war von 1848 bis 1851 das Herzogtum Nassau auch dank genannter Abgeordneter unseres heutigen Heimatkreises zwar immer noch Monarchie gewesen, aber erstmals eine ordentliche konstitutionelle, ausgestattet mit wesentlichen Elementen eines liberalen Rechtsstaates bei strikter Gewaltentrennung von parlamentarischer Legislative, herzoglicher Exekutive und mit von beiden unabhängiger Judikative.

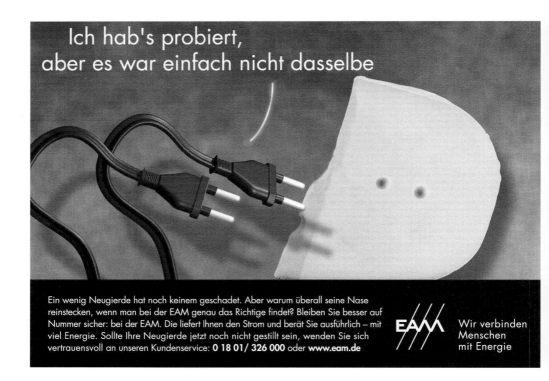

Ich hab's probiert, aber es war einfach nicht dasselbe

Ein wenig Neugierde hat noch keinem geschadet. Aber warum überall seine Nase reinstecken, wenn man bei der EAM genau das Richtige findet? Bleiben Sie besser auf Nummer sicher: bei der EAM. Die liefert Ihnen den Strom und berät Sie ausführlich – mit viel Energie. Sollte Ihre Neugierde jetzt noch nicht gestillt sein, wenden Sie sich vertrauensvoll an unseren Kundenservice: **0 18 01/ 326 000** oder **www.eam.de**

EAM — Wir verbinden Menschen mit Energie

Fahrrad Pfeifer

35638 Leun-Biskirchen
Telefon (0 64 73) 20 51
Hüttenstraße 29

- Ihr Fahrradfachgeschäft in der Region Der weiteste Weg lohnt sich!
- Beratung
- Kompetenz
- Verkauf

Foto zeigt: Radtour „Menschen für Kinder" - Stop bei Familie Pfeifer - Scheckübergabe an Peter Hussing (mehrfacher Deutscher Meister und Europameister im Amateurboxen).

Autorenverzeichnis

Aumüller, Lydia, Kalkstraße 33, 65606 Villmar
Bandur, Norbert, Bergstraße 18, 65614 Beselich-Niedertiefenbach
Braun, Karl-Heinz, Steinweg 12a, 65520 Bad Camberg-Würges
Bröckl, Edith, Lessingstraße 33, 35781 Weilburg
Caspary, Eugen, Rubensstraße 3, 65520 Bad Camberg-Erbach
Crone, Dr. Marie-Luise, Schornstraße 26, 65553 Limburg-Dietkirchen
Eisenkopf, Werner, Schulstraße 53, 65594 Runkel-Steeden
Finger, Ulrich, Pfarramt Essershausen, 35789 Weilmünster
Fink, Horst, Obergasse 51, 65618 Selters-Münster
Fluck, Dr. Rüdiger, Am Liebfrauenberg 18, 65618 Selters-Haintchen
Foth, Günter, Sonntagsstraße 6, 65597 Hünfelden-Mensfelden
Gelbhaar, Klaus, Im Geyer 18, 35781 Weilburg
Gran, Günter, Am Schwimmbad 11, 35781 Weilburg-Bermbach
Grund, Dr. Erhard, Ringstraße 1, 65597 Hünfelden-Ohren
Hartmann, Herbert, Kickelsberg 11, 65520 Bad-Camberg, Schwickershausen
Haßler, Bernhard, Maria-Hilf-Straße 22, 65551 Limburg-Lindenholzhausen
Hecker, Hubert, Hainbuchenweg 10, 65599 Dornburg-Frickhofen
Heun, Bernhard P., Gutenbergring 8, 65549 Limburg
Hungenberg, Wilhelm, Schoellerstraße 4, 51379 Leverkusen-Opladen
Jung, Josef J. G., Bahnhofstraße 45, 65551 Limburg-Lindenholzhausen
Kexel, Bernd, Kreishaus, Schiede 43, 65549 Limburg
Klöppel, Robin, Weilburger Tageblatt, Marktplatz 1, 35781 Weilburg
Krotzky, Franz, Birkenstraße 3, 65606 Villmar
Kühnemann, Elfriede, Kirschbaumweg 2, 35789 Weilmünster-Wolfenhausen
Kuhnigk, Armin. M, Kirchbergstraße 1, 65618 Selters-Niederselters
Kunz, Manfred, Bahnhofstraße 51, 65520 Bad Camberg
Kurz, Walter, Talhofstraße 11, 35792 Löhnberg-Selters
Müller, Erich, Bergstraße 13, 65520 Bad Camberg-Würges
Müller, Gundel, Kirchfeldstraße 6, 65606 Villmar-Weyer
Nigratschka, Kurt, Sintersbacher Straße 2, 65597 Hünfelden-Kirberg
Pfeiffer, Heinz, Schützenstraße 6, 35781 Weilburg-Ahausen
Preußer, Gertrud, Neuherbergstrasse 11, 65597 Hünfelden-Dauborn
Reucker, Helga, Forellenweg 1, 35781 Weilburg-Odersbach
Rudersdorf, Walter, Carl-Goerdeler-Straße 92, 60320 Frankfurt
Schmidt, Josef, Hinterstraße 10, 65554 Limburg-Ahlbach
Schoth, Willi, Anlagenweg 21, 65604 Elz
Stöppler, Walter, Diezer Straße 58a, 65549 Limburg
Stillger, Franz-Josef, Feldbergstraße 3, 65618 Selters-Niederselters
Strauß, Heinz, Selbenhäuser Straße 10, 35792 Löhnberg
Wagenbach, Dr. Hubert, Mainzer Landstraße 4, 65589 Hadamar
Weimer, Erhard, Emsstraße 4, 65604 Elz

Seit 1972 im Dienste der Umwelt

GmbH

Marketing & Vertrieb
Waldstraße 11
64584 Biebesheim
Telefon 0 62 58 / 8 95-0
Telefax 0 62 58 / 8 95-59
info@him.de

SIEMENS

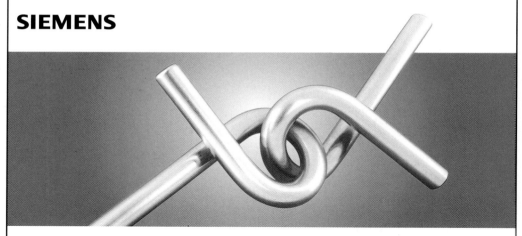

Kluge Köpfe finden immer die richtige Lösung

Wir bieten Lösungen für:

Telefonanlagen und -netze	Anlagenbau und techn. Dienstleistungen	Automatisierungs- und Antriebstechnik
Ihr Ansprechpartner aus Villmar: Benno Lüngen Tel. 0 64 82/94 18 24 Fax 0 64 82/94 18 25	Ihr Ansprechpartner aus Weilburg: Heinz Schweitzer Tel. 0 64 41/4 01-2 13 Fax 0 64 41/4 01-2 23	Ihr Ansprechpartner: Günter Fink Tel. 0 64 41/4 01-3 03 Fax 0 64 41/4 01-3 22

 Information and Communications

Anlagenbau und
Technische Dienstleistungen

Ihr Erfolg ist unser Ziel

Siemens AG, Geschäftsstelle Wetzlar,
Karl-Kellner-Ring 19-21, 53576 Wetzlar

JOB & WORK im Einsatz für unsere Umwelt

JOB & WORK, das Arbeitsprojekt der Jugend- und Drogenberatung Limburg e.V., ist ein Zweckbetrieb zur beruflichen und sozialen Wiedereingliederung von entwöhnten Suchtmittelabhängigen und Sozialhilfeempfängern. Die Arbeitsschwerpunkte sind Garten- und Landschaftsbau sowie Recycling.

Recycling

Im Landkreis Limburg/Weilburg werden folgende haushaltsüblichen Geräte von JOB & WORK eingesammelt:

Kühlgeräte, Waschmaschinen, Wäschetrockner, Spülmaschinen, Schleudern, E-Herde, Kohle-, Öl- und Gasöfen, Fernseher, Computer, Monitore, HiFi- und Sat-Anlagen, Abzugshauben, Ölradiatoren usw., also praktisch alle Elektrogeräte, die größer sind als eine Plastiktüte.

Anmeldungen zur Abholung von Geräten bitte an:

JOB & WORK

König-Konrad-Straße 29
65606 Villmar
Recycling-Telefon

0 64 82/59 99

Bürozeiten: Mo. – Fr. 9 bis 12 Uhr,
Mo. – Do. 13 bis 15 Uhr

Garten- und Landschaftsbau

JOB & Work bietet im Bereich Garten- und Landschaftsbau folgende Arbeiten an:

– **Rasen- und Wiesenschnitt**
– **Hecken- und Sträucherschnitt**
– **Gesamtpflege von Außenanlagen**
– **Baumschnitt und -fällungen**
– **Pflaster-, Gehweg- und Natursteinbau**
– **Rodungen und kleine Abrißarbeiten**

Kurzum gesagt: Wir erledigen fast alles rund um Haus, Hof und Garten. Kostenlose Kostenvoranschläge mit Beratung erstellt unsere Meisterin im Garten und Landschaftsbau.

Vielleich können wir auch Ihnen ein interessantes Angebot machen.

ARBEITSPROJEKT
JOB & WORK
TRÄGER: JUGEND/DROGENBERATUNG
LIMBURG E. V.
KÖNIG-KONRAD-STRASSE 29
65606 VILLMAR

TEL.-NR. (0 64 82) 50 37
FAX-NR. (0 64 82) 94 16 35

WILLI MOLLANDIN
BAUUNTERNEHMUNG

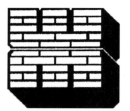

BETONSANIERUNG
KERNBOHRUNGEN

Lessingstraße 8
65549 Limburg
Tel. (0 64 31) 4 59 14
Fax (0 64 31) 4 55 99

Kapellenstr. 1 - 65555 Limburg
Tel: 06431/50040 Fax: 500410

Internet: http//www.pauly.de
E-Mail: info@pauly.de

Gerd Lotz
Baukeramik-Fliesendesign
Fliesenleger · Fliesenfachgeschäft

In der Dorfwiese 7
35799 Merenberg-Rückershausen
Tel. 0 64 76 / 89 11 · Fax 0 64 76 / 83 49

Restaurant Fohlenhof
65589 Hadamar

☎ (0 64 33) **57 11**

Gymnasiumstraße 14

Haberstock & Isik
Haustechnik

Westerwaldstraße 86
65549 Limburg
Telefon (0 64 31) 83 31 + 83 91
Telefax (0 64 31) 86 80

● Elektro
● Heizung
● Bäder

Wir bringen Leben ins Haus

Sanitär - Heizung - Spenglerei
Peter Nonn Meisterbetrieb

65620 Waldbrunn-Fussingen, Gewerbegebiet, In der Struth 8

sanitär
heizung
klima

- Altbau- und Badmodernisierung
- Solar-, Regenwassernutzungsanlagen
- Schornsteinbau und -sanierung in Edelstahl
- Reparatur und Wartungsservice
- Montage-, und Erneuerung von Dachrinnen
- Energiesparende Heizungsanlagen mit Öl- und Gasfeuerung

Tel. (0 64 79) 91 17 22
Fax (0 64 79) 91 17 24
Mobil (01 71) 7 48 20 87
e-mail Peter.Nonn@t-online.de

Wir kümmern uns um Ihre
Abfallentsorgung
Rufen Sie uns einfach an

Entsorgung mit System GmbH
Röderweg 36
65232 Taunusstein-Hahn
Telefon (0 61 28) 4 10 69
Telefax (0 61 28) 4 53 99

**Firma Walter Horz
Inh. Wolfgang Becker GmbH**
Meisterbetrieb

Weiherstraße 1
35796 Weinbach
Telefon (0 64 71) 3 02 70
Telefax (0 64 71) 18 49
Büro: Roßsteinstraße 7
35781 Weilburg-Kirschhofen

Fachverlegung und Verkauf von Parkett-,
Holzpflaster-, PVC- und Teppichböden

Abschleifen und Versiegeln
alter Parkett-/Dielenböden und Treppen

INDUSTRIESCHROTTE
UND
METALLE

Hans Jürgen
Osswald

GEWERBEGEBIET GRÜNER WEG
35792 LÖHNBERG
Telefon (0 64 71) 84 20 und 98 19 78
Fax (0 64 71) 98 19 79

HEIZUNG • KLIMA • SANITÄR

HANS BECKER KG 35781 WEILBURG/LAHN
Hausanschrift: Nassaustraße 4 - 6
Telefon (0 64 71) 74 14 · Telefax (0 64 71) 14 24

GUSTAV VOLZ GmbH
Bauunternehmen

D-35796 WEINBACH

Industriestraße 2a

Telefon (0 64 71) 42 40 00

Fax (0 64 71) 4 24 00 20

65549 LIMBURG/LAHN
BAHNHOFSTRASSE 8
(AUF DEM NEUMARKT)
TELEFON 0 64 31 / 66 70
TELEFAX 0 64 32 / 49 30

PRODUKTION: LIMBURGER STRASSE 7
65582 DIEZ/LAHN, TELEFON 0 64 32 / 6 28 12

Weilburger Str. 19

35796 Weinbach

Tel:(06471) 4468

Fax:(06471) 41867

E-Mail: AZuth51073@aol.com

EURO
MOBIL

Ein Partner,
mit dem Sie
sprechen sollten

Asphaltfahrbahnbeläge - Erd-Tiefbau

Sportanlagen - Asphalt- u. Betonrecycling

Gußasphaltestriche - Zementestriche

G. Koch GmbH & Co. · Stadionstr. · 56457 Westerburg
Telefon (0 26 63) 2 93-0 · Telefax (0 26 63) 2 93-1 17

MUNDIPHARMA
LEISTUNG FÜR ARZT UND PATIENT

- *Schmerztherapie*
- *Wundbehandlung*
- *Atemwegstherapie*

Mundipharma · Mundipharma Straße 2
D-65549 Limburg (Lahn)
Tel. 06431-701-0 · Fax 06431-74272
E-mail: mundipharma@mundipharma.de

http://www.mundipharma.de

GUT AUSSEHEN

VOHL & MEYER

NEUMARKT 1 - 65549 LIMBURG - 06431/9366-0

...ein Sanitätshaus wie es sein soll!

Grabenstraße 38
65549 Limburg
Tel. (0 64 31) 66 46
Fax (0 64 31) 2 39 10

Frankfurter Straße 58
65520 Bad Camberg
Tel. (0 64 34) 90 01 34
Fax (0 64 34) 90 01 36

Mühlweg 9
65632 Hahnstätten
Tel. (0 64 30) 6 11 01-0
Fax (0 64 30) 6 11 01-42

Rund ums Haus
Die aktuelle Leistungsschau für den Bauherren

Für Neubau und Renovierung bieten wir Ihnen Bauelemente aus Aluminium oder Kunststoff – in SCHÜCO-Qualität. Faire Preise, saubere Arbeit. Fordern Sie unser unverbindliches Angebot an.

→ Fenster → Türen → Wintergärten → Rolläden → Markisen
→ Haustüren → Vordächer → Eigene Fertigung

BURGGRAF *Fenster*

65594 Runkel-Ennerich, Industriegebiet
Telefon (0 64 31) 97 89-0 · Fax (0 64 31) 97 89-90